10X IS EASIER THAN 2X

How world-class entrepreneurs achieve more
by doing less

10倍成長

2倍より10倍が簡単だ

ダン・サリヴァン　ベンジャミン・ハーディ 著
深町あおい 訳

Discover

日本語版刊行にあたって——推薦のことば

すべての世代の仕事と人生の質を変える革命的な書。
世界的ベストセラー『7つの習慣』に
AIが加速する今、もうひとつ習慣を加えるとしたら、
それは、この『10倍成長』の習慣である。

10代の読者であれば、10倍の希望に生きるきっかけになり
20代の読者であれば、10倍の機会に挑むきっかけになり
30代の読者であれば、10倍の実績を創るきっかけになり
40代の読者であれば、10倍の豊かさを得るきっかけになり
50代の読者であれば、10倍の時間を楽しむきっかけになり、そして
60代以上の読者であれば、10倍の意欲と愛に溢れるきっかけになる。

なぜうまくいくのか、何が必要なのか、どう行動すべきなのか、
そのすべてが詰まっている完璧な本だ。

経営コンサルタント／教育アントレプレナー　神田昌典

10倍を可能にする人、バブスに

「10％の改善を目指すと、会社はたちまち『頭の良さ競争』に巻き込まれる。世界中の人間を相手にした『頭の良さ競争』に、従業員全員を突っ込むことになる。我が社に勝ち目はない。報酬をどれだけ出そうと関係ない……しかし、10％ではなく10倍の改善を目指すと、100倍の苦労をほぼしなくても100倍の成果が得られる。つまり、これがより利益の出る投資であるのはもうおわかりだろう。しかも時として、これのほうがずっと簡単なのだ。なぜなら、ほかの人間より賢くなるより視点を転じるほうが、実際安上がりだからだ」

——アストロ・テラー博士、「ムーンショット」号艦長兼グーグル新技術研究所「X（エックス）」最高経営責任者[※1]

推薦のことば

「ダン・サリヴァンに25年間師事して、私は人生のすべてが10倍になったのを直に経験した。ベンジャミン・ハーディ博士はこの素晴らしい本で、ダンの10倍の考えを見事に理解して伝えている。すべての起業家の必読書だ！」

——ジーノ・ウィックマン、『トラクション』『The EOS Life』著者

「この本は行動を呼びかけるだけでなく、道筋を示してくれる。成功するために、ダン・サリヴァンの思考は不可欠だ」

——クリス・ヴォス、「ザ・ブラック・スワン・グループ」創業者兼CEO、『逆転交渉術』著者

「ダンは10倍思考の達人だ。来るべき爆発的成長に向けて、この本のレッスンは生き延びるために不可欠なだけでなく、繁栄するための手引きとなるに違いない」

——ピーター・H・ディアマンディス、MD（医師）、
「Xプライズ財団」「アバンダンス360」創設者、
『ニューヨーク・タイムズ』紙ベストセラー『楽観主義者の未来予測』
『BOLD（ボールド）突き抜ける力』
『2030年：すべてが「加速」する世界に備えよ』著者

CONTENTS

第2部——10倍の応用

はじめに

10倍は常識の反対をゆく

「毛虫が世の終わりと言うものを、主は蝶と呼ぶ」
——リチャード・バック

人間の死体をひそかに手に入れて解剖できないか。17歳のミケランジェロは、そのことばかり考えていた。

1493年のイタリア・フィレンツェで、「死体の冒とく」は死刑に処せられる犯罪だった。

「でも、どうしてもやりたいなら？　どうすればできる？　貧困地域で人が埋葬されるのを見張るとか？」ミケランジェロは年上の友人で、高名な医者を父にもつマルシリオ・フィチーノに聞いた。フィチーノは、青年の言葉に耳を疑った。

「若い親愛なる友よ、墓荒らしをしようなんて考えちゃいけない」※1

しかし、ミケランジェロは必死だった。

ほかに選択肢がないのなら、本気で墓から遺体を盗み出すつもりだった。

ある目的のために、解剖学を学ぶ必要があった。

初めての立体彫刻、高さ2・7メートルのヘラクレス像に着手したところだったのだ。後援者であり相談相手だったロレンツォ・デ・メディチが少し前に亡くなり、ミケランジェロは追悼のための彫刻を制作する計画でいた。

それまでも小さな彫刻を多数つくっていたが、いずれも立体ではなく、報酬を直接受け取ったこともなかった。ヘラクレス像は、プロとして初めて取り組む大作だった。もはや見習いやアマチュアのように考えたり、ふるまったりはしなかった。

ミケランジェロは、建設が一部残っていたサンタ・マリア・デル・フィオーレ大聖堂（ドゥオーモ）の現場監督を説得して、中庭に使われないまま放ってある大理石を売ってもらった。そのためにメディチ家に2年間住み込みで働いて貯めたお金の大半――フローリン金貨5枚――を使った。

ロレンツォの死後、ミケランジェロは貧しい父の元へ帰されていたが、父は息子が芸術の道へ進むのに懐疑的で、商人になることを望んでいた。

父の承認を得るには、ミケランジェロはうそをつくしかなかった。彫刻の制作をある人から頼まれ、その人は大理石をすでに購入している、制作中に毎月少しずつ報酬も支払われる、と。これは危険なうそだった。もし計画が成功しなければ、おそらく父の望みに従って夢をあきらめざるを得なかっただろう。

ドゥオーモの作業場に自分の場所をつくると、ミケランジェロは蜜蝋《みつろう》を使い、さっそくヘラクレスの模型をつくり始めた。しかし、すぐに、人間の真の姿を表現するほどの技術が自分にないことに気づいた。

「自分のすることを理解していなければ、荒削りの像さえつくれない。肌の質感、体の曲線、骨格、筋肉の動きを表せないで、何を達成できるというのか。身体の動きを生み出すものを私は知っているか？　目には見えない内側の、人間の重要な構造を知っているか？

外から見えるかたちを内側からつくり出すものを、どうすれば知ることができるだろうか[※2]」

人間の躍動する姿を表現するには、人体の複雑な細部や機能について外からも内からも直接調べるしかないとミケランジェロは思い至った。

それでは、どこで死体を手に入れるのか。

金もちの死体は一族の墓に埋葬され、入手は不可能だ。

中産階級の死体は教会の儀式によって取り扱われ、これも無理だ。

フィレンツェの街で、不要とされ人目につかず処理される死体は、極貧層、孤児、乞食のそれしかない。これらの人たちは病気になると、病院へ運ばれる。なかでも教会付属の病院は、病人たちを無償で受け入れていた。

ミケランジェロはまたもやここで、大きな危険をおかさねばならなかった。死体に手を出したとして捕まれば、少なくとも牢獄に入れられる。最悪の場合は、死刑になる。

当時、サント・スピリト慈善教会はフィレンツェで最大の病人の無料収容施設だった。ミケランジェロは教会の周辺をひそかにうろついて、死体置き場を探した。そして、包まれた死体が埋葬されるまで保管される場所を突きとめた。それからは、教会に夜遅く忍び込んでは、夜明け前に去るようになった。もっているろうそくがチラチラと揺れ始めたときが、その日のパンを焼く修道士たちがもうすぐやってくる時間を知らせるサインだった。

数カ月にわたり、ミケランジェロは数十もの死体を解剖して、独学で人体について学んだ。筋肉はどのように収縮するのか、血管はどう浮かび上がるのか、腱はどう伸びるのか、細部まで調べた。すべての内臓を触り、切り開いた。そのうち死体の悪臭にも慣れた。人によってこんなにも体の違いがあるのに、脳みそだけは見た感じも触感も同じであることが興味深かった。

帰宅すると、その日わかったことをスケッチに描いた。ミケランジェロにとって、解剖学はほかの何よりも技を極めた領域になった。[※3]のちの弟子がこう書き残している。

「ミケランジェロは、私たちが知っているすべての動物を解剖して調べ、人間の解剖も専門職の者よりずっと多く手がけた。それが物を言い、今では彼ほど人間の体を知り尽くした画家はほかにいない……数多くの経験によって得た人体解剖の知見は、解剖を仕事として一生やってきた者さえ及ばないくらいだ[※4]」

ミケランジェロは、ヘラクレスを完成させるための技と自信をつけた。デザインを練ってはスケッチを繰り返し、ヘラクレスのポーズや感情について感触をつかんでいった。

腰に手をあてて大股で立ち、体を全開にしたありがちなヒーロー像ではなく、ギリシャ時代の発想に近いコンパクトで閉じた姿にしようと決めた。解剖学の知識を基に、均衡のとれた胴体と四肢にヘラクレスの強さを表現することにした。そうして、太い木のこん棒に寄りかかり、小さな腰巻きだけを身にまとって胸をはだけた力強いヘラクレスをデザインした。

ミケランジェロは次に、粘土で大ざっぱな模型をつくった。体重のかかり方や姿勢をいろいろ変えながら、最も良いポーズを探った。質量と張力の相互作用を考え、こん棒に腕

ミケランジェロが制作したヘラクレス像を描いた絵※5

を伸ばした反応として背中の筋肉を収縮させた。体の傾きに合わせて腱を伸ばしたり収縮させたりした。じん帯を緊張させた。腰と肩を回転させた。

ミケランジェロは、これらの動きを自信をもって模型に反映させた。

さらに、大理石のかたまりに平たい棒をあてて、首の太さや脇のくぼみ、胴体の傾斜、曲げたひざを削り出すのに必要な深さを測った。そして、すきで畑を耕すように、石の表面近くをのみではがし始めた。風雨にさらされたセラヴェッツア産の大理石に刃を差し込むと、内側にはやわらかい砂の層があり、乳白色の削りくずが指のあいだからさらさらと落ちた。さらに深く彫り進めると、鋼のように固い層がすぐに現れ、思いどおりに彫るには全身の力を込めなければならなかった。

あるときは、大理石のかたまりをもう少しで台無しにするところだった。深く彫り過ぎて像の首が胴体から離れそうになり、力を入れて肩の筋肉を彫るたびに頭部が激しく振動した。大理石がもし砕けたら、ヘラクレス像は頭を失っていた。

幸運にも石は砕けず、頭部は保たれた。

ミリ単位の細かさでヘラクレスを彫るために、ミケランジェロは数種類の鋭利な刃を鍛造してそろえた。ハンマーでのみを同じ力で正確に打ち続け、まるで自らの指で大理石の結晶を切り裂くかのように自在に彫った。数分ごとに一歩下がっては、大理石の周りをぐるりと歩き、削りくずを払った。遠くから作品をながめると、次は近寄って細部に目を凝らした。

ミケランジェロは、ほかにも失敗をした。たとえば、ヘラクレスの前方をハンマーで何回か打ちつけて、削り過ぎてしまった。しかし、後方に余分な大理石を残していたおかげで、作品全体を予定より深く彫り込むことで難を逃れた。

仕事のスピードは徐々に上がり、大理石の像は粘土の模型にどんどん近づいていった。堂々とした胸、筋肉の盛り上がった前腕部、木の幹のような大腿部が現れた。

ミケランジェロは慎重かつ熱心に彫り進めた。鼻孔を削り、耳をつくった。最も繊細なのみを使ってほお骨の曲線をつくり出し、刃を石にやさしくあてて手をゆっくりとまわして、鋭いまなざしをつくった。

完成に近づくにつれ、ミケランジェロは食べるのも忘れて長時間働き続け、夜は疲れ果ててベッドに倒れ込んだ。

ついに作品ができあがると、ヘラクレスの評判はまたたく間に広まった。

フィレンツェの名家ストロッツィ家が、邸宅の中庭に置くために彫刻を買い取った。ミケランジェロが受け取ったフローリン金貨100枚は、一般の市民にとっては大金だった。

ヘラクレスが完成した1494年春、ミケランジェロは19歳だった。

自分が求める水準のヘラクレスを彫るために、ほかの彫刻家がやったことも、やろうと思ったこともないレベルまで解剖学を追究した。不可能にも思える目標に向けて、リスクを負い、失敗も少なからず経験しながら、集中して真剣に取り組み、最終的にたとえようのないほど素晴らしい一つの作品を完成させた。

10倍プロジェクトで変容したミケランジェロ

ミケランジェロは生まれつき偉大な芸術家だったのではない。成長してそうなり、やがてレジェンドの域に達したのは、私が〝10倍プロセス〟と呼ぶ作業を常に追求したからだ。それまでの仕事をはるかに超える、革新的で、当時の彫刻の基準や規範とはかけ離れた大プロジェクトに取り組んだ。自分が目指す水準で作品を完成させるには、スキルや創造性を完全に変容させるだけでなく、仕事に対するコミットメント、信念、アイデンティティーさえも別の次元に変える必要があった。

ヘラクレスの10倍プロジェクトに挑戦すること自体、ミケランジェロにとっては危ない橋を渡る行為だった。

人体の複雑な仕組みや、実在感のある等身大の像のつくり方など、独自の知識や観点を獲得し、深める必要もあった。

それらを遂行してヘラクレスを完成させ、売却したときのミケランジェロは、制作に取りかかったときの17歳の本人とは中身の違う人間に変わっていた。

スキルを劇的に伸ばして自信を深め、精神面でも心理面でも変容していた。さらには職業的にも、以前とはまったく違う立場にいた。意義深い仕事をしたとの評判が立ち、世の中の関心を集めると同時に仕事の依頼をより受けるようになった。

このような不可能なほどのブレークスルーを、ミケランジェロはいかに成し遂げたのか。

心理学で注目されてきている概念に〝心理的柔軟性〟がある。障害に対し、自分の基準に基づいて適切に反応する能力を指す。[※6] 基本的には、困難な感情を抱えながらも目的に向かって前進し続ける、自分の感情に気づいてはいるがそれに支配されないということだ。心理的柔軟性を身につけた人は、感情面で成熟し、つらいときにも自分の基準に基づき人生を選び取って生きていける。[※7・8・9]

なぜできるのか。

心理的柔軟性には〝自身を中身（コンテンツ）としてではなく、背景（コンテクスト）として見る〟という重要な側面がある。[※10・11・12] これができると、考えや感情と一体化し過ぎることがなくなる。人は、考えや感情そのものではない。それより、考えや感情などのコンテンツが流れていくコンテクストとして自分をとらえると、コンテクストを変えることでコンテンツも変えられるのだ。

自分をコンテクストとして見れば、より柔軟にものごとを受け止められるようになる。

家具を替えたり家をリモデルしたりするのと同じように自分も変えられる。自分のコンテクストの幅を広げる——そのために感情面で成熟する——ことができれば、複雑で大きな障害や機会に対しても圧倒されずに冷静に対応できる。謙虚かつ断固たる決意をもって、胸躍る目標に向かって新しい道を見つけ出せる。

ミケランジェロは、驚異的な心理的柔軟性をもっていた。より大きく、深い将来ビジョンを描き続け、それを実現させる精神のほか、能力やスキルも進化させた。そうして、より大きな自由と主体的な人生を手に入れた。生涯を通じて10倍飛躍を繰り返すたびに、自分という人間の質や人生の生き方を向上させたのだ。

ヘラクレスを完成させたあとも、ミケランジェロは歩みを止めなかった。身につけたスキルと自信を基に、さっそく次の10倍飛躍に入った。新たに彫った小さなキューピッド像は、ローマのラファエレ・リアーリオ枢機卿《すうききょう》がすぐに２００フローリンで購入した。リアーリオは作品をいたく気に入り、自分の専属として働くようミケランジェロを呼び寄せた[※13]。

ミケランジェロは生まれ育ったフィレンツェを離れ、１４９６年6月25日、21歳でローマへ移り住んだ。すぐに大きな大理石を手に入れ、それまでで最も野心的な作品に取りかかかった。8、9カ月後の1497年春には、ローマ神話のワインの神、バッカスの等身大の彫刻を完成させた。ブドウのつるをかたわらにもち、その後ろでは子どものサテュロス（訳註：酒と女性が好きな半人半獣の自然の精霊）が隠れてブドウの房を食べている。

リアーリオ枢機卿の向かいに住んでいた銀行家ジャコポ・ガリがミケランジェロと親しくなり、バッカス像を中庭に置くために購入した。さらにガリの仲介で、ミケランジェロは1497年11月、サン・ピエトロ大聖堂のピエタを制作する依頼を受けた。

ピエタは、キリストの遺体を抱いた聖母マリアを描写する、キリスト教美術の一つの主題だ。サン・ピエトロ大聖堂のピエタの彫刻は、2年がかりだった。ミケランジェロは完璧な作品をつくる気概をもって、技と創造力の限りを尽くした。

当時つくられた多くのピエタと違い、ミケランジェロはキリストではなくマリアを中心に据えた。そして、30代の息子を抱く中年の母親というより、若々しく輝くような聖母として マリアを描いた。その人は、いまは亡骸となった、救世主である息子を腕に抱え、悲しみに暮れている。キリストの美しい肉体は衣をほとんどまとわず、ミケランジェロが腐心して得た解剖学の知識がいかんなく発揮されている。

ピエタはミケランジェロにとって、もう一つの10倍飛躍の頂点を象徴するものとなった。

24歳でフィレンツェに戻ったミケランジェロは、3年前に故郷を離れたときとは違う人物になっていた。遠い地に暮らし、影響力のある人物と知り合い、バッカス像とピエタという、2つの高次元の作品を完成させた。ピエタは今日にいたるまで、美術史上最高傑作の一つとして挙げられる。

ピエタを完成したときのスキルや創造性、自信は、ヘラクレスを完成させたときのそれをはるかに超えていた。二つの彫刻を比較するのは失礼に近い。二つは、質、深み、見る者に与える衝撃において違う領域に属する。それは、ファーストフードと高級料理、いや、この場合は高級料理と人類史上最高の料理を比べるようなものだろう。

1501年初め、ミケランジェロは次の10倍飛躍となるプロジェクトに関わることになる。シエナ大聖堂のために依頼された15体の彫像のうち4体を制作していたとき、フィレンツェのドゥオーモの造営局（オペラ）が、巨大なダビデ像を完成させる彫刻家を探していることを知ったのだ。

ドゥオーモの中庭には、5メートル以上の大理石の作品が未完のまま、地中海の強烈な太陽光に40年以上もさらされていた。何十年も前に二人の彫刻家によって放棄され、傷みも進んでいた。

ミケランジェロは何よりもこの仕事をしたいと望んだ。

大きな機会――10倍機会――だと思った。

特別なダビデ像をつくれると確信した26歳のミケランジェロは、自分こそ適任者だとオペラを説得した。※14

当時彫られたダビデ像の多くは、ドナテッロ作を含め、討ち取ったゴリアテの頭の上に勝ち誇って立つ姿だった（訳註：旧約聖書サムエル記に登場する少年ダビデは、敵の大男ゴリアテから味方を守って英雄になる）。華奢な娘のように描写されることも少なくなかったが、ミケランジェロはそれらと一線を画すと決めた。若いダビデがサウル王を説得してゴリアテに立ち向かおうとする、サムエル記の場面を読み込んだ。そして、〝ライオンやクマとも闘って倒した〟というダビデの話を基に、この少年を完成された人間とみなした。

その上で、巨人を倒して大金星をあげたあとではなく、敵との闘いにまさに挑もうとする勇ましいダビデを表現しようと決めた。肩にかけた投石用のひもを左手にもち、下ろした右手は石を握りしめ、憂いと決意の表情を見せる若者を思い描いた。

ミケランジェロはダビデ像の制作に3年近くを費やした。

そして、このダビデ像がミケランジェロを完全に変容させた。

1504年に完成したダビデ像は、すぐに傑作と評価された。ミケランジェロはまだ29歳だった。

報酬として、ミケランジェロはそれまでで最高の400フローリンを受け取った。当時最も影響力のあった政治家や芸術家から成る協議会が彫像の設置場所について話し合い、フィレンツェ市庁舎でもあったヴェッキオ宮殿の前に決まった。ダビデ像は市民の独立と自由の象徴となった。実際、政治的にも転換期を迎えていたフィレンツェに新たな勇気と誇りを与え、都市も市民も繁栄していくことになる。

ダビデ像を完成させたミケランジェロの評判は、レオナルド・ダ・ヴィンチのそれに匹敵するようになった。さらなる10倍レベルへと腕を上げ、あらゆる国家や政府から依頼を受けるようになった。

1505年、「カッシナの戦い」――ヴェッキオ宮殿の大会議室で、ダ・ヴィンチによる「アンギアーリの戦い」と向かい合わせに設置される予定だった壁画――の制作に取りかかっていたミケランジェロは、それを途中でやめなければいけなかった。新しいローマ教皇ユリウス2世に、霊廟《れいびょう》の制作を頼まれたのだ。

教皇に対してノーと言う者はいない。

ミケランジェロはローマへ移り、仕事に取りかかった。

3年後の1508年には、教皇からシスティーナ礼拝堂の天井画を依頼され、1512年、37歳のときに完成させた。

ミケランジェロは生涯を通じて、自分のスキルをはるかに超える――不可能なほど超越する――プロジェクトに挑戦し続けた。ほとんどの人は、10倍プロセスに真正面から取り組むのを怖がる。なぜなら、そのためには現在のアイデンティティーや恵まれた環境、快適な領域《コンフォート・ゾーン》と決別しなければいけないからだ。

10倍を実践するとは、心の底から追い求め、最も胸躍る将来像に基づいて生きるということだ。**10倍の将来というフィルターでいまの生活のすべてをふるいにかけると、通過できるものはほとんどないだろう。**

これまでの生活を築いたものは、これからの生活を導くことはできないのだ。

俳優レオナルド・ディカプリオの言葉を引けば、「人生の次の段階へ上るには、これまでとは違う自分にならなければいけない」。

10倍はあなたが思うよりシンプルで簡単だ

「しかし、仕事の水準はどうだったか。自らのスキルをはるかに超えたもの、つくり得る最高のものだけをつくるという意識が、彼の骨の髄までしみ込んでいた。斬新で、新鮮で、異色で、芸術全体が拡張されたとすぐにわかるものでなければ、満足できなかったのだ。質において妥協することは決してなかった。人として、芸術家として完全を目指す意思は岩のようにかたく、その上に人生が築かれていた。その岩を割って、仕事に無頓着になったり、最善を尽くさなかったり、何とかなればよいと考えたりしたときには、彼の中に残っているものは何もないだろう。」

――アーヴィング・ストーン『ミケランジェロの生涯――苦悩と歓喜』[※15]

歴史上の偉大な芸術家や起業家たちは、10倍思考と2倍思考の違いをわかっている。読者の皆さんは、こんなふうに思うかもしれない。「10倍飛躍を一生しない人たちだって、いるじゃないか」

ほとんどの人は、少しだけ先にあるもの――昇進、あと少しのお金、個人新記録――をつかもうと目指す。緩やかな進歩を目指すのが〝2倍のマインドセット〟だ。基本的には、すでに実践しているものを継続または維持する。過去の実績に基づいて、いま何をどうやるかを決めるのだ。

2倍は線形的だ。つまり、2倍の努力によって2倍の結果を出す。単純により速く、より力を出して、同じことをもっとやる。

2倍は疲弊するし、気持ちも萎える。粘り強く、全力で数センチずつ前へ進むのは、とても骨が折れる。それに比べて、10倍はあまりに話が大きく不可能にさえ見えるので、現在のマインドセットやアプローチは捨てざるを得ない。10倍力を入れて、10倍長く働くのは無理だ。強引に進めても、10倍には届かない。

10倍は、起業や金融、自己啓発の分野で流行の概念になった。しかし、10倍の意味やその可能性について、根本的に誤解している人も多い。実際、ほとんどの人が10倍を文字どおりに、そして真逆の意味でとらえているのだ。

10倍を逆の意味にとらえると、10倍を実践しようとしても苦戦する。2倍のマインドセットにはまってしまう。それどころか、10倍を探求するつもりが、間違ったものを追い求める結果になる。つまり、より多くを求める果てしない競争に巻き込まれるのだ。

まず、10倍は、より多くではなく、より少なくという考えだ。

ミケランジェロはこれを明確に理解していた。教皇から、特にダビデ像に関して、その非凡な才能を発揮するための秘訣を聞かれると、こう答えた。「簡単なことです。ダビデではない要素をすべて取り払うだけです」

10倍を実践するとは、焦点を絞り込んでよりシンプルに対象を見ることだ。対象の核心まで迫り、余計なものは取り除くのだ。

スティーブ・ジョブズは、イノベーションの真髄とも言える〝極端なシンプル化〟に熟達していた。

iPodを設計したとき、ジョブズは、音楽の所有に関して消費者が望まないすべての要素を取り払い、音楽の体験を〝10倍楽しく簡単に〟するテクノロジーを提供するようにした。

聴きたい1曲のために店へ出向いて12〜15ドルを支払いアルバムごと買うのではなく、その1曲だけを店に行かずにすぐに購入できるようにした。さらに、お気に入りの曲だけを集めて、ポケットに入るほど小さくて便利な場所に収められるようにした。お気に入り以外の曲が8割以上占めるCDを何百枚とため込まなくてもよくなったのだ。

次に、10倍は「より多く」ではなく「より少なく」であるのと同時に、〝量〟ではなく、〝質の問題〟でもある。

ミケランジェロは、成し遂げた仕事の量によってではなく、〝驚くべき質の高さ〟によって、伝説となった。10倍を実践するたびに、神にも近い水準の表現力と究極の技を手に入れた。

もちろん、ミケランジェロはたくさん働いた。実際、すさまじいほど仕事をした。しかし、同じくらい働いている人はほかにもいる。ただし、多くの人は忙しいだけで非生産的なのだ。働きまわっているが、大きな成果を出せない。

10倍は、その前後で質的に変化することであり、大規模なイノベーションと質の向上が起きているのだ。

10倍は、子どもがハイハイから歩き出すのに等しい。または、文字を知らない状態から本を読めるようになる、親の家に居候している状態から自立して生活する、自信なさげで恥ずかしがりな人が自信に満ちて人の気持ちも理解できる指導者になるのと同じだ。

10倍は馬車から車に乗り換えるのに似ている。移動しているのに変わりはないが、そこでは非線形的な変化が起こっている。〝本質的な質の変化〟だ。変容は、一見不可能な将来を思い描いて行動することで起こり、それまでの自分（や、ほかの皆）がたどってきたのとはまったく違う、非線形的な方向やアプローチへと導いてくれる。

2倍は、量に重点を置く。単にいまやっている仕事をさらにやり、桁を一つ増やすことを目指す。線形的で非創造的だ。頭をさほど使わず、労力をひたすらかけて効率を考慮しない。

最も本質的で質的な変化は、人の内側、つまりビジョンとアイデンティティーにおいて起こる。これらが変わると、その人がするほかのすべてのことも変わる。内側の心理的な進化によって、その人がもっている基準やパフォーマンスはより研ぎすまされる。

そうして10倍は、その人のフィルターとなる。

何をするにも、すべてが10倍か2倍かにふり分けられる。

10倍でないものはフィルターに引っかかり、注意の外に置かれる。制約条件の理論によると、人間がもっている最大の障害は注意力だという。注意力は、人間の最も限られた力で、時間より希少だとさえ言える。それこそ、注意力の質と深さが、時間の質を決めるくらいだ。大半の人は注意力が散漫ですぐに注意がそれ、〝いま、ここ〟に集中することが永遠にできないようにも見える。

10倍を実践する人は、〝非常に限られた対象〟にしか注意を向けない。しかし、的を絞って集中するので、そこで圧倒的な影響力を発揮する。

最後に、10倍は、何か特別な結果を指すのではなく、プロセスの問題だ。

10倍は、能力だ。

次のようなことをするためのオペレーティング・システム（OS）だ。

- 将来に向けたビジョンや基準を劇的に向上させる。
- 戦略やフォーカスを単純明快にする。
- 本質的でないものを見つけて除外する。
- 独自の分野で熟達する。
- 自分のビジョンの下で喜んで働いてくれる人たちを導き、力を与える。

10倍は〝自分と人生を変容させるための手段〟だ。

10倍にコミットするのは、旅のようなものだ。玉ねぎの皮をむくように古い自分を脱ぎ捨て、自分の核心に迫る旅だ。そうやって、最も真実に近い自分へ近づいていく。

10倍にコミットして、自身を変容させれば、解放されて自由になる。

自由には、表面的な自由と、それより高い次元の自由の2種類がある。前者は外面的で、測りやすい。無知、貧困、奴隷制からの自由のように、「何かからの自由」として語られる。後者はもっと豊かで、〝内面的かつ質的〟な類の自由だ。主体的に人生を歩むという意味で、「何かをする自由」として語られる。[※16]

高い次元の自由を得るには、コミットメントと勇気が必要になる。自分の中に基準を置き、リスクやコストが伴っても、それに基づいて生きる。これは、誰かから与えられる自由ではない。「何かをする自由」は、意識的に自分で選び取るもので、純粋に内面の問題だ。外面的な自由をすべて手に入れても、内面において自由でない場合もある。

10倍は手段であって、その結果として自由を手に入れる。

10倍を実践する人は、それがどんなに非常識で不可能に見えても、ある基準または水準に基づいて生きることを選び取っている。自分が選んだ基準にコミットすることで、自身と世界を変容させながら、己の道を生きる。

起業家のコーチングで世界的な実績のある「ストラテジック・コーチ」の共同創業者ダン・サリヴァンは、10倍を実践する人は4つの自由を追求すると分析した。

- 時間の自由
- お金の自由
- 人間関係の自由

■人生の目的の自由[※17]

自由は基本的に、人の内面に関わる問題だ。自らが選んで享受するもので、誰もそれを与えたり奪ったりできない。

ミケランジェロは、生涯をとおして4つの自由を広げた。自由という無限のゲームを生きて、内なる自由を広げるために有限のゲームに挑んだ。一見不可能なプロジェクトに取り組み、完成させて10倍飛躍するごとに、自由を拡大したのだ。

より良い仕事に時間を使うようになって、ミケランジェロ自身にとっても周囲にとっても、時間の価値は上がった。時間の無駄使いも減り、〝時間の自由〟は拡大し続けた。

依頼される仕事が大きくなると、依頼人は滞在先を確保し、材料や身のまわりの手伝い、仕事の助手にかかる費用を負担した。〝お金の自由〟は広がり、生活や仕事を妨げることがなくなった。

ミケランジェロの名は知れわたるようになり、教皇さえ仕事を発注するまでになった。その仕事はミケランジェロの人生だけでなく、歴史と文化にも影響を与えた。〝人間関係の自由〟は、10倍飛躍をするたびに広がった。権力者から頻繁に声をかけられ、会いたい人にはほぼ誰でも会えるようになった。

人間関係は新しい世界へ通じる扉だ。その自由が広がると、〝人生の目的の自由〟も広がる。人間関係をとおして人生の選択肢や機会、生きる目的が広がり、10倍飛躍をすることができる。

たとえば、ある経営者を知っていた縁で、その会社の重要な職を得る場合もある。このような現実を嫌悪する人は4つの自由を理解しておらず、壁に阻まれる。現実に異を唱えるより、社会のルールを学び、いずれ望みどおりに現実を変えられるよう目指したほうがいい。

ミケランジェロの「人生の目的における自由」は驚異的なレベルまで達し、手がけたプロジェクトは、文化、国、経済の方向性まで事実上変えるほどの影響力をもった。10倍飛躍をするたびに、人生の目的は劇的に広がり、意義深くなった。ミケランジェロにとって、生きる意味は大きく膨らんだ。

起業家としての旅の究極的な目的は、自由の拡大だ。そして、自由を獲得する旅に終わりはない。

自由の拡大は、ジェームズ・カース博士（訳註：哲学者。ニューヨーク大学で歴史と宗教文学を教えた）が「無限のゲーム」と呼ぶものにあたる。そこでは、自身と自分がプレーするゲームが常に変容し、どんな有限のゲームやルールにも決して縛られない。※18

2倍とは、有限のゲーム——特定の状況や見方、目的、アイデンティティーなど——にとらわれている状態だ。何かになる自由も、何かをする自由も、何かを手に入れる自由も拡大しない。恐れや無気力にとらわれ、いまの自分、いまやっていることに関して現状維持を図るだけだ。

10倍は、自由を広げていく無限のゲームだ。

ただし、自由は安い買い物ではない。非情なまでに自身や周りに対して正直にならなければならない。恐ろしいが、解放感も得られる。10倍は、生半可な方法や中途半端なコミットメントでは実現できない。「人生の目的」において自由を得るには、生活の中で10倍ではないものをすべて切り捨てなければいけない。ほとんどの時間は2倍の仕事に費やされているので、これはつらい作業になる。

10倍を実践するとは、自分と最も重要な人生の目的に関して、「ダビデ」ではないものをすべて取り去るということなのだ。

私の10倍の旅

この本は、10倍レベルで成長して変容すること、そして、どうしたらそれができるかに興味がある人に向けて書いた。

これについて語れるのは、私自身が10倍変容を経験したからだ。

何回もだ。

私の名はベンジャミン・ハーディで、仕事仲間のダン・サリヴァンと共同でこの本を執筆している。

私は組織心理学の博士課程で、起業家の勇気とリーダーシップについて研究した[※19・20]。そこでは、〝あとに引けない局面〟という新しい概念を打ち立て、単なる起業家気取りの人間と成功した起業家との重要な違いを明らかにした。あとに引けない局面とは、起業家が覚悟を決めて、恐怖を避けることから自らの欲求を達成することへアイデンティティーとエネルギーを置き換える瞬間を指す。また、強力なリーダーシップのある人は、自らが率いる人々の主体性や行動を劇的に向上させて、これらの人を変容させる力があることも明らかにした。

博士課程の2014年から2019年までのあいだ、研究や学業のかたわら執筆したブログ記事は計1億人に読まれ、『フォーブス』『フォーチュン』『サイコロジー・トゥデー』などのプラットフォームでも頻繁に紹介された。シリコン・バレーの主要なブログ・プラットフォーム「Medium」では2015年から2018年の3年間にわたり、最も記事が読まれたライターだった。また、2018年には初めてのメジャー本『FULL POWER 科学が証明した自分を変える最強戦略』を出版し[※21]、オンライントレーニングのビジネスを7桁（訳註：100万ドル）台の規模まで成長させた。

２０１９年に博士課程を終えてからは、さらに5冊の本を出版し、そのうち3冊は起業家コーチングで伝説的なダン・サリヴァンと共同執筆した。これらの著書は合わせて数十万部売れ、ビジネスや心理学の分野では定番になりつつある。

妻のローレンとも、何回かの10倍飛躍を経験した。修士課程1年目だった２０１５年、私たちは3歳、5歳、7歳の３人の子どもの里親になった。その後3年間にわたり、ローレンとともに里親制度について裁判で争い、２０１８年2月、３人を養子として迎え入れることができた。その１カ月後、ローレンは妊娠して、２０１８年12月に双子の女の子を出産した。

そう、２０１８年に私たち夫婦は実に、子どもゼロ人から5人の親になったのだ。

これは10倍変容である。

その後、さらに6人目の最後の子どもができた。笑顔が素晴らしい男の子レックスだ。

ほかにも経験した10倍はまだまだ語れるが、ここはそのための場所ではない。私が言いたいのは、人生で初めて10倍飛躍を経験して以来、その複雑で細かいプロセスに興味をもち、これを理解したいと思ってきた。そして過去10年間、10倍成長と変容の心理学、その応用について、夢中になって研究した。

研究を通じて、ダン・サリヴァンの仕事を知った。ダンはこの50年間、世界にいまいる誰よりも多くの起業家たちに対して個人コーチングをしてきた。ダンの会社「ストラテジック・コーチ」は、世界でも一流の起業家コーチング会社だ。過去35年間で、2万5000人以上の起業家がストラテジック・コーチのプログラムを受講した。

私は2015年、起業家の勇気について研究しながら自分でも起業し、そのころにダンの仕事についても学び始めた。ダンが教える内容に私は衝撃を覚え、作家としても起業家としても大きな影響を受けた。おかげで、たった数年のうちに、何もないところから7桁ドル規模の会社を経営するまでになった。

ダンの教えにほれ込み、称賛するうちに仕事の関係ができて、本書のほかに『WHO NOT HOW「どうやるか」ではなく「誰とやるか」』『The Gap and The Gain（ギャップと収穫）』の2冊を共同執筆した。[※22・23] この2冊と同様、本書も私自身の視点から、私自身の言葉で書かせてもらっている。ダンの表現を借りて言うと、「私は、ほかの誰も書けないし書かないだろうから、この本を書く『誰か《フー》』となった」ということになる。

それでも、この仕事の基盤はダンの教えにある。

ダンは真の達人《マスター》だ。

その思考やアイデアは独特で、常識や世間一般の通念に反する。たとえば、〝10倍の結果を出すのは、実際には2倍より簡単〟という考えだ。

ダンからこれを初めて聞く起業家は、驚いて信じようとしない。そこでダンは、非常にシンプルながら奥深い洞察を解きほぐすように説明し、この概念が伝える真実を誤解しようがないほど明確に提示する。

50年間にわたり数多くの傑出した起業家を10倍飛躍へ導いてきたダンの経験と、私の起業と成長に関する心理学の知識を基に、この本では、よく知られているがよく誤解される10倍について、これまでにない視点から解説する。

10倍の真実をシンプルかつ明快に伝え、読者の皆さんの視野が広がりすぐにも応用できるよう、多くの心理学の文献を読み込み、ダンに長時間インタビューし、ダンが教えた何十人もの優れた起業家たちから初めて語られる話を聞いた。最終的には、10倍の概念を証明するかのように、私自身の人生もすっかり変容した。

２０１８年にダンと仕事を始めたときは、まだ実験的な取り組みだった。ダンの考えを一般のビジネス書で紹介したら、多くの人の人生を変えられるだろうと私は考えていた。同時に、優れた起業家がダンの教えの深さと説得力を知れば、10倍成長を体系的に理解し、継続させるためにストラテジック・コーチに参加するだろうとも考えた。

実験は成功した。

初めての共著『WHO NOT HOW「どうやるか」ではなく「誰とやるか」』の「はじめに」の章で、私たちは二人の10倍願望をはっきりと述べた。一つは、何十万人の読者の人生を変容させること、もう一つは、５００人以上の成長志向の起業家が、コーチングを直接受けるためにストラテジック・コーチに参加するよう導くことだった。

出版から2年も経ないうちに、目的は二つとも達成された。この本は、起業家たちにすぐに熱狂的に支持され、私がうやうやしく差し出した、目が覚めるようなダンの教えの一撃をくらった人々が、ストラテジック・コーチに続々参加している。

私たちの協力関係は、双方の人生とビジネスに質的な10倍変容をもたらした。新しい10倍の境地にたどり着いた私たちは、さっそく次の10倍飛躍を思い描いた。さらに飛び抜けて良い本を書いて、１００万人に読んでもらい、10倍成長と自由を追求する世界一流の起業家たち５０００人以上をストラテジック・コーチのプログラムへ迎え入れることだ。ストラテジック・コーチに参加した人は、私たちの著書が書かれる源となった考えに直接アクセスできる。

本書によって人生はどう変わるか

「生きているものはすべて、変化と運動を続けている。望んでいたレベルに達したと思って休んだ瞬間に、頭の中の一部は衰退を始める。苦労して手に入れた創造力を失い、周囲にも気づかれる。パワーと知恵は絶えず更新されるべきもので、それをしない者は衰えていくのだ。」

――ロバート・グリーン[※24]

私は最近、友人たちと夕食にステーキを食べながら、この本で紹介するいくつかの考えについて話した。友人たちは、信じられないというふうに頭をふった。人生のどれだけ長い時間を2倍モードで過ごしてきたか気づいたからだ。

10倍ではない、2倍の状況やプロジェクト、人間関係を無駄に維持していたことは明らかだった。

「やりたい」ではなく必要のために、豊かさを創造するのではなく乏しい資源を取り合うために、そして自由のためではなく安心のために、行動していたのだ。

読者の皆さんが本書でこれから学ぶ法則について私が話すと、友人の一人は、「（あのクライアント、あのプロジェクトとは）手を切ったほうがいいな」と、隣で900グラムのトマホークステーキにかぶりつくビジネスパートナーに話した。

この本で最も驚くべき点は、10倍は意外にも、2倍よりずっと簡単だということだ。2倍よりずっとシンプルでもある。

ただし、「簡単」と「シンプル」は、似ているようでそうではない。米国出身の詩人T・

S・エリオットも「完全に単純な状態……すべてを犠牲にして得られるもの」と書いている。[※25]

簡単とシンプルを追求するには、現在の生活で不必要に難しいものはすべて手放す必要がある。より具体的に言うと、本当に欲していないものはすべてやめるべきだ。

いまの人生の大半を占めている10倍ではないものを、10倍のフィルターはすべて取り除いてくれる。

覚悟を決めて、〝欲していないものすべて〟を捨てれば、人生はとてつもなく楽に、シンプルになり、これまでになく良い結果をもたらすだろう。

いざ実行するのは、怖いものだろうか。

イエス。

１００％のコミットメントが必要だろうか。

もちろん。

しかし、バンドエイドをはがすのと同じで、一番つらい瞬間は、実行前にそれを思い浮かべるときだ。衝撃を生む原因は現実としてあるが、一度気持ちを決めたら、世界は変わる。一つのことにどう取り組むかによって、ほかのすべての取り組み方が決まる。10倍は自分のフィルターとなり、標準となる。

この本では、10倍が何か、それがなぜ最も自然で刺激的で、パワフルな生き方なのかがわかる。自分も世界もまったく違う目で見られるようになる。

自分の可能性、一つひとつの決断についても、違う見方をするようになるだろう。

この本を読み終えるころには、人生を変容させる、ほかにない自分だけの10倍飛躍をはっきりと思い描ける。そして、10倍を新しい基準かつアイデンティティーにして、自分の中で足かせになっていた2倍の側面をふるい落とすことだろう。

10倍成長に終わりはない。

自由に限界はない。

これは内なるゲームだ。

無限に続くゲームだ。

しかもそれは、繰り返しプレーできる。

どこまで行くかは、自分が決める。最も真実に近い自分と人生の目的を実現するために、どれだけ変容を続けるかを決めるのは、自分だけだ。

10倍を実践すれば、将来の自分はいまとは違う人間になる。現時点では理解できないような自由を手に入れているだろう。価値、質ともに10倍になった時間、お金、人間関係、人生の目的は、現時点ではとうてい不可能に見えるだろうが、将来の10倍の自分にとっては、まるで普通であるはずだ。

10倍の実践は、常に同じプロセスを踏む。この本の**第1章**では、このプロセスの詳細を学ぶ。10倍と2倍がなぜ真逆なのか、10倍が2倍よりなぜよりやさしくてシンプルで、わくわくするのかがわかる。10倍のプロセスは創造的で、戦略的で、実用的でもある。

第2章では、いかに10倍にコミットし、自分と自分のアイデンティティーを変容させるかについて学ぶ。これは10倍プロセスの心理的な側面であり、肝心なステップだ。まずは、10倍ゴールを設定すること。次に10倍を〝自分の基準〟にするのだが、これはより高い次元の作業で、純粋なコミットメントと勇気を必要とする。真剣に取り組めば人生はすっかり変容する。同時にこれは、自分自身と自由の幅を広げるための唯一の道でもある。10倍を自分の基準にして、大きな事案でも基準に見合わなければ「ノー」と言うようになる。そうして自分のフィルターとアイデンティティーを洗練させていくのだ。

第3章では、欲求と必要の違いについて学ぶ。10倍を実践するには、人生や世の中の「〜べきである」という考えと決別する必要がある。10倍の道を進むのは、進むべきだからではなく、〝進みたい〟からだ。最も尊い自由のかたちは、必要ではなく、欲求に基づいている。欲するものを選び取るには、誠実さとコミットメント、勇気がいる。それをよりどころにして、自分という人間の根っこと核心に向かって、殻を一つずつ破っていくのだ。

自分に正直になればなるほど、自身の唯一無二の能力に気づいて、それを伸ばせるようになる。唯一無二の能力とは、人間として、起業家として自分だけがもっている強力なパワーだ。唯一無二の能力を使わない人生は凡庸で、不満を抱えやすい。自分を外に開いて唯一無二の能力を発展させるには、無防備さとコミットメント、勇気をもたなければならない。山を登るのと崖から飛び降りるのを同時にするようなものだ。10倍の道を進みながら自分の殻を破るほど、自身のダビデ（真の姿）を体現できるようになり、人生は目的と価値あるものになる。

第4章では、自身の過去を違う視点から見つめることで、すでに経験してきた10倍飛躍のすべてをはっきりと認識し、評価できるようになる。これまで経てきた重要な点と点のつながりが見えるようになり、それを基に、魂が欲している非線形的で質的な次の10倍飛躍を思い描くことができる。過去と未来を通じて10倍を認識し、感じながら、10倍をいかに標準化し、それを自然な生き方とするかを学ぶ。

第5章では、公立教育で教え込まれ米国の企業文化に引き継がれる、線的で量的な時間モデルから抜け出すことを学ぶ。この時間モデルは、19世紀の工場制に由来しており、10倍成長と変容には著しく非効率的だ。その代わりに、起業家が10倍、ときには100倍も生産的になり、幸せになって成功をおさめられるよう、ダンが数十年かけて編み出した時間システムを学ぶ。限られた時間の中で行動するのではなく、時間の質を重視することで、より多くのフロー（訳註：最高のパフォーマンスを実現できる最適な意識の状態）や楽しみ、変容を経験できるようになる。予定に縛られたり、時間を細分化して管理したりしなくてもよくなる。長大な自由時間を生かして、仕事に深く打ち込んだり、積極的な回復に努めたり、人生最高の経験をしたりできるようになる。

第6章は、それまでの章の学びを基に、自由な文化が根づく「自律的な企業」について考える。従業員が自己管理する体制を整え、それによって会社のビジネスの〝すべて〟がまわるようにするのだ。自分は「変容の指導者」として、絞り込んだ最も重要なこと――創造し、戦略を練り、ビジョンを描き、協力関係を結び、進化すること――と向き合えるよう、〝完全に自由〟になる。指導者が魅力的で刺激的なビジョンを描き出せれば、従業員はそこに自分自身の10倍の将来を思い描ける。従業員自身も現在の役割を超えて成長し、優れたリーダーとなって、それぞれが新しい誰《フー》かを見つけることで自分を解放して次の10倍成長をする、そんな体制を指導者は整える。これが〝唯一無二の組織〟だ。そうして周囲のすべてが10倍のオペレーティング・システム（OS）で運用されるようになり、指導者としてのあなたの生活はシンプルで、スローで、ディープで、パワフルになるのだ。

10倍に挑戦する気になっただろうか？

それでは、始めよう。

第 1 部

10倍の法則

10X principles

第1章

10倍成長は驚くほどシンプルだ

2倍のマインドセットではなぜ結果を出せないのか

「数量の追求は、地獄への道だ。数量を増やしても、つまらない製品や顧客が増えるばかりで、管理が恐ろしく複雑になる……労力をかけてもろくな利益にならない。本質を見抜き、やりたいことに集中すれば、大きな利益を得られる……多くの分野でそこそこうまくやるより、少ない分野で抜きん出るよう目指すのだ……時間が少ないと嘆くのではなく、下手なやり方に大半の時間が取られることのほうを心配すべきだ……80対20の法則によれば、最も価値の高い20％の活動にあてる時間を2倍に増やせば、1週間に2日働くだけでいまより60％高い成果を上げることができる。」

――リチャード・コッチ[※1]

「もしあなたが利益を10%増やすとしたら、どうやって達成するか」

これは以前、マーケティング専門家のジョー・ポリッシュが主催する起業家向け勉強会で、私たち参加者が投げかけられた質問の一つだ。

5分から10分ほど考える時間を与えられたあと、私たちはグループディスカッションに入った。その日は、制約条件の理論と意思決定の世界的な研究者アラン・バーナード博士も参加していた。

「はっきり言って、これは非常にまずい質問だ」と博士は切り出した。そして、こう述べた。

「利益を10%増やす方法は、まさに限りないほどある。注力すべき特別な策を生むには、目標が低いのだ。しかし、『利益を10倍にするなら、どう達成するか』と問い直すのであれば、ずっと良い質問になる。なぜなら、10倍成長を可能にする策はおそらく非常に限られ、もしかすると一つしかないかもしれないからだ。実際、現在通用している方法でこの目標を達成できるのは、ほぼ皆無だろう。雑音の中からシグナルを見つけ出すには、大半の方法や戦略は捨てるしかないほど高い目標を掲げなくてはならない。無理な目標を立てれば、考え得る最高の利点をもつ唯一の、または数少ない条件を見つけられる。そこにこそ、我々の最も希少な力、つまり限りある注意力を向けるべきだ」

効果的な目標は、ぎりぎりの限界、できるだけ高いところに設定すべきだ。不可能なレベルまで目標を引き上げて、初めていまある知識や想定を頼りに考えるのをやめられる。新しいアイデアを受け入れ、それまで考えもしなかった道を検討するようになるのだ。[※2]

これまでの想定や慣習に基づいて、線形的に行動する。これが「2倍」だ。刺激的で不可能にも見える未来像に基づいて、非線形的に行動する。これが「10倍」だ。

バーナード博士は「不可能と思えるくらい大きな目標を立てよ」と提言する。

たとえば、向こう12カ月間で1000万ドルの利益を出したい起業家がいるとする。バーナード博士は「できると思うか」と本人に聞く。

「はい」と起業家は答える。

「それでは、この先12カ月で1000万ドルの利益を出すのはどうだろう」と博士がもちかける。「できると思うか」

「思いません」

博士は強調する。「この目標は、何かがない限り不可能だろう。その何か、つまりどんな条件があれば、12カ月で1000万ドルの利益を実現できるのか。不可能を可能にする条件をどうつくり出せるか、考えてみてほしい」

起業家は、不可能な目標を可能と思えるようにするために必要な条件を挙げる。

バーナード博士は、限られた時間とエネルギーで最高の結果を出すには、それらの条件や戦略にこそ集中すべきで、それ以外のことはすべて雑音だと言う。

不可能に見える、または大きすぎるほどの目標は、非常に実用的だ。なぜなら、それを目指すと決めたとたんに、人は何が使えて何が使えないのかを峻別し、最も有効な少数の方法にのみ目を向けるようになるからだ。

小さな目標は取るに足らなかったり現状の延長線にあったりして、効果的な方法を照らし出してくれない。

これが、10倍の目標やビジョンが2倍の目標よりシンプルでやさしく、実用的である根本的な理由だ。2倍の目標では、達成に向けて考えられる方法がありすぎる。これでは「分析まひ（訳注：情報を分析しすぎて決断できなくなる状態）」に陥り、どこに労力と努力を最もかけるべきかまったくわからない。

10倍の目標を掲げると、効果が見込める戦略や方法はおのずと絞られる。

私の息子ケイレブを例にとろう。息子はテニスに打ち込んでおり、大学進学後も続けようとしている。最近、コーチから「プロに進むのはどうか」ともちかけられた。

そんな選択肢があるとは思ってもいなかった息子は驚いた。

練習から帰る車の中で、私は息子とコーチの言葉について話し合った。「もしプロを目指すとしたら、いまとは違う練習をやることになるのかな」

「だろうね」ケイレブは答えた。

「いままでの練習でプロになれると思うか？」

「いいや」

「プロになるための道を見つけられるだろうか」

「たぶん」

「大学でテニスを続けるのとは、違う方法になると思うか？」

「思うよ」

目標によって、道筋は決まる。

ダン・サリヴァンは言っている。「現在をより良くするための唯一の方法は、大きな将来像を描くことだ」

目標をより高い次元に引き上げて10倍大きくすれば、そこに行き着くために違う道を探さざるを得なくなる。いままでとは違う人たちに違うことを聞くことになるだろう。

2倍成長、または線形的な成長へ導く道は山ほどある。それが、2倍を目指すのが効果薄で過度に複雑になる原因の一つでもある。**10倍成長へ導く道はわずかだからこそ、シンプルで非常に有効な目標になる。**改めて言うが、10倍を達成できる手段は、ほぼない。だからこそ、実用的な目標になるのだ。

私たち家族が暮らすフロリダ州・オーランドで、ケイレブを大学のテニス部レベルまで引き上げてくれそうなコーチはそこら中にいる。しかし、プロレベルまで実際に導けるコーチとなると、滅多にいない。

ケイレブがプロを目指すのなら、練習内容を劇的に変えなくてはいけないだろう。

皮肉なことに、ケイレブが大学レベルを目指すとしても、目標をプロレベルに置くのが最も効果がある。そうすれば、私たちは少なくとも、すべてについて厳しく見極めようとするからだ。つまり、2倍成長を達成する一番の近道は10倍を目指すことなのだ。いま実践していることはそもそも根本的に時間の無駄なのだが、10倍目標を掲げれば、それらのほぼすべてに見切りをつけられる。ノーマン・ヴィンセント・ピール（訳註：ポジティブ思考の概念を広めた牧師、著作家）は言っている。「月を目指しなさい。たとえうまくいかなくても、どこかの星にはたどり着くでしょう」

10倍と2倍についても、同じことが言える。

2倍を目指す場合、現在地からそう遠くない場所に向かってじりじりと進み、それだけで大変な労力を使う。方向を見定めようにも、どの道も似たように見えて決めかねる。いま取り組んでいるどれが結局は時間の無駄になるのかも、違いが見えず選べない。

しかし、10倍を狙うとなると、雑音の中からクリアな信号が見えてくる。

10倍成長をかなえる手段は、ほぼない。そうなると、本気でやるつもりなら、自分がいま取り組んでいるすべてについてもっと正直にならざるを得ない。どの道を選ぶべきか、もっと厳しい目で判断しなくてはならない。非常に限られた戦略や条件だけが大きな変化を起こすか、そのきっかけをつくるからだ。

心理学では、希望をもつ人は目標に深くコミットし、pathways thinking《パスウェイズ・シンキング》（訳註：目標達成に向けて自分で複数の方法を導くことができるという考え）をするとされる。自分の手法や道筋を繰り返し試し、学び続ける。壁にぶつかったり目標に届かなかったりしてもフィードバックを得て、そこから学び改善し、手法を調整する[※3・4・5・6・7・8・9]。

その際に、あらゆる手段や解決策が考えられる目標は役に立たない。ゴールというのは、雑音の中から信号を抽出し、最大の効果を生むためにどこに集中すべきか指し示すフィルターでなければならない。

10倍目標はシンプルだ。非常に限られた道しか使えない。

求める基準やゴールが高くて具体的であればあるほど、選択肢はより限られる。大変そうに思えて、実はより容易に目標に到達できる。大きくて具体的な目標は即座に、いま実践しているほぼすべてを切り捨てる。そして、より良い選択肢を探り、調べるための余地をつくり出してくれる。

本当に快適なマイホームをつくりたい人は、そこに置く家具を厳選する。どんな家具がいいのか具体的に考えれば考えるほど、注目すべきデザイナーの数は絞られる。反対に、マイホームに求める基準が低いまたは特にないと、家具の選択肢は限りなく広がる。

同じように、とても複雑で特殊な問題を解決するなら、ジェネラリストではなくスペシャリストが必要だ。最適な健康状態を保つのに、どんな医者でもいいわけがない。

ほぼすべてのものは、雑音だ。

いま実践しているほぼすべてのことが、10倍の障害になっているのだ。

10倍対2倍――なぜ10倍は2倍の対極にあるのか

「追い求める大きな目標、大望をもたずして、日々のささいなことや邪魔に煩わされないでいられるだろうか。」

――ライアン・ホリデイ[※10]

世の中の一流の起業家がシンプルな手法で成功を収めているのは、なぜだろうか。

10倍の観点で生活する人は、時間とエネルギーをかけるすべてのものを厳しく見る。

10倍のマインドセットの人は、より多くを達成するにはより少ないものに集中すべきだと知っているし、理解している。

長時間働けば必ず良い結果につながるとは誰も思わない。それどころか、長時間労働はたいてい、新しい考えを生むこともなく労力をかけているだけの場合が多い。

それは10倍ではなく、2倍で生きているという意味だ。労力に集中して、変革に目が向いていない。

経済学者や統計学者が、まさにこのような事象を説明する重要な概念を提示している。〝80対20の法則〟または〝パレートの法則〟として広く知られ、結果の80％は原因の20％によるものだとして、インプットとアウトプットの不均衡な関係を説く。

簡単に言うと、**最良の結果の80％は、注力したことの20％によってもたらされる**。この20％には、いま取り組んでいる活動や特定の人たちとの関係が含まれる。自分がつぎ込んだ少しのものから、結果のほとんどが生まれているのだ。逆に言えば、力を注いだことの80％が、最良の結果のわずか20％かそれ以下にしかつながっていない。つまり膨大な時間とエネルギーをつぎ込んだものは、実際には大きな足かせになっているのだ。

しかし、興味を引かれるのはここからだ。これまで明快な説明がされてこなかった区別の問題である。

目的と意味のある人生を送りたい人にとって極めて重要なのが、〝価値のある20％とそうでない80％をどう区別するのか〟という問題だ。

そのためのステップが二つある。ほとんどの人は第1ステップだけで満足するが、それでは20％と80％を区別できないで終わる。第1ステップは大事だが、それだけでは不十分だ。

まず、第1ステップから説明しよう。

価値のあるものとそうでないものを見分けるには、まず〝ゴールを明確化する〟必要がある。

自分がどこを目指すのかはっきりしていなければ、進むべき道は見つからない。ルイス・キャロルの童話『不思議の国のアリス』の中で、主人公のアリスが架空の猫チェシャー・キャットに、分かれ道にさしかかったらどちらへ行けばいいか聞く場面がある。

「それは、あなたがどこへ行きたいかによりますよ」猫は答える。

「どこでもあまり気にしないのだけど……」とアリスが言うと、

「じゃあ、どっちへ行ったっていいんじゃないですか」猫は言う。

明確なゴールを設定しない限り、そこへ確実に導いてくれる20％とほかへ向かう80％は見分けられない。ただしゴールがさほど遠くないなら、大胆な変化は必要ないので、80％と20％の区別も必要なくなる。目的や変革が小さい場合、ほぼ現状維持で済む。変革の焦点はぼやけ、役に立っていないが捨てきれていない80％を明確にすることもない。

このように、小さな目的では80対20の法則は功を奏さない。大きな路線変更を必要としないからだ。

そこで、**結果をもたらす20％とそうでない80％を見分ける第2ステップとして、〝もっと大きな目標〟を立てる**のだ。これは少し前に触れた希望と意思決定の研究や、無理な目標に関するバーナード博士の重要な指摘に直接関わる。つまり、ゴールを思い切り遠くに設定しなければ、いま注力しているが役に立たない80％を切り離せない。

目標を十分大きく、つまり10倍大きくすれば、どの方法、人間関係、もしくは行動が役に立っていないか、滑稽に思えるくらい明白になる。

ここで、ダン・サリヴァンが考案した10倍と2倍の枠組みについて紹介したい。

簡単に説明すると、2倍成長を目指すなら、〝既存の生活〟、またはいま取り組んでいるものの80％を維持、もしくは続行できる。実際、2倍または線形的な成長を目指すのなら、いま実践していることを続ければいい。

2倍は、過去が基本で、大部分がこれまでの継続である。

2倍は線形的だ。飛び抜けて変わったことは何もしない。主として、できるだけ変化を加えずに、いまやっていることをより多くやる。

10倍は、その正反対だ。

10倍を目指すには、現在の生活やいま力を注いでいるものの〝80％を手放し〟、意味があ

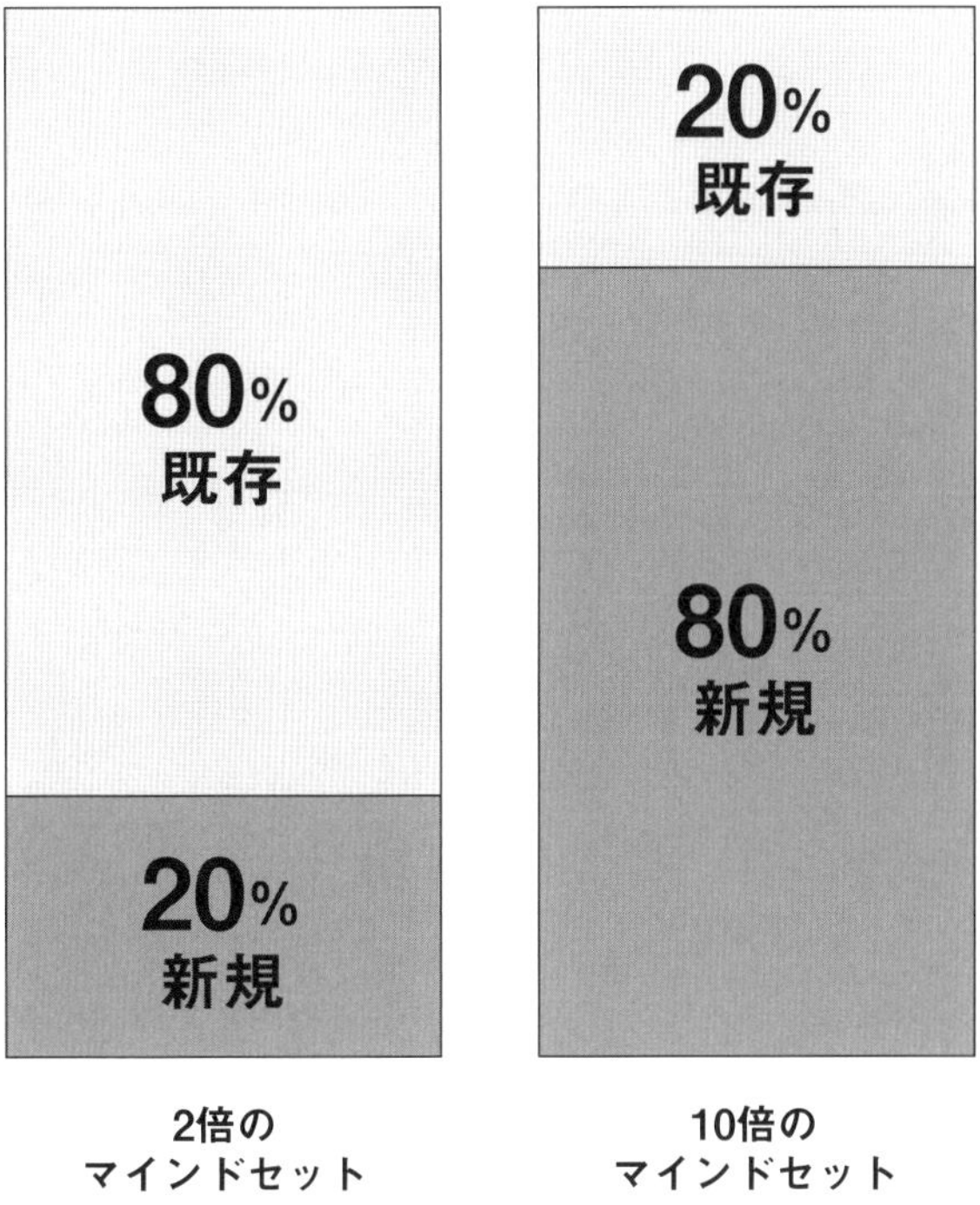
80%
既存
20%
新規
2倍の
マインドセット
20%
既存
80%
新規
10倍の
マインドセット

りインパクトもある重要な20％にすべてをかける必要がある。

このプロセスは、10倍を目指すたびに繰り返す。それまで何回10倍飛躍していても、新たに10倍飛躍するときは同じプロセスを踏む。ここで紹介した枠組みは、10倍と2倍思考の基礎を成す。つまり、10倍を達成するには、過去の自分の思考に頼ってはいけない。

ここまで導いてくれた方法は、ここからは通用しない。

現在地から10倍成長するには、20％だけを大きく展開し、残りは除外する。10倍の視点でものごとを識別すれば、足かせになっている80％は見えてくる。

10倍の世界は、いまの世界とは〝根本的かつ質的に〟異なる。全面的な変容だ。ただ家具を並べ替えるのとは違う。

10倍に達すると、自分自身を含め、世界のすべてが違って見えるだろう。

ダン・サリヴァンはこれまで数えきれないほどの起業家に対し、20％にさらなる労力を注ぎ、80％を手放すよう説いてきた。具体的に考えるために「ストラテジック・コーチ」のプログラムで勧めるのが、最も価値の高い20％の顧客――収益の80％をもたらし、充実した仕事ができる顧客――を明確にし、残り80％の顧客とのあいだに線を引くことだ。

「その80％をいますぐ切り捨てたらどうなるでしょう。現在の収益に戻すまで何年かかりそうですか？」

ダンの問いに、大半の起業家はしばらく考えて、「2、3年」と答える。

それほど長くはない。

それどころか、多くの起業家が現在の会社を築くのにかけた年数を考えれば、ばかげているほど短い。

80％を維持するより20％に集中するほうがなぜ容易なのかがわかる、よく使われる話のネタがある。

500ドルを出す顧客：「あなたの事業に投資しようとしている件ですが、これによって私たち家族の人生がどんなに変わることになるか、双方でしっかり理解しておくべきだと思うのです。私は結果を求めており、それには応えていただきたいと思います。私たち家族の生活と全人生をあなたに託していますからね」

5万ドルを出す顧客：「送金しました、よろしく」

10倍をもたらす顧客は、2倍の顧客より話が早いのだ。

建築輸送会社「ストリーム・ロジスティックス」の最高経営責任者（CEO）カーソン・ホームクイストの例を見てみよう。2012年に26歳でこの会社を共同創業し、建築企業に対して輸送サービスやロジスティックス（トラックやトレーラーなどの物流手段）を提供している。

創業から2017年までに会社は急成長して、従業員も3人から30人に増えた。そこで、カーソンは「ストラテジック・コーチ」のプログラムに参加し、どうすれば会社をさらに10倍成長させられるか探求することにした。まず学んだのが、10倍成長を遂げるには、会社を自律的な組織にしてカーソンがもっと自由になる必要があるという点だった。そうすれば、カーソンは新事業を開拓し、戦略を練り、自身も思考も進化させる余裕が生まれる。

当時、カーソンは週に50時間働き、〝事業のすべての面〟に関わっていた。確かに、会社を細かすぎるほど管理し、すべての仕事が通過する「ボトルネック」（訳注：びんの首、障害という意味もある）に文字どおりなっていると気づいた。

カーソンは多忙だったが、非生産的だった。

しかも、従業員が自律的に働き成長できる機会を奪っていた。

カーソン自身も、日々の細かい業務に時間や集中力を費やし、自分の成長を妨げていた。目の前の仕事に追われ、会社の将来についてじっくり考える時間がなかった。

同じようなわなにはまる起業家をダン・サリヴァンはたくさん見ており、予定が詰まっている起業家は自身を変革できないと警告している。

2倍は、ビジネスに〝埋没して〟働く。これに対して10倍は、自分とビジネスとに〝向かい合って〟働く。

2倍は、いまある馬車と馬を最大限に活用して、ミリやセンチ単位で前に進もうと努力する。一方、10倍は一歩下がって、ヘンリー・フォードのように車をつくり出し、2倍と同じ労力を使ってキロ単位で進むのだ。

カーソンは、自身や将来のビジョン、思考を変えることなく、2倍モードでただただ時間と労力を浪費していた。

考えを改めたカーソンは、その後1年半から2年のあいだに人を雇って指導チームをつくり、訓練して、仕事をすべて引き継いだ。２０１９年には会社は従業員約40人に拡大し、完全に自律的な組織になった。

カーソンは〝予定が何もない状態〟になった。

自由の身になって、事業の分析を始めた。人として、指導者として進化し、会社の方向性について考え始めたのだ。

カーソンはその年、ストラテジック・コーチの最高レベルのプログラム、フリーゾーン・フロンティアに参加した。そこでは、特殊な人間関係と、競争のないニッチ領域を築くことで１００倍思考を身につける術が伝授される。カーソンはそこで、〝誰の英雄でありたいか〟[※11]という、ダンが教えるモデルを学んだ。考えはシンプルで、どんな部類の人が自分の仕事を最も評価して大事にしてくれ、かつ自分も一緒に働きたいと思うかを正確に描き出すのだ。

カーソンはこの問いに対して、さまざまな取引先を思い起こし、会社の売上や会計まで掘り下げ、じっくり考えた。そして、取引先に二つのタイプがあると気づいた。それを、「ルーチン運送」の顧客と、「勝負運送」の顧客に分類した。

２０１９年当時、ルーチン運送は顧客の95％を占めていた。〝ルーチン〟の言葉のとおり、途方もない要求や特別な指示を出すクライアントはいない。ほとんどの場合、クライアントは輸送会社任せで、A地点からB地点へ荷物を運んでくれればそれでよいと考えている。こうしたシンプルでごく普通のサービスを望むクライアントのために、カーソンの会社はほとんどの時間を費やしていた。

思いをめぐらすうちに、カーソンは先行きに不安を感じた。ルーチン顧客に対して、会社は極めて特別なものを提供しているわけではない。もちろん、業界では非常に高品質な──数多くの競合の大半を上まわる──サービスを提供はしている。しかし、ルーチン顧客はそこまでの質を求めていなかった。特別な要望や難題を抱えているわけでもない。建築輸送業界は競争が激しく、価格がすべてを決めていた。最も安い価格を提示した会社が仕事を得る。そうした安売り競争が常に繰り広げられていた。

ルーチン顧客は、カーソンのストリーム・ロジスティックスに対して義理堅いわけでもなかった。もちろん気に入ってはくれていたが、ほかに安い会社があれば、そちらへ乗り移るような客だ。

カーソンは大きな視点から考えるうちに、いまのビジネスモデルを続ける限り、会社は直線的にしか成長できないと気づいた。急速な成長もいまは落ち着いてきており、これ以上努力しても壁あるいは上限にぶつかると思った。

これまでの成長は人員の急拡大のおかげだ。もし収益を20%増やすなら、従業員を20%増やして仕事を増やさなければならない。現在のモデルと仕事の進め方で成長を続けるには、それしか道はない。

直線的な成長しかしてこなかった理由が見えてきた。会社は効果が高いニッチなサービスを提供してこなかった。幅広いサービスを幅広いクライアントに届けるのが、事業のほぼすべてだった。

カーソンは次に、「勝負運送」の顧客について考えた。クライアントのわずか5%しか占めないが利益の15%をもたらしていた。同時に、これらの顧客はストリーム・ロジスティックスのサービスを最も評価し、最も高い金額を支払い、また従業員にとっても会社にとっても刺激的な仕事ができる相手だった。

「勝負運送」の顧客は、複雑で特殊、かつ力を試してくるような要望をもっていた。仕事はすべて完璧でなければならない――積荷は決められた正確な時刻、正確な場所、正確な方法で行うよう求められる。完璧な輸送とロジスティックスが提供できなければ、「勝負」に敗れる。

ときには、特大サイズの積載トレーラー5台以上が必要だったり、一般道や高速道路を走る際に積荷をぐるりと警察の護送車で囲むよう求められたりする。危険で緊張する仕事もある。

ストリーム・ロジスティックスが「勝負」の顧客に〝仕事のすべて〟をシフトしたら、企業として特別で唯一無二のサービスを提供できるのではないかと、カーソンは考えた。さらに、この顧客層を相手にすれば、収益も直線的ではなく爆発的に伸びるに違いないと思った。労力を5％増やせば、見返りは5％増ではなく、15％あるいはそれ以上の増加が見込める。1ドルの投資に対して3ドル以上のリターン、または1分の投資に5分のリターンを得られるかもしれない。この顧客層に焦点を絞れば、会社の収益は指数関数的に伸びると考えた。

カーソンは社員に対し、勝負の顧客に全力を注ぎ、ルーチンの顧客の拡大はしない考えを提示した。

社員たちは当初、この考えに拒否反応を示した。

カーソンの説明は、論理的には理解できる。勝負顧客は最も利益になる、一緒に仕事をして楽しい最良の相手であるのはわかる。しかし、95％のクライアントと85％の収益を捨てるのは、あまりに危険に映った。

特に営業チームがカーソンの案に反対した。勝負顧客に注力するとなると、顧客リストに並ぶ３００から４００の有望な連絡先が、おそらく30か40にまで減るだろう。いくら勝負顧客の収益性が高くても、取引先がそこまで激減して会社が現実にやっていけるとは思えなかった。

従業員が全面的に賛同し、会社全体として勝負客に〝１００％のエネルギーを注力する〟までに半年かかった。当初は、営業チームがルーチンの顧客に引き続き連絡を取り、仕事を増やそうとした。そのたびにカーソンは、それをやめて勝負客だけに専念するよう促した。

そうして勝負客に注力するようになって、発見があった。まず、勝負タイプの客が想定していたより実はもっといることがわかった。さらに、これらの客の要望は、考えていたより特殊で複雑な内容だった。

勝負客との取引が増えるに従って、営業チームは「量」を上まわる「質」のパワーを実感した。ルーチン客からの利益は、荷物の発送1件につき２６０から２８０ドルなのに対し、勝負客のそれは1件で７００ドル以上、場合によってはその2倍以上だった。

２０１９年のストリーム・ロジスティックスの顧客は、95％がルーチンだった。この原稿を執筆している２０２２年10月時点で、その割合は25％未満だ。

過去2年半のあいだ、ルーチン客を増やす営業努力はしなかった。既存のルーチン客は維持したが、そのために特別なことはしなかった。

2019年、ストリーム・ロジスティックスの年間売上は2200万ドルだった。2022年、それは3600万ドルを超えると見られている。

しかしより大事な点は、ストリーム・ロジスティックスが、会社としての利益率を2019年比で4倍以上に上げ、しかも人員を増やさずにそれを達成したことだ。従業員はいまも約40人のままだ。

勝負客にエネルギーを集中することで、会社は薄利多売に陥らずに済んだ。カーソンは、現在の従業員数で利益率をさらに50〜100％上げられると見込んでいる。

「私たちは、量より質を追求するマインドセットにシフトしました」カーソンは話した。質を上げて、量を減らす。

10倍とは〝量的〟ではなく〝質的〟なもの——より多くではなく、質を変えてより良くなることだ。**絞り込んだ対象に向けて自分を変えて改善すれば、すべてにおいて劇的な効果が出る。**

ストリーム・ロジスティックスは以前より顧客は減ったが、わずか2年半のうちに収入を2倍近く、利益を4倍近くに伸ばした。

さらに言えば、ビジネスモデルも柱となる事業も刷新され、将来は大きく広がり可能性に満ちている。

ルーチン客でビジネスが成り立っていた２０１９年当時、会社はある意味、現状に甘んじていた。仕事のほとんどがルーチンのため一定の効率性は上げられるが、難しい課題をこなす機会はなかった。しかし、事業を勝負客へシフトすると、特殊で難しい要求に社員は繰り返し試され、まるで創業当時のように学び、成長していった。

研究によると、「flow《フロー》」に入るには、３つの条件が必要だという。

1　具体的で明確な目的がある。
2　即時にフィードバックを得られる。
3　与えられた課題が現在のスキルを上まわる、またはスキルの範囲外にある。[※12・13・14・15]

ロッククライミングやモータークロス、スノーボードなどの過激なスポーツにおいて、フローが徹底的に研究されている理由の一つは、これらが大きな「勝負」に出るスポーツだからだ。失敗したときの代償が高く、場合によっては生死に関わる。挑戦する課題の難易度がスキルの習熟度を極端に上まわり、競技者は「可能」とされるレベルのずっと先まで自分の限界を押し上げ続ける。

ストリーム・ロジスティックスは組織の規模を変えずに、2年半前と比較して質的に違う、より優れた仕事をするようになった。

会社の以前の状況と現在を比べるのは、ミケランジェロのヘラクレス像とピエタを比べるのと同様に難しい。質、集中度、深みにおいて、二つの世界はまったく異なるのだ。

カーソン率いる組織は自律的な運営が定着し、〝10倍優れて細やかなサービス〟を提供しようと進化し続けている。このため、社内では変革が常に起こっている。顧客のニーズを学び続け、最高のサービスを提供する新しい方法に投資しているのだ。

たとえば、共同住宅の組立てユニットなど大規模な荷物を運ぶ場合、それに対応できる巨大トレーラーをどれだけ調達できるかという問題がある。この制約を解消するために、カーソンの会社は75台の巨大トレーラーの製造を発注しており、ほかにはまねできない独自のサービスにしようとしている。

10倍の世界では、ものごとは簡潔になる。

2倍の世界では、ものごとは複雑で雑然とする。

もし10倍に狙いを定めれば、現在のクライアントや人間関係の80％は障害になる。現在の活動や慣習、マインドセットの80％も障害になる。

この80％を手放すのは、容易ではない。なぜなら、そこは快適な領域《コンフォート・ゾーン》だからだ。2倍で生きるのなら、コンフォート・ゾーンの80％を維持できる。そして、小さくて微妙な修正を少し加えるだけで済む。80％を捨てるのは事実上、愛するものを抹殺するくらい過激に感じられるだろう。ジム・コリンズも、著書『ビジョナリー・カンパニー2　飛躍の法則』で述べている。

「良好であることは、偉大になることの敵である。……良好を脱して偉大になった企業は、偉大になるために何をすべきかだけに焦点をあててはいなかった。何をすべきでないか、何をやめるべきかも同じくらい集中して考えていた……もし腕にがんがあるのなら、その腕を切り落とす度胸がなければいけない[※16]」

どんな10倍の飛躍を遂げたいかを明確にしたら、すぐにも20％と80％を区別すべきだ。80％を捨て去れば、10倍成長は自然と始動して、加速していく。残りの20％にすべてのエネルギーを注入することで、生活も自分自身も10倍良くなり、シンプルになり、面白くなるはずだ。

さて、あなたの場合はどうだろうか。

- そこにすべての力を注げば、自分の価値が10倍上がり、影響力も10倍増すと思われる、あなたの20％とは？

- 成功と楽しみのほとんどをもたらしてくれる希少な仲間や活動はあるか？
- あなたを疲弊させ、将来の飛躍を最終的に妨げている80％とは？

10倍飛躍を繰り返し、「指数関数的な自由」を手にする

「2倍目標の達成は、いまの活動をただより多くやるだけでよい。しかし、10倍目標の達成には、そこから抜け出す必要がある。10倍達成には、2倍目標に伴うストレスや煩わしさを素通りして、まったく違う手法を用いなければならない。」

——ダン・サリヴァン[※17]

結婚して1年後の1983年、リンダ・マキサックと夫のジミーは、大きなローンを組んで、「デイブ＆バスターズ」（訳註：レストランやゲームセンターを併設した大型チェーン店）のようなレストランを始めた。ジミーは飲食業で10年近くの経験があり、自信があった。しかし1年後、市場暴落のあおりを受けて、経営破綻した。

二人は、ローンの借入額より60万ドル少ない値段で店を売らなければならなかった。そして一晩のうちに、一文なしから60万ドルの借金もちになった。

リンダは当時20代前半で、ビジネスの経験は皆無だった。「経済」の意味さえ知らなかった。しかし、厳しい経済状況にあるのはわかった。そして、ジミーがその晩、寝ようとしないのが気がかりだった。ジミーは言った。「銀行の担当者が明日の朝電話をかけてくるから、寝たくない。寝たら、すぐ朝になってしまう」

気が弱くなったジミーはリンダに正直に話した。

「君の力が必要だ」

「私は働き者よ。私たちは仕事が一つだけじゃ足りない。いつも二つないとね」リンダは答えた。

「メンターが昔言っていたが、たくさん稼ぐには不動産がいいそうだ」ジミーは言った。それまでリンダは、持ち家に住んだことがなかった。

「不動産が何だかもわからない。どうすればその仕事ができる？」

「大学の単位を使って試験を受けて、資格を取るんだ」ジミーが答えた。

リンダは言われたとおりにした。

不動産業者の資格を取り、働き始めた。初めは仕事がなかなか見つからず、大した収入にはならなかった。1年目の総収入《グロス・レベニュー》は3000ドル。その額についてジミーは「まさに、ひどい《グロス》」と言った。

業界に飛び込んで2年後の1986年、リンダはカリフォルニア州内で開かれる不動産のセミナーに通い始めた。不動産業を営むスピーカーたちの話に圧倒された。そこで新たなマインドセットを身につけ、人脈を広げ、トレーニングを積み、1年のうちにリンダは30ほどの不動産取引を手がけ、年間約4万ドルの手数料収入を得るようになった。

セミナーを通じて気づいた一つが、大都市で優れた営業成績を誇る人たちが専属のアシスタントを雇っていた点だ。自分の街でアシスタントのいる業者はいなかったので、リンダは興味をもった。

セミナーに通い始めて1年も経たないうちにリンダは行動を起こし、街で最初のアシスタントのいる業者になった。これはわくわくすると同時に恐ろしいことでもあった。仕事は拡大傾向だったが、アシスタントに週350ドルの給料を払える確信はなかった。

しかし細かい事務仕事をやらなくてよくなったリンダは、すぐに信じられないほどの自由を味わった。もともと事務が嫌いだったし、得意でもなかった。アシスタントは、すべてのペーパーワークや業務の管理、日程調整を担ってくれた。

リンダは、それまで週何十時間もかけていた「事務作業」から自分を解放した。その仕事はリンダのいわば「80%」で、エネルギーを取られるだけで実績の要でもなかった。80%がなくなり、リンダは物件の売買で人と直接やり取りする20%の仕事に全エネルギーを投入する覚悟《コミットメント》が決まり、胸が高鳴った。

この強い覚悟と胸の高鳴りには、次のような心理的背景がある。

まず、アシスタントを雇って働くと覚悟《コミット》したとき、人件費のために収入を増やす方法を見つけなければならなくなった。必要は発明の母だ。必要なものを得るには、心理的要求が必要だ。「なぜ」ほしいのかという理由が強ければ、「いかに」それを得るかは見つけ出せる。

ダン・サリヴァンはよくこう言う。「コミットしない限り、何も起こらない」

コミットして初めて、生産性を上げる策や道筋を見つける、またはつくり出そうという心理的状況（つまり、必要性を感じる状況）になる。これはまさに、私が「あとに引けない局面[※18]」に関する研究を通じて見出した点だ。もう引き返せないとわかった瞬間——金銭的な投資でよくある、コミットメントの瞬間——に、人の集中力やモチベーション、洞察のレベルは急激に上がる。研究で話を聞いたある起業家は言う。

「まるで『マトリックス』のネオになったような気分で、弾丸から身をかわせるとさえ思えた」

これは本章の初めに触れた、近年盛んな希望についての[※19・20・21・22]研究に照らしても、理にかなっている。希望の中核をなすpathways thinking《パスウェイズ・シンキング》[※23]の考えでは、希望をもつ人は、困難な状況の中でも常に現在の手法を見直して調整し、最終的には目標への道筋を見つけるか築くかするのだ。[※24]

次に、アシスタントを雇ってリンダの気もちが高ぶったのは、心と時間が解放されて20％の仕事に集中できるようになったからだ。心理学で言う「決断疲れ」[※25・26・27]がなくなり、格段に楽になった。決断疲れは、さまざまな決断や仕事にあれこれ追われるうちに生じる。メールのやり取り、契約書の作成、調べもの、電話の応対など、実際に一日何百、いや何千もある小さな案件をアシスタントに任せたことで、リンダは心も頭も軽くなり、余裕ができたように感じた。

アシスタントを雇うと決めたと同時に、エネルギーや気力、集中力をそいでいた日々の何百、何千もの決断からリンダは解放された。自分が楽しめる、限定された仕事に力を注げるようになり、精神的な忙しさからも解放された。

リンダの収入は、アシスタントを雇って1年以内に2倍に増えた。

最初に雇った一人目のアシスタントは、リンダの事業が急拡大したこともあり、やがてすべての仕事をこなしきれなくなった。そこで、リンダはそれらの仕事を分割して、アシスタントにやりたい仕事を選んでもらい、残りの仕事を新たなアシスタントに任せることにした。

二人目のアシスタントを雇い入れた翌年、収入は再び倍増した。

「アシスタントを雇うたびに、翌年のビジネスが2倍に拡大しました」リンダは私にそう話した。

リンダはセミナーに引き続き通い、優れた営業員が別の営業員を雇って苦手な仕事を任せ、自分の仕事を特化しているのを新たに知った。リンダの場合、買主対応の仕事は気が進まないが、リスティング（訳註：売主の代理人として、物件の広告や販売活動をする）の仕事は好きだった。そこで、自分はリスティングのトップ営業員となって、買主には別の営業員を雇って対応しようと考えた。

「リスティングこそ、てこの作用が働く仕事なのです」リンダは言った。「なぜなら、リスティングは、担当するすべての物件を1日で一挙に売ることもできる。けれども、買主の仕事は、買主に別々に対応しなければいけないので1件ずつ進めるしかない。だから、リスティングのトップ営業員になって、私はたくさんのてこを手に入れたわけです」

リンダは、顧客の買主全員を新しい営業員に引き継ぎ、二人で手数料を2等分することにした。これでリンダは一安心できた。買主相手の仕事は、1日の時間の大部分を占めていた。それを別の営業員に任せて、週何十時間もの自由時間をさらに手に入れたのだ。

それまでにアシスタントを次々と雇い入れて、細かくてせわしない80％の仕事から解放されたのは、リンダにとって大きな飛躍だった。

さらに、買主に対応する80％の仕事から解放されて20％のリスティングだけに集中したのは、次の大きな飛躍となった。

20％に注力してより多くの優良な物件を販売できるようになり、事業は再び拡大して、リンダは買主担当の営業員をもう一人、そしてまたもう一人雇い入れた。さらに、事業を広げるためにマーケティングの担当者も雇った。

リンダが10倍飛躍を次々に成し遂げたのは、「どうやるか」ではなく「誰とやるか」《フー・ノット・ハウ》[※28]の考えを実践したからだ。好きではない80％にとらわれるのではなく、人に投資してその80％を片づけ、拡大する事業を整理して管理できるようにした。ダンと私の共著による『WHO NOT HOW「どうやるか」ではなく「誰とやるか」』をぜひ一読、または再読していただきたいと思う。**生き方をもし10倍に変換したいなら、「どうやるか」ではなく「誰とやるか」を基本理念として習得すべきだ。**仕事をどう片づけるかばかりを考えて行き詰まっていては、10倍飛躍はとても見込めない。

10倍を目指すには、どうやるか《ハウ》ではなく、誰とやるか《フー》のほうが重要なのだ。

リンダは、より多くの優秀な誰《フー》かを迎えると同時に、自分はさらに面白くなった仕事に的を絞って精を出し、事業を爆発的に拡大させた。優秀なチームを率いて、次に何ができるか常に視野を広げていった。

リンダはマーケティングとブランディングにも力を入れ始め、街じゅうで知られる著名人になった。

１９９２年には地元トップの不動産営業員になった。１９８６年以来、事業は10倍以上に膨れ上がり、手数料収入は50万ドルにもなった。

しかし、急成長する一方で、リンダは当時所属していたブローカー会社に不満を感じていた。収入のかなりの割合――20%で、当時は10万ドル以上――を取られるだけでなく、リンダが飛躍しようとするのをいちいち邪魔された。

街の不動産取引を一手に引き受けたいと思っていたリンダは、不動産売買を考える誰もに自分の名前を思い浮かべてほしかった。しかし会社は、宣伝資料にリンダの電話番号を記載するのを禁じた。販売物件の看板に名前を入れるのも禁止された。

ブローカー会社は、過去の慣習を引きずる〝2倍の存在〟だった。皮肉にも、会社はリンダにも2倍でいるよう望んでいた。リンダの10倍のマインドセットは現状を脅かすとして、その新しい発想や成長をあの手この手で封じようとしたのだ。

2倍の組織や業界で10倍のマインドセットをもつリンダのような存在を、rate buster《レート・バスター》と呼ぶ[※29・30]。この言葉は工場の生産現場に由来がある。出来高払いの労働者の一人が工場内で確立されている生産基準を上まわる仕事をすると、その高い生産性によって単価《レート》を下げられるか生産量を上げるよう求められるのを恐れるほかの労働者たちのあいだに、強い反発を引き起こす。

周囲が見劣りするし新たな基準やノルマがつくられるので、レート・バスターは嫌われるのが常だ。

レート・バスターがいると、2倍で生きる人間は居心地が悪くなる。

なぜそこまでやらなくてはいけないのか。
なぜいつも現状を破ろうとするのか。
なぜものごとをそのままにしておけないのか。

興味深いのは、成長を目指すと宣言している組織や業界全体が、まさに10倍成長の要になれるレート・バスターに対して守りに入る場合があることだ。**2倍で進む限り、目標は進化ではなく、結局は現状維持になる。**

2倍で生きる人間は、ものごとを荒立てたくない。鏡に映るつらい現実と向かい合いたくない。80%に徹すると決めている。そこがコンフォート・ゾーンであり、組織の風土が根づき、いつものやり方が通じる場所だからだ。

リンダが2倍世界の天井に頭を打ちつけていた同じ年、不動産会社のケラー・ウィリアムズが米国中をまわり、各都市の優秀な営業員を採用していた。そしてある日、リンダを訪ねて魅力的な条件を提示した。

ケラー・ウィリアムズへ転職する利点の一つが、会社が営業員から受け取る手数料の額に上限――当時は2万1000ドル――を設けている点だった。リンダの当時の会社のように成長を罰するのではなく、ケラー・ウィリアムズは成長を奨励していた。

当時手がけていた52件の販売物件は会社に属するため置いていかなければならなかったが、リンダはケラー・ウィリアムズへの移籍を決めた。毎年10万ドル以上の手数料を支払う義務がなくなる上に、失う52件分の収入も取り戻すと決めていた。

とはいえ、52件のうち48件の売主は「リンダが離れるのなら、私たちも離れる」と元の会社に伝えた。リンダはこの48件の業務を、ケラー・ウィリアムズに移ってから無事完了させた。

1992年から1998年までのその後6年間で、リンダが移籍したケラー・ウィリアムズのフランチャイズ店（営業員が勤める事務所）は、地元で無名の存在から一番の売上を誇る不動産業者になった。リンダ自身も毎年200から300の取引を行い、80万ドルの手数料収入を得て、ケラー・ウィリアムズでも〝全米一〟の営業員になるまで成長した。

1998年のその年、リンダのフランチャイズ店の経営者が契約を更新せず、別の会社へ移ることを決めた。そこでケラー・ウィリアムズの共同創業者ゲーリー・ケラーは、リンダと夫のジミーに直接連絡を取り、伝えた。

「あなた方二人に、ケラー・ウィリアムズのフランチャイズ店の経営を任せたい。前任者が『センチュリー21』に移り、新しいオーナーが必要なのだ」

オーナー交代に伴う数カ月の休業を経て、リンダとジミーは同じケラー・ウィリアムズのフランチャイズ店を、営業員ではなくオーナーとして再開した。

そのときまでに、リンダはすでに何回もの10倍飛躍を遂げている。一人の不動産営業員から、最初のアシスタントを雇い、さらに複数のアシスタントを追加し、ついにはほかの営業員やマーケティングチームまで抱えるようになった。

リンダは80％を手放してより上のレベルの20％を追求するたびに、10倍飛躍のプロセスを踏んだ。

プロセスを踏むごとに、リンダはより有能な誰《フー》かを確保し、自分はより的を絞った20％の仕事を通じて自分だけの技を磨いた。

そしていま、ケラー・ウィリアムズのフランチャイズ経営を任されたということは、新しい10倍の始まりを意味した。新しい可能性のある次の段階へ進んだのだ。こうして踏み込んだ10倍の領域で、以前20％を占めていたリスティングの仕事は80％になった。リンダは次の10倍を目指すため、リスティングの大半を手放すことにした。

新しい20％になったのは、地元の優秀な営業員をすべて採用して活気あふれる文化を自分の店に築くことだった。自分の業務からの手数料だけでなく、いまは店全体の手数料から収入を得る立場にあった。リンダは一部のリスティングを続けて第一線に残り、営業員たちの手本になろうとした。

　それでもリンダは、営業員が自分と同じように成長できるよう、自身の最良のマインドセットとメソッドを授けて訓練するのに次第に時間を費やすようになった。与える人間、そして指導者としての存在感をますます強めるリンダの下に、多くの優秀な人材が集まった。理論だけでなく経験から教えるリンダの話は、適切で説得力があった。

　１９９８年から１９９９年までの18カ月間で事業は拡大し、店から30分の場所に二つ目の店を開いた。リンダの店は地元のレート・バスター的存在となり、営業員の一般的な認識を変えた。たとえば、一つの店が抱える営業員は約30人が上限と考えられた。それ以上になると、競争が激しくなり一人ひとりの稼ぎが少なくなると言われていたが、リンダは、所帯が大きいほど営業員はより良い訓練や知識を得る機会に恵まれると証明し、その言説を覆した。営業員の仕事はゼロ・サム・ゲームではない。成功は自らつくり出すものだ。そう主張するリンダの活力、リーダーシップ、気風に引かれ、新しい優秀な営業員が次々と加わった。

　１９９９年、リンダは再びゲーリー・ケラーから電話をもらった。そして、新たにオハイオ州、インディアナ州、ケンタッキー州を担当し、その地域全体のオーナーとして、何十もの店を立ち上げる任務を受けた。

地域オーナーは、ゲーリー・ケラーと直接のパートナー関係を結ぶ。そして、地域内のすべての取引におけるロイヤルティーをゲーリーと折半する。

この話は、リンダにとって次の〝10倍の機会〟となった。

しかし、まずはこれら3州に飛行機で足繁く通って新しいフランチャイズオーナーを採用し、オーナーが店を無事立ち上げられるよう優秀な営業員も採用する必要があった。

この10倍飛躍のために、リンダは、当時は20％だったが今後80％となる仕事を手放す必要があった。そこで、義理の兄弟ブラッドを雇い入れた。ブラッドはいくつかの会社の営業職で実績を積み、次はリンダの会社で不動産業の経営を経験したいと思っていた。

リンダはブラッドに言った。「私の事務所に入って経営をやるのはどう？　基本給と、事務所の成長に応じてインセンティブを支払うわ。引き受けてくれたら、私はオハイオやケンタッキー、インディアナへ自由に飛んでいける」

それからの8カ月間、ブラッドはリンダにつき従い、売主との契約から取引のまとめ方、営業員の採用、組織の風土づくりまで、リンダがすることすべてを観察した。

二人はクライアントに対して、リンダが直接対応しなくてもブラッドを信頼して仕事を任せてもらえるよう、そのマインドセットを変えていった。クライアントはブラッドを、リンダの「リスティングのパートナー」と呼んだ。初めは、リンダ以外の人間が仕事を請け負うのを心配するクライアントもいた。しかし、サービスのレベルが変わらないのがわかると、心配の声はなくなった。

ここに、「どうやるか」ではなく「誰とやるか」の実践にあたり、不動産業に限らずどの業界でも起業家が乗り越えなければならない大きな障害がある。多くの人は、自分の仕事はほかの人間に任せられない。クライアントも自分と仕事をしたいはずだと思っている。しかし、それは心配と無知から生まれるつくり話だ。実際には、〝「誰か」に仕事を引き継ぎ「どうやるか」をすべて伝授する〟ことで、自分と仕事を違う目で、しかも好意的に見るよう顧客と自分自身を鍛えることになる。顧客はそのうち、誰がやるかより結果のほうが大事だとわかってくる。そして、10倍のクライアントは、進化し成長し続ける人を高く評価するようになるだろう。一方で、2倍のクライアントはコンフォート・ゾーンが壊されたことにいら立ち、去っていく。

２０００年初め、リンダはブラッドに会社を完全に任せ、オハイオ州、ケンタッキー州、インディアナ州にたくさんの時間を費やすようになった。ブラッドに高い給料を支払っていたため、経済的には後退だった。

「前進のための、後退でした」リンダは私にそう話した。

80%を手放すために誰か《フー》を雇うのは、コストではなく自分と自分の事業に対する莫大な投資だ。ここに、「どうやるか」ではなく「誰とやるか」に関わるまた別の障害があり、10

倍成長を妨害する。才能と実力のある誰か《フー》を雇うのを、ぜひやるべき投資と考えるより、とても負えない出費と考える人が多い。しかし、この投資によって、桁違いのリターンをもたらし得る20％に集中できるのだ。同時に、これは自身への投資でもある。その80％は誰かが喜んでやってくれるが、自分にはもう古びているのだ。そのような仕事は人を選ばず、システマチックな方法で片づけられる。

新たな担当地域で一人目が店を立ち上げるまでこぎ着けるのは、リンダにとって本当に骨の折れる仕事だった。オハイオ州で最初の店が業務を始めるまでに、実に3年以上もかかった。そのあいだ、リンダは、店のオーナーにふさわしい人を見つけて採用するのにすべてをつぎ込んだ。オハイオ州の州都コロンバスのあらゆる場所で教室やセミナーを開いた。成績優秀な営業員に電話をかけまくり、将来のビジョンや可能性を描いてみせた。コロンバスの主要な金融機関すべてから話を聞いて、これらの貸し手が取引する優れた業者について学んだ。

3年間、こうした努力による直接の稼ぎは一切なく、それどころか自身の収入の大部分をつぎ込んで仕事を続けた。投資する価値のある機会だとわかっていたし、長い目で見れば、そこから得るものは現状を維持するより10倍も100倍も大きいと思っていた。この新しい境地で成功するには、これまでもそうしてきたように、自分も自分の能力も進化させなければいけないと考えていた。新しい20％の仕事をするにあたり、〝10倍優れ、能力がある〟人間になる必要があった。そうやってリンダは成長した。

10倍飛躍をするたびに変化を遂げるのを、リンダは楽しんだ。そのために生きているようなものだった。飛躍ごとに自由になり、人間としてもより広がりをもてるような気がした。時間やお金、人間関係、人生の目的が質、量ともに向上した。

フランチャイズ店を経営する一人目がやっと見つかると、その経営者が店を築けるよう、有能な営業員の採用を手伝った。そこからのリンダの主な役割は、新米経営者の店の運営と成長を支援することだった。リンダも経営者も大きな成功報酬が約束されていた。

最初の店以降、リンダは腕もペースも上げて、最適な経営者を見つけ出してはフランチャイズ店を立ち上げていった。コロンバスで最初の3店を築いてからは、インディアナポリス、そしてデイトンで仕事に取りかかった。それぞれの都市で複数の店をますます効率的にスタートさせて、担当地域全体で次から次へと店をつくっていった。

リンダにとっての20％は、フランチャイズ店を任せられる適任者を採用し、店が始動するのを手伝い、優秀な営業員を採用して軌道に乗せるまでを支えることだった。同時に、すべての経営者に継続的にトレーニングとサポートを提供し、難題や失敗、障害を乗り越えるのを助け、目指すべき経営者像や行動に向けてマインドセットを高めるようにした。

２０１１年、リンダは3州の営業地域を担当するチームを雇って、経営者を見つけてフランチャイズ網を広げる仕事を引き継いだ。それ以降のリンダの20％は、リーダーとしての役割を拡大しつつ、新しい地域担当チームがリーダーシップを発揮できるよう教育することに移っている。ミケランジェロと同じように、リンダは人間としても10倍飛躍を続けているのだ。言うまでもないが、大事な点として、10倍飛躍のあり方は人それぞれで一つとして同じものはない。ただし、核となる基本理念とプロセスは共通している。**10倍飛躍をするたびに、人は自分の20％において世界レベルに近づく。そして、成長して身につけた力と新たに得た自由をバネに、不可能にも見える次の飛躍をする。**

80％を切り捨て、より発展的な20％に全力を尽くして10倍を繰り返しながら、達人、先駆者、指導者としての素養を養う。十分な10倍飛躍を経て、やがてほかの指導者を指導するようになると、限られた相手としか仕事をしなくても影響力やエネルギーの波は驚くほどの勢いで広がる。

この本を書いている２０２２年の時点で、リンダの事業はオハイオ、インディアナ、ケンタッキーにまたがる二つの営業地域に、28の実働店舗とそこに所属する５０００人の現役営業員が働く規模にまで拡大した。

１９９９年にブラッドに事業を引き継ぎ、営業地域の統括も担当チームに任せた経緯を説明して、リンダは私にこう話した。「人に仕事を譲り、自分は今後成長する領域に進んで飛び込んでいった結果、私の組織は２０２１年に１４０億ドル超の収益を上げました」

二つの営業地域と、地域のフランチャイズ店双方の共有オーナーであるリンダは、地域内の取引一つひとつから利益の分配を受けている。

不動産営業員としてスタートした当初の収入３０００ドルと比べると、１４０億ドルは目もくらむような金額だ！

不動産のキャリアを開始してから、リンダはビジネス全体の収益を６回以上、10倍成長させた。

どの10倍飛躍も、まずは未来に向けたビジョンと目指す人間像《アイデンティティー》を掲げるという、リンダの内側での〝質的な変化〟から始まった。そのビジョンの下で新たな20％に注力し、80％となったものは切り捨てながら、質的かつ劇的な変容を遂げていった。

リンダの最初の劇的変化で20％となったのは、ジミーの「デイブ＆バスターズ」的レストランの破産を受けて、当時通っていた大学の定時制クラスの受講をやめ、不動産の営業員になることだった。

それから営業員として腕を上げ、経験を積むうちに20％は次第に絞り込まれ、管理業務をそこから外して、人に任せた。それから、買主の対応業務も外した。そのあとは、それまで大きな飛躍の糧となってきたリスティングの仕事も外した。さらには、店を大きくして、営業員を採用し、統率する業務も外した。いまでは、新しいオーナーを採用して直接支える仕事さえもほぼ手放している。

リンダは、これまでに築いた二つの営業地域の共有オーナーとして、140億ドル以上の収益を出すビジネスのすべての取引から分配金を得ている。

リンダ個人の年間収入は10倍飛躍を繰り返し、4桁から5桁、6桁、そしていまでは7桁に達した。それだけではない。そのあいだのリンダの全正味財産も10倍を繰り返してきた。不動産業界で30年以上の経験を積んだリンダとジミーは個人的な不動産投資もしており、その中には複数の企業の社屋も含まれる。リンダの正味財産はいまや9桁に近い。

これまでの10倍飛躍を、リンダは10倍プロセスを通じて成し遂げた。将来ビジョンを一見不可能にも思えるレベルまで引き上げて膨らませ、そのビジョンを基に、核となる20%に集中した。自分をとどめようとする80%を切り捨て、ビジョンにたどり着いた。

これを何度も何度も繰り返し、現在もなお続けている。

一つひとつの10倍は、前の10倍とは直線でつながっていない。

10倍飛躍を繰り返しながら、リンダは劇的に進化して様変わりし、より特化した、ほかにはない能力と知識を身につけた。さらには、10倍飛躍のたびに、時間、金銭、人間関係、人生の目的それぞれにおける4つの自由を、質的にも量的にも向上させた。

リンダにインタビューするにあたり、この本の草稿を読んでもらった。彼女の感想は以下のとおりだ。

「ここには私の人生の軌跡がすべて描かれています。『こういうことだったなんて、知らなかった！』って、思いました。2倍のほうがよっぽど難しいという話には、心から賛同します。私はいつも営業員に言うんです。『もっと大きなものをつかむために、いまもっているものをなぜ捨てないの？』って。でも、特に不動産で働く人間は、現状をとにかく維持したがる。自分で自分の限界をつくるだけなのに……。この本はとても良いと思います！10倍を目指す道の基礎を誰も実際には教えてくれません。10倍を目指せ、としか言わない。難しい概念なのに。正直、私にとっても誰にとっても攻略しがたいと常に思います。不動産業界の人は、『2倍は本当に苦労した！　なのに今度は10倍をやれと言うのかい⁉』というう調子です。『すでに大変な思いをしたのに、また何かやれと言われる』という姿勢なのです。10倍はまったく質が違うということを知らない。2倍は、10倍に向けた単なる発射台に過ぎなくて、10倍はそれまでの世界とはまるで違うことをやる世界です。それまでやってきたものを捨てて、もっと大きなものに全力で取り組む場所です」

リンダは10倍を完璧に自分のものにしている。

この本では、10倍の概念をこれまでになく明快で正確な言葉で説明し、まとめている。

各章を通じて、人生で繰り返し10倍を達成するための、最もシンプルでわかりやすく、実行しやすくて何度も使える方法を学べる。

自分が望む10倍飛躍を常に明確化し、20%の領域で自分を磨き続けるための知識と方法を身につけられる。

80%を何回も脱ぎ捨てながら、より高いレベルの自由を手に入れられるようになるだろう。そうして、最もパワフルな自分、自分だけの「ダビデ（真の姿）」を手に入れるのだ。

本章の重要ポイント

□実現不可能に見える目標は、可能な目標より役に立つ。一見不可能な目標によって、人はいまもっている知識や想定の範囲を越えようとするからだ。

□非常に限られた道だけが10倍につながる。熟考することで、10倍目標は著しい利益をもたらす数少ない道――有効な戦略と人脈――を照らし出す。

□10倍目標を立てることで、成果の大半をもたらす20%のものごとや人間関係と、足かせになっている80%のものごとや人間関係をはっきりと区別できるようになる。

□2倍成長を目指す場合は、既存の顧客や、自分が果たしてきた役割、行動、マインドセットの80%をそのまま維持する。必要なのは微調整のみ。

□10倍成長を目指す場合は、既存の顧客や、自分が果たしてきた役割、行動、マインドセットの80%をそぎ落とす。周囲のすべての人やすべてのもの、そして自分自身を全面的に変容させる必要がある。

□2倍は、直線的に進む。成長し続けるには、より汗を流さなくてはいけない。もっとうまい方法を考えるのではなく、より忙しく働く。つまり、量に注力する。質や独自性、変化という点は考慮せず、いまやっていることを単にもっとやる。

□10倍は、直線的に進まない。めざましい成長は多くの汗ではなく、むしろほとんどの場合、高度で少ない労力から生まれる。つまり、〝質〟に注力するのだ。将来ビジョンとフォーカスを一段上へ引き上げれば、特定の相手に対して、これまでとは違う価値と影響をもたらせる。

□10倍飛躍は、その時点の80%を切り離し、より影響力が強く中身も凝縮された20%により深く取り組むことで成し遂げられる。80%を切り離すときは、たいてい「誰か」を雇って80%を引き継ぎ、誰がやっても同じ結果を出せるよう仕事を整理し体系化してもらう。自分は、ほかの誰もできない、自分しか生み出せない成果のために集中する。

□80%を手放し、本当にやりたい20%に全力を注いで10倍を実行するたびに、人間として享受する自由——時間的自由、金銭的自由、人間関係上の自由、人生の目的における自由——は量、質ともに劇的に向上する。

□次の10倍飛躍を明確化するためにさらに情報を知りたい人は、www.10xeasierbook.comを参考にしてほしい。

すべての活動の質を10倍にする

2倍のアイデンティティーを脱ぎ捨て、基準を引き上げ続ける

第2章

「一つのことにどう取り組むかは、ほかのすべてのことにどう取り組むかに反映する。」

――マーサ・ベックの言葉より※1

大学を卒業したばかりの24歳のとき、チャド・ウィラードソンは、メリルリンチが主催するファイナンシャル・アドバイザーの研修プログラムに合格した。南カリフォルニア地区でこの研修を受けた100人のうち、結果的にプログラムを無事修了したのは、チャドを含む二人だけだった。

それはチャドにとって、苦しくも密度の濃い成長の道のりだった。

研修は、野心に燃える新米アドバイザーたちに、いかに新規顧客を開拓して関係をつくり、18カ月以内に運用資産1500万ドルを達成するかを教えるのが目的だった。研修生はそのあいだにすべての認定試験にパスし、最終的に1500万ドルのハードルをクリアしなければ不合格となり、入社できない。

しかし、投資家のほとんどは若い研修生ではなく、経験豊富なアドバイザーを好んだ。右も左もわからないひよっこに、誰が自分の大事な資産を任せられるだろうか。

研修の早い段階で、チャドはマネジャーと先輩アドバイザーに、10万ドル以上を投資するクライアントだけと仕事をすると伝えた。マネジャーは、それは事実上無理だと答えた。それほどの資産（20年前の話と断っておく）のある人が、チャドほどの年齢の人間を信用するわけがない。

しかし、チャドは他人が決めた基準ではなく、自分が決めた基準にフォーカスして、運用資産が10万ドル未満のクライアントのためには働かないと決めた。

それから何カ月ものあいだ、チャドは毎日のように日の出前から誰よりも早く出社して、誰よりも遅く退社した。長時間勉強して認定試験にパスしながら、地元の経営者に片っ端から連絡を取って関係づくりに励み、ビジネスや資産運用、自己啓発の本を読みあさった。会社のアドバイザーや研修生たちが夜や週末にバーで飲んだりパーティーをしたりしているあいだに、チャドは残業を続けた。

初めの6カ月間は、電話をかけまくってははねつけられるだけの毎日だった。新規顧客は一人も獲得できなかった。

しかし、その6カ月を過ぎたころ、思いがけない電話をもらった。相手は、半年前にチャドが営業電話をかけた男性だった。その男性は退職を控え、退職金投資口座に60万ドル以上を投入するつもりだった。最初の電話でチャドに好印象をもち、その後も何回も連絡をもらって、資産アドバイザーを頼んでみる気になったという。

チャドの最初の顧客は、マネジャーが無理だと言っていた最低基準の6倍にあたる60万ドルをもっていた。チャドは自信をもち、いまの路線を続けようと意を強くした。その後の数カ月間でも多くの顧客を集めた。全員が10万ドル以上の運用を任せてくれた。

研修1年目が過ぎてまもなく、チャドは新規顧客の最低基準を10万ドルから25万ドルへ引き上げた。

それ以降は、運用資産額が25万ドル未満の顧客とは仕事をしないと決めた。

チャドはフォーカスしたものを着実に手に入れた。

自分が定めた基準のレベルまで腕を上げたのだ。

2005年に18カ月の研修プログラムが終わったころには、チャドは研修生に課されたハードルの2倍を超える3000万ドルを運用していた。

その後7年間でチャドは運用額をさらに2億8000万ドル増やし、メリルリンチでも上位2%のアドバイザー（かつ最も急成長した一人）になった。モルガン・スタンレーやゴールドマン・サックス、UBSなどの競合がチャドを引き抜こうと、1回のボーナスで現金400万ドル以上をもちかけるまでした。

しかしチャドは、当時の職場も含め、会社員の立場で裕福な起業家の資産運用を手伝うのには限界を感じていた。

チャドがこれまで驚異的な10倍成長を遂げられたのは、ほかにはない技量の高さでクライアントの起業家を理解し、支えてきたからだった。そのレベルをさらに10倍引き上げ、より上級のクライアントを相手に挑戦したいと思った。自分が望むレベルの顧客に、望むレベルのサービス——特定の企業の下で提供できる選択肢や解決策を超えたサービス——を自由に提供するには、自ら受託資産運用会社を立ち上げるしかないと考えた。

大手投資銀行に9年間勤め、エリート社員の地位をすでに確立しながら、チャドは勇気を奮い起こし、もう一回ゼロからやり直す覚悟《コミットメント》を決めた。自分にとって10倍ではなく2倍の価値となった、華々しい快適な職をなげうったのだ。

チャドは２０１１年、「パシフィック・キャピタル」を設立し、起業家として急成長する大富豪たちに対象を絞り、事業を始めた。ニッチで特殊な顧客に、ニッチで特殊なサービスを提供するつもりだった。

最初からやり直すにあたり、チャドは量ではなく質にフォーカスしたのだ。きめ細かい最良のアドバイスを提供するには、クライアント獲得の網は大きくできない。どんな大物を相手にしたいのか、その相手にほかとは違う10倍の価値をどうやって提供するかを明確にする必要があった。

そこでチャドは、最低１００万ドルを投資して成長したいと考える顧客を、パシフィック・キャピタルが仕事を請ける最低基準とした。

この目標によって、チャドのフォーカスは定まった。新たな20％は以前の10倍飛躍を導いた20％とはまったく違う、より絞り込んだものになった。以前のように営業電話をかけたりセミナーを開催したり、または企業を訪ねてまわったりするのではなく、すでに成功した起業家たちのネットワークに入り、業界で築いてきた自分の評価をさらに高めるようにした。

２０１２年から２０１７年のあいだに、チャドはゼロから３億ドル超の資産を運用するまでになった。さらにこの原稿の執筆時点で、8桁から9桁の資産がある起業家に焦点をいっそう厳しく絞り込み、10億ドル以上を自ら運用している。最低基準を絶えず引き上げ、そのレベルまで自分の価値を向上させながら、10倍成長しているのだ。

2021年、チャドは新規顧客の最低基準を100万ドルから250万ドルに引き上げた。

2022年には、250万ドルから500万ドルへ引き上げた。

2023年には、500万ドルからさらに1000万ドルへと引き上げた。

チャドのフォーカスとそれに向けた最適化は、年を経るごとに研ぎ澄まされている。絶えず80％をそぎ落として、不可能なゴールを達成している。

チャドはクライアントの基準をただ上げているわけではない。自身に対する基準も引き上げている。1年ごとにクライアントの〝数を減らす〟一方で、前年のクライアント平均の10倍の資産があるクライアントと仕事をするようにしている。そして、それまでよりはるかに細かい独自のサービスを少数の大物クライアントに提供している。成果を高めるというのは、より多く働くということではないとチャドはわかっているのだ。

第1章のリンダ・マキサックと同様、チャドの能力と成功には勢いがある。ファイナンシャル・アドバイザーとしては珍しく、チャドは複数の企業を経営し、ベンチャーを立ち上げ、投資を行う起業家でもある。10倍成長を繰り返し、ライフスタイルや経済的水準を飛躍的に向上させる彼に、大物クライアントのほうが追いつこうとしているくらいだ。チャドは身をもって具体例を示し、型でくり抜いたような大ざっぱな理論やサービスは提供しないのだ。

一方で、チャドは仕事をいかに減らすかについても心得ている。自身とクライアントを支えるために、フルタイムの経営補佐と、金融専門職から成る大きなチームをつくった。経営補佐はメールやスケジュール管理、電話対応など、チャドのビジネスと私生活のすべての段取りや手配を引き継いだ。専門家チームは、クライアントとの面談や日々の業務、運用資産の管理、クライアントに対する戦略的な運用計画作成のすべてを担っている。

かつてチャドは年間200日以上出勤し、職場で長い1日を過ごしていた。今では、パシフィック・キャピタルの社屋に自分の部屋さえもっていない。せいぜい年30日ほど出社して、チームと対面して今後のビジョンを共有し、必要なサポートやアドバイスをする。

以前のチャドは、さまざまな業務や活動に時間を費やしていた。いまは限られた業務において、世界の誰よりも質の高い特異な仕事をする。

質を上げて、量を減らすのだ。

それでいて、〝具体的な成果〟という意味で、チャドの生産性は爆発的に伸びている。仕事量を減らしながら、事業を毎年ほぼ2倍に拡大させているのだ。この3年間で3冊の著書を執筆し、この数年間はそれまでの数十年間に比べ、長期休暇をより多く取っている。

10倍思考をもつコンサルタント、グレッグ・マキューンの言葉を借りると、「エッセンシャリスト（訳註：本質主義的な考えの人）は、より働くのではなく、仕事をより減らすことでより生産する──世にものを生み出す──のだ[※2]」

10倍を目指すには、10倍志向のフィルターを通らない残骸は〝すべて〟捨て続け、よりシンプルなものに焦点を定めるようにする。 10倍飛躍のたびにフィルターはきめ細かくなり、焦点は絞られていく。

多くの起業家がこのように成長できないのは、周囲の反発を受けてあきらめるからだ。チャドが毎日のようにクライアントに対応するのをやめたとき、疑義を唱えるクライアントや友人はいた。面談ごとにチャドがなぜ顔を出さないのかと、不快に思う古いクライアントもいた。彼らは、チャドがこれまでどおりに対応してくれるのを望んだ。チャドが自身の基準やビジョンを引き上げるのを好ましく思わなかった。つまり、10倍ではなく、2倍の顧客だった。

皮肉にも、チャドは実際には、時間や心の余裕を奪う80％の雑事を取り除き、クライアントにより対応できるようにしていた。自身を80％から解放し続けてこそ、考え得る最高のサービス──クライアントのビジョンやコミットメントを上の段階へ引き上げ、苦しいときにサポートすること――に集中できるのだ。
チャドの進化について、10倍のクライアントはその効果を実感し、理解して評価した。チャドのサポートを得て将来ビジョンや基準を進化させ、チャド自身の例やアドバイスに従って、より大きな成功と幸福を実現した。

相手にそのままでいてほしいと求めるのは、保身のためだ。相手の進化は、いまの安全を脅かすものであり、相手が追求する自由よりも自身の安定を望む。進化したい当人にとっては、居心地が悪い。これが、起業家たちが10倍を目指さない最も大きな理由の一つだ。周囲の人が当面は快く思わないだろうと思う。だから、自分も周囲も不快にならないように、10倍ではなく2倍を選ぶのだ。

人が10倍プロセスを経て急激に進化しても、周囲の多くはその変化を理解しない。理論や現実を示されても、その人が遂げた進化を軽く見るか、見ようともしない。

10倍プロセスを経る人は内外両面で平均的な人間より進化するのだが、10倍プロセスは本来、〝安定より自由を求める人なら誰でも〟経験できるものだ。

人は、慣れ親しんだ基準や手法を手放すのを怖がる。その手法でうまくやれていたのなら、なおさらだ。それでは、チャドは何が違ったのだろうか。

チャドには、世界で最も成功した人たちに共通する特質がある。それは、〝新しいアイデンティティーをすぐに身につける力〟だ。

チャドは、営業電話を毎日かけまくるのをやめた。朝一番に出社して夜最後に退社するのをやめた。世界的な大手投資銀行の勝ち組でいるのをやめた。スーツに身を包んで誰にもいつでも対応するのをやめた。すべてのメールに自分で返信し、すべてのクライアントとの打ち合わせに出席し、自分の執務室をもつのをやめた。忙しくしているのが一つのステータスと考える価値観も捨てた。20％に含まれない人を喜ばすのもやめた。

チャドが切り捨てたものに悪いものは一つもない。むしろ、その多くはチャドがここまでたどり着くまでに大事な役割を果たしてきたものだ。しかし、引き続き自分を発展させ10倍飛躍するためには、その時点のアイデンティティー（不要な「80％」）を超えて進化し、新しいビジョンと基準（必要な「20％」）を受け入れる必要があった。

次の20％に全力でコミットするとは、10倍のアイデンティティーを選び取るということだ。それによって自分と自分の人生を変容させ、刺激的な未来にするのだ。

80％にとどまるのは2倍のアイデンティティーを選び取り、大きな変化は避けて、現状を維持するということだ。

10倍を何回も目指しながら、チャドはそれまで必要だったアイデンティティーを脱ぎ捨て、次へ行くために必要なアイデンティティーを身につけた。

何かが2倍の価値になったとき、チャドはその80％を手放し、対応できる誰か《フー》に引き継ぐか、完全に切り捨てた。そして、非常にニッチな20％にフォーカスし、最も心が引きつけられる10倍基準に合わせて生活をシンプルにした。

人のアイデンティティーには、基本的に二つの側面がある。

1　自分についてもっている物語

2　自分を支える基準または、コミットメント※3

〝アイデンティティー〟の科学的な定義は、「本人が強くコミットする価値観や信念から成る、自分に関するまとまった概念」とされる。※4

簡単に言えば、アイデンティティーとは、一個人として〝最もコミットするもの〟だ。人には、コミットする自分についての物語と個人的な基準がある。

〝基準〟とは、自身に課す質や水準のレベルだ。真の基準は、自分にとっては〝一つのコミットメント〟である。その基準の最低ラインを下まわる行動は滅多に取らない。そうでなければ、それは基準ではない。

私たちは皆、たとえ自覚していなくても、自らがつくった基準にコミットしている。例として、「ワールド・オブ・ウォークラフト」の熱心なプレーヤーである友人を挙げよう。友人はこのゲームに1日16時間も費やす世界屈指のプレーヤーだ。しかし最近、参加していたギルド（プレーヤー同士でつくるオンライン上のグループ）から抜けたと話した。

「どうして？」私は聞いた。

「自分が求める基準に達していなかった。もっとシリアスなプレーヤーとやりたい」と友人は答えた。

読者の皆さんはオンラインゲームに興味はないかもしれないし、私もないのだが、ここで言いたいのは、誰もが自らの基準をもっているということだ。大事にする基準と、守りたいレベルがある。たとえば、テニスに同じようにコミットする二人がいて、一人がプロで、もう一人がアマチュアなら、プレーに求める基準は異なる。前者のほうが後者より高い。

自分の基準を引き上げ、それにコミットすることで、人はアイデンティティーを進化させる。基準を上げて10倍の自分になるプロセスは、ダン・サリヴァンによる「４Ｃ方式」によって説明される。

1　コミットメント（Commitment）

2　勇気（Courage）

3　能力（Capability）

4　自信（Confidence）

コミットしない限り、何も起こらない。

いまの能力や自信をはるかに上まわる基準に〝コミット〟できれば、自分の知識の範囲や快適な領域《コンフォート・ゾーン》から飛び出せる。それが〝勇気〟だ。

コミットメントに果敢に適応しようとしながら、たくさんの喪失や失敗も経験するが、それらはフィードバックや学びとして生かすことができる。そうして、以前はなかった〝能力〟とスキルを身につけられる。コミットしなければ、実現しない能力だ。

コミットメントによって人は熟達し、新しい基準を標準化する。このレベルに達したとき、より深い〝自信〟を得られる。[※5]

10倍の自分になっても、それがまるで普通に感じられる。過去の自分が見たら理解できないほど新しい自分と生活だ。より深い自信もついて、かつては恵まれなかった大きな機会を見極めたり呼び込んだりできるようになる。それが次のレベルの10倍コミットメントにつながり、新しい4Cのサイクルが始まるのだ。

自分のアイデンティティーを構成していた80%（関わってきた活動や環境、人間関係を含む）を捨て去るのは、大きな喪失感を伴う。それまでの自分や周囲の評価、さまざまな人間関係を断ち切るのは、自分の中の大きな部分を失うような気もちになる。

「プロスペクト理論」によると、人間には〝損失を回避〟しようとする強い傾向がある。[※6]

失うことを恐れ、避けようとする気もちは、何かを得ようとする気もちを上まわるのだ。

損失回避の傾向は主に3つのかたちで表れる。

1　**埋没費用バイアス**　利益が出ない投資なのに、単にそれまで続けてきたという理由でやめない[※7・8]。

2　**保有効果**　自分がもっていたり信じていたりつくったりしたものを、単に自分の所有物だという理由で過大評価する[※9・10・11]。

3　**一貫性の法則**　やっていることに一貫性があると思いたいし思われたいから、やり続ける[※12・13・14]。

このような心理が働くから、80％を手放すのは非常に難しい。よって、現在またはこれまでのアイデンティティーを脱ぎ捨てるのは難しい。

自分の中の基準を上げるのは、決してやさしいことではない。これまで続けてきたことを維持するほうが、間違いなくずっと簡単だ（つまり、2倍思考）。

10倍の道を進むとは、自由に基づいて生きるということだ。心の中の本質的な欲求に耳を傾け、〝自らが欲する基準〟を選択し、周囲の意見にまどわされない。かつては重要だった自分の一部分を捨て去り、アイデンティティーを柔軟に進化させるのだ。

基準を引き上げるのは途方もなく大きなコミットメントと勇気を伴うが、そうすることで人として進化できる。チャドが10万ドル以上を投資する顧客としか仕事をしないとコミットしたときのように、しばらくは転んだりアザをつくったりしてもがきながら、はいずって進む。それが、「4C」のコミットメントと勇気の段階だ。しかし、そのうち知識や能力が向上して、いつの間にか自然にできるようになる。

アイデンティティーと基準を引き上げるのは、主に〝感情的〟かつ質的な問題だ。だからこそ、10倍を行うには〝心の柔軟性〟が極めて大切になる。初めは不快に感じる状況や挑戦も、時間を経て心地よく感じ、順応していくことで、心理的に柔軟になる。このとき人は、自身を思考や感情によるコンテンツとして見るのではなく、思考や感情が動くコンテクスト（背景）または空間としてとらえている。進化を通じてコンテクストとしての自己が広がれば、人生のコンテンツも――内面も外面もすべて――それに合わせて変化する。[※15・16]

自分が選んだ基準は、少しのあいだは居心地が悪いかもしれないが、それにコミットする。自分の気もちを抑えるのではなく受け入れることで、アイデンティティーは新しい基準に急速に順応し、〝受容〟の境地にたどり着く。[※17・18・19・20]そうやって感情面で進化し、新しい基準に対しても〝心地よく自然体〟でいられるようになる。スピリチュアルや感情の研究で多くの実績がある著名な精神科医デヴィッド・ホーキンズ博士は、こう述べている。

「無意識の働きによって、私たちは自分が値すると信じるものしか獲得できない。自分を小さく評価するなら、自分に値するのは貧困だ。そして、無意識のうちにそれを現実として引き寄せる」[※21]

新しい基準をつくる際は、もはや自分に合わなくなった80％——その時点の2倍のアイデンティティーと2倍の基準——を肯定するのをやめる。新しい基準に対する周囲の拒絶や学びを受容しながら、その基準でやっていく実力と自信を身につける。

たとえば、あるプロの講演者が2万5000ドルの講演料を最低5万ドルに引き上げたとしよう。その後数カ月間に講演の問い合わせが12件入るが、1件を除くすべてが新料金を拒絶する。結局、12分の1しか仕事を得られない。しかし、たとえ短期的には大きな収入減であっても、この新料金に対する一つの「イエス」は、本人のアイデンティティーと自信にとって〝10倍の価値〟がある。

そのうち新しい基準は標準となる。まずは本人の心理面で、それから実力や評判、業界での地位が上がるにつれ、外面においても標準化する。周囲は本人を新しい目で見るようになる。基準は、本人の内面で必要なものを抽出するフィルターになると同時に、周囲にとっては本人とどうつき合ったり協力したりできるかがわかる目安になるのだ。

基準を引き上げ、2倍のアイデンティティーを脱ぎ捨てることについて理解したところで、ここからは10倍プロセスの次の段階、つまり活動のすべてにおいて質を高めて量を減らすことについて理解を深める。

一つのことにどう取り組むかは、ほかのすべてにどう取り組むかに反映するのだ。

さて、あなたの場合はどうだろうか。

- 自分に対して、どんな基準をもっているか？
- それらの基準は、自分で選んだものか、それとも周囲の規範を受け入れたものか？
- あなたがフォーカスし、コミットしている基準とは？
- 自分の基準を思い切り引き上げたら、どうなると思うか？　フォーカスして技を磨くべき20％にどう移行できるか？　切り捨てる80％には何が含まれるか？

10倍プロセスを踏む中で、取り組む対象は絞り込まれていく。しかし、対象が限定されることで、10倍の質や深み、影響力は増す。カーソンやリンダ、チャドのように、量より質に集中すれば、劇的で非線形的な成長を経験することができる。

それでは、見ていこう。

不可能なゴールをつくり、活動の質を10倍に高める

「世界の99％の人々は、自分に偉業を成し遂げる力はないと思い込み、凡庸なところに狙いを定める。よって、『現実的な』ゴールを目指す競争は最激戦区となり、逆説的に、時間とエネルギーを最も注ぎこまなければいけなくなる。そのような中では、10万ドルを調達するより、100万ドルを調達するほうがたやすい。バーで一人の理想的な100点の相手と親しくなるほうが、5人の80点の相手と仲良くなるよりも簡単なのだ。」

――ティム・フェリス※22

ジミー・ドナルドソンは、自分の2倍のアイデンティティーを繰り返し脱ぎ捨て、決して一つの場所にとどまったり落ち着いたりはしない。驚くほどの心理的柔軟性をもち合わせ、彼にとって挑戦する対象が大きすぎるとか無理があるということは皆無にも見える。ジミーの力が及ばないものは存在しないかのようだ。

2015年、17歳のジミーはノースカロライナ州の片田舎の家で母と暮らしていた。中流階級の白人男子で、特技もなく、自分の寝室で平凡なユーチューブ動画をあげていた。それでもジミーには大きな野心があり、世界一のユーチューバーになるのも、その一つ

だった。[※23・24]

7年先へ話を進めて2022年、23歳のジミーはその目標をほぼかなえたといえる。自分の別人格でありブランドでもある「MrBeast《ミスタービースト》」の名で知られ、運営するさまざまな動画チャンネルにおいて億単位の登録者数をもつ。ネット世界で最も急速に頭角を現した風雲児だ。150人以上のスタッフを抱え、複数の事業を率い、時にはそれらに自らも参画して、年間計10億ドル超の収益を上げている。

2022年3月、ジミーはジョー・ローガン（訳注：総合格闘技のコメンテーター、司会者）のポッドキャストでインタビューを受けた。ジョーはこう尋ねた。「『私もミスタービーストみたいになりたい』と、君にアドバイスを求める人はたくさんいるよね？」

ジミーはこの問いかけを大歓迎した。その場で自身のツイッターのフィードを開いてもらい、最近相談に乗った人が10倍の結果を出したという投稿記事を見せた。

「ぼくが相談に乗る前は、その人のユーチューブ再生回数は毎月460万回で、収入は月2万4000ドルだった。ぼくたちが手伝ったら、7、8カ月後に再生回数は月4500万回、収入は月40万ドルにまで増えたんですよ！[※25]」

びっくりしたジョーは聞いた。「そんな桁違いの変化を起こすのに、どんなアドバイスをしたんだい？」

次にあるジミーの答えを、じっくりと読んでほしい。ジミーがいかに仕事を絞り、10倍プロセスを通じて劇的効果を生んでいるかが明確にわかる。

「不思議に聞こえるかもしれないけれど、50の動画で10万回の再生回数を稼ぐより、一つの動画で５００万回の再生回数を稼ぐほうが簡単なんです……年に１００のつまらない動画をあげるより、一つのすごい動画をあげたほうが、ずっとたくさんの再生回数を得られる。これは指数関数的な話です。ユーチューブで成功するには、自分がつくった動画をとにかくたくさんの人にクリックして見てもらわなければならない……もし自分の動画のクリック数を10％増やして、ほかの動画より10％長く見てもらえれば、再生回数は10％増えるのではなく、４倍くらいに増えるんです。指数関数的に考えるべきです。レベルを10％上げた動画で再生回数は4倍になる。10％増じゃない。それがわかれば、動画づくりにもっと力を入れて、過剰なくらいこだわろうと思いますよ。動画にかける時間を3倍にすれば、再生回数は3倍ではなく、10倍になるんです。だから（相談相手に対しては）すごくいい動画をつくって、さらにチームをつくるようアドバイスします。編集者を置くとか。自分が仕事を５つもっていたら20％ずつしか時間をかけられないけれど、編集者がいたら、その人は時間を１００％使えますよね。自分は編集に毎日10時間も使えないけれど、その人はできる」

ミスタービーストが語ったままの言葉を紹介した。10倍というのは実際、こんなにも簡単なのだ。ジミーが言ったように、指数関数的に考えなくてはいけない。**10倍の結果を出すなら、線形的に考えてはいけない。指数関数的に考えるには、〝量ではなく質〟で考える。**より労力をかけてより多くのものをつくるのではない。それは2倍思考であり、線形的でスピードが遅く、ジミーが語ったような指数関数的な結果は決して生まれない。

量ではなく質を考えるようになれば、エネルギーの使い方もうまくなるはずだ。延々と働き続けたり、個人主義を貫いて一人で無数の仕事をかけもちしたりして燃え尽きることはなくなる。

燃え尽きるのではなく、自分の20%にフォーカスして、そこで〝本当に良い仕事〟をする。チームをつくって80%の仕事を任せる。ただし、チームにとってはその仕事は80%ではない。チームは、ロジスティックスであれ編集であれ、その仕事をあなたとは違う理由で気に入っているプロの集団だからだ。

ジミーが語ってくれた10倍思考に関する本質的な指摘を、3つにまとめよう。

1　指数関数的に考える。つまり、大きくかつ非線形的に考える。
2　量より質に過剰なほどフォーカスし、そこで本当に良い仕事をする。
3　自分が作品の質にフォーカスできるよう、ほかの仕事をチームに任せる。

10倍成長するには、10倍優れることにフォーカスする。

10倍優れるには、ビジョンと基準を常に引き上げる。量でなく質に極端なほどフォーカスして20％にコミットし、残りの80％は手放す。

重要な点として言っておくが、何かをとてもうまくできるとしても、それがジミーの言う〝指数関数的な結果を生むレベルの質〟であることは少ない。

指数関数的結果を生む質のレベルに達するには、指数関数的に大きい、ほかとは異なる思考をもたなければならない。大きくて特異なビジョンと基準を掲げるのだ。

2倍のゴールなど目標が小さいと、大半の労力は無駄になる。能力を伸ばしきれないのだ。技術的にはうまくなるかもしれないが、進化したり革新を起こしたりはしない。お決まりの方法を極めるだけで、より優れたものになるとは必ずしも言えない。

どれだけの労力をかけるかではなく、その〝労力をどこにかけるか〟という問題なのだ。

対象にフォーカスしてコミットすれば、その道の達人《マスター》になれる。

この考えからすれば、最近人気の心理学者マルコム・グラッドウェルが紹介した「1万時間の法則」（訳註：ある分野で一流になるには1万時間の練習が必要だという説[※26]）の勧めは、でたらめでナンセンスだと言わざるを得ない。起業家でエンジェル投資家でもあるナヴァル・ラヴィカントも言っている。「1万時間によって、傑出した才能は生まれない。それは、単なる1万時間の繰り返しだ[※27]」

もちろん、反復は大事だ。ただし、〝10倍のレベルアップに向けた反復〟に限ってだ。

10倍ゴールに向けて反復していないのなら、同じ方法や間違いを何回も繰り返しているに過ぎない。まったく新しい、これまでとは違う〝質〟のものではなく、すでに身につけているものを最適化しているだけだ。

ほとんどの人は、そばに落ちている金貨を見逃している。銅貨を見つけるのにフォーカスしているからだ。銅貨に入れ込み、アイデンティティーも銅貨に染まっている。自分自身や生活を銅貨に合わせて最適化している。

人は、フォーカスしたものしか手に入れられない。

自分のフォーカスと基準においてしか熟練しない。

では、反復や努力の量は重要ではないのかといえば、もちろん違う。

ジミーは実際、これまでに何千ものユーチューブ動画を制作またはプロデュースしている。大した量の反復だ。ただ、同じように何百、何千、何万もの動画をつくっているほかの大勢のユーチューバーと違うのは、ジミーのビジョンと基準が考えられないほど高いという点だ。実際、ジミーは世界一のユーチューバーになろうと情熱を傾け、公言もした。その基準に達するには、自分だけの最高の技を磨き、何億人の目にとまるような動画をつくる必要があった。そのために手伝ってくれるチームもつくった。

ジミーは80%の中にとどまらなかった。

20%にピンポイントでフォーカスして、腕を上げている。

挑戦するゲームのレベルを常に上げ、自分に課す基準を引き上げている。

ジミーが世に知られているのは、その動画の質のおかげだ。動画が良くなければ、何百万もの動画をつくったところで再生されることはない。ジミーが現在の質を生む技を磨けたのは、自分と仕事に対して驚異的に高い基準を課しているからだ。

ジミーの変容と進化は、偶然によるものではない。

すべて確固たる意思によるものだ。

アリストテレスは言っている。「その人が熟考しているように見えないから目的をもっていないと考えるのは、ばかげている」[※28]。哲学では「目的」をteleology《テレオロジー》と呼ぶ。すべての人間の行動は、特定の目的に突き動かされている、または〝起因する〟という意味の言葉だ。telos《テロス》は、「ものごとの終わり、または要因」を意味する。[※29・30]

人間は何をするにも、目標または基準に突き動かされている。[※31・32・33] 目指すものにしか、人はなれない。目標が道筋を決め、その人の成長や進化をも規定する。

ここでジミーが説明していることと、この本の中心的なメッセージを吟味すると、話はいっそう興味深くなる。**人は皆、目標を自ら設定して一定のレベルまで上達するが、意外にも、平凡な目標より大きな野望のほうが実現しやすい。**

つまり、〝10倍は2倍よりも簡単〟なのだ。

ジミーが話したように、指数関数的な思考の下では、もはやどれだけ労力を費やすかは問題ではなくなる。大事なのは、その労力をどの方向に、何に向けるかだ。2倍でものごとを考える人は、10倍で考える人よりはるかに多くのエネルギーと時間を消耗する。10倍思考の人は、2倍思考の人には思いもつかないし、理解もできないような斬新な方向へ進む。

ダン・サリヴァンはこう説明している。「10倍のものさしを身につけると、ほかの人たちがやっていることをどう省略できるかが見えてくる」

さらには、10倍思考の人は、よりニッチで緻密な問題に取り組む。広く浅く考えるのではなく、狭く深く考えるのだ。80％の認知負荷（訳註：脳の処理能力を超える情報があり、認知能力に負荷がかかった状態）から解放され、20％に没入する。100のことをきちんとやるのではなく、一つのことをこれまでにないレベルでやり遂げようとするのだ。

この考え――線形的な目標より指数関数的な目標にフォーカスするほうが簡単なのは、

指数関数的な目標がより特殊で異なる質のものを生むからだという考え――をさらに発展させて、第1章で登場したアラン・バーナード博士が次のような例を私に教えてくれた。もし1000万ドルを稼ぐなら、100の課題をそれぞれ10万ドルで解決するより、一つの3000万ドルの課題に取り組むほうが〝ずっと簡単〟だという。

その根拠は次のとおりだ。

まず、3000万ドルの課題に全力投球すると、〝そのレベルの学びと技〟を身につけられる。100の課題を手広く安い料金でこなす質と深みとは比べものにならないほど高い質と深みをもって、この一つの課題に取り組める。

さらには、3000万ドルの課題に取り組む場合は、完璧を目指さなくてもよい。たとえ目標の3分の1にしか届かなくても標準の1000万ドルは達成できる。それだけの失敗をしてもよい大きな余地がある。

同じように、100万ドルの資金を出してくれる一人を見つけるほうが、10万ドルを出してくれる人を10人見つけ出すより簡単だ。さらには、1万ドルを出す人を100人集めるよりも指数関数的に簡単だ。

不動産でいえば、1000万ドルの価値がある物件を一つ手に入れるほうが、50万ドルの物件を20件手に入れるより簡単だ。いったん所有したら、20の物件より一つの物件を管理するほうが、限りなく簡単で時間もかからない。

1959年の名著『大きく考える魔法』で、デイヴィッド・シュワルツ博士はこう書いている。

「ある採用担当の幹部の話によると、年収5万ドルの仕事に比べて、1万ドルの仕事には50倍から250倍の応募があるという。これはつまり、二流の路地に転がっている仕事を求める競争のほうが少なくとも50倍激しいということだ。この国の一流の目抜き通りは短く、すいているのだ[※34]」

収入のレベルはさておき、シュワルツ博士が述べる考えは今もまったく古びていない。**人生のどの場面においても、平均的なゴールを目指す競争が最も激しいのだ。**

小さくて線形的なゴールは競争が激しいばかりか、最低につまらなくて、驚異的に複雑な道のりになる。

非現実的で不可能、または10倍レベルのゴールは競争率が低い上に、最高に面白く、シンプルで非線形的な道のりを進む。集団のあとをついていかなくてもいい。量より質を目指せば、誰かと競争することはない。

さて、あなたの場合はどうだろうか。

■あなたの生き方は指数関数的だろうか、線形的だろうか？

■あなたは労力や量を重視しているか？　それとも世間にあるものとは質的に異なり、より優れているものを創造しているか？

■5つ以上の異なる仕事を抱え、広く浅く仕事をしていないか？　それとも自分の80％だったものを管理するチームをもっているか？

10倍を頻繁に実践して、抜きん出る

「安売り競争が容赦なく繰り返されるこの世の中で、同じように底辺を目指して闘えば、敗北するだけだ。勝利する唯一の道は頂点を目指すことだ……不可欠な者になるためには、ほかとは異なる者になるしかない……己の道を極めれば、ほかの皆が真実と決めてかかることを刷新する洞察を獲得できる……何者かになるために自分を鍛えるのだ……履歴書はあなたを映し出さない。いま取り組む仕事だけが、あなたを語る。」

――セス・ゴーディン[※35]

作家のジェームズ・クリアーは、10倍へ導く20％にフォーカスし、それまで導いてくれた80％を捨て去るのにたけた天才だ。

ブログを書くという20％に数年間フォーカスした結果、クリアーは膨大な数の購読者を獲得し、プロの作家になるという10倍飛躍を遂げた。その後、新たな20％として、3年近くかけて著書『ジェームズ・クリアー式　複利で伸びる1つの習慣』を執筆した。原稿を書き上げ、まもなく出版となった時点で、次の20％としてその本を広め、売り込んだ。

チャドやジミーのように基準を引き上げ、20％のフォーカスを柔軟に変えていくことで、クリアーは、役に立たなくなった2倍のアイデンティティーを見事に脱ぎ去っていった。一つの段階やプロセスに必要以上にとどまったり、安住したりしないのだ。著書の中でクリアーはこう述べている。

「人がすることにはたいてい、本人のアイデンティティーが反映される。自分はこういうタイプの人間だと思っていることが、意識的にも無意識にもそのまま外に表れる」[※36]

『複利で伸びる1つの習慣』は2018年11月の出版以来、この原稿の執筆時点（2022年10月）で1000万部近く売れており、過去2年間で世界で最も売れたノンフィクションの書籍となった。適切に評価するために背景を説明すると、毎年出版される書籍の数は100万タイトルにも上るが、そのうち100万部以上売れる書籍は20もない。[※37]米国における書籍の平均販売部数は年間200部未満で、絶版まで1000部にも届かない。[※38]

クリアーはブログや著書の読者に対して、ダイエットなどの目標に向けた「最初の一歩」でつまずかないために、できるだけ無理のない課題に取り組むよう提言する。腕立て伏せを500回ではなく、まずは5回する。本を1章分書くのではなく、まずは文章を一つ書く。クリアーが書いたり教えたりするのは、普通の人が小さな変化を積み重ねるうちに大きな成果を手に入れられるようになる方法だ。

ただし、クリアー自身は普通の人でもないし、ましてやその成果は普通からはほど遠い。世の中は、話すことに行動が伴わない人がほとんどだが、クリアーの場合は、書いているものより行動を見習うほうが役に立つというまれなケースだ。

腕立て伏せ5回では、10倍の結果は得られない。

一つの文章では、大ベストセラーは生まれない。

確かに、10倍は5回の腕立て伏せや1文から始まりはするが、10倍に必要なレベルのフォーカスや質、〝究極の技《マスタリー》〟に達するには、全力で向かう必要がある。自分を素人と見なしたり、生半可な取り組みや結果で満足したりするのではない。先に紹介したクリアーの言葉のとおり、アイデンティティーと基準を高いレベルまで進化させない限り、自分がやることはいつまでも平凡なままだ。

途方もない結果を手にするためにジェームズ・クリアーが実践したことをよく見ると、本人が最初の一歩よりむしろ、〝目標の「最終的な達成」に向けて最適化する〟技を極めていたことがよくわかる。目標を明確にして１００％コミットし、80％の雑事をそぎ落として20％の仕事の質を磨き上げ、目標達成に向けて最適化している。

95％以上出来上がっている仕事を、さらに可能な限り１００％へ近づけるという極めて高い基準を自身にも仕事にも課すクリアーのコミットメントこそ、習慣より注目すべきで、それが並外れた結果を生んでいるのだ。

２０２１年のブログ投稿でクリアーはこう書いている。

「良好と偉大の違いはたいてい、見直しを余計にもう1回するかどうかだ。最後に改めてざっと目を通すだけで済ませる人は、賢いか才能があるかのように見えるかもしれないが、実際はちょっと磨いてつやを出しているに過ぎない。きっちり仕上げるには時間をもっとかけるべきだ。さらにもう1回、見直すのだ[※39]」

大きな節目に到達するたびに、クリアーはすぐさま基準をさらに引き上げることにフォーカスした。仕事の質を常に上げ続けたのが、その成功の秘密だ。まず、ブログの質を鍛え上げた。次に、執筆する本の質を鍛え上げた。最後に、本を売り出すためのストーリーと販売戦略の質を極めた。

クリアーが踏んだプロセスを吟味すると、10倍の結果がなぜ実現したのかがよくわかる。ありがたいことに、クリアーはある期間、毎年のように「今年のふり返り」を書いて、何がうまくいって何がうまくいかなかったかを伝えている。この「ふり返り」を通じて、クリアーの20%に対する強固なコミットメントや、80%を放棄する潔さ、そして常に量より質を重視する姿勢が見えてくる。

習慣に関する話をブログに数年間書いて購読者数を着実に増やしたあとの2014年、クリアーは「今年のふり返り」で本を書く願望（次の10倍の目標）について書いている。

「自分はいま何にフォーカスしているか。プロの作家になることだ。フルタイムの起業家としてこれまで4年間過ごしてきた。4つのビジネスを立ち上げ（そのうち2つで成功した）、小さなプロジェクトにも多数関わってきた……これまでやってきた何よりも、記事を毎週書いて、身につく習慣を人に教えるのが好きだ。だから、もうそろそろほかのプロジェクトは終わりにして、プロの書き手を目指そうと思う。それは主に、1冊目の本を書き上げるということだ。2015年はそれに取り組む年にする[※40]」

2015年の「今年のふり返り」では、のちに『複利で伸びる一つの習慣』となる本の出版契約を結んだと報告している[※41]。その時点で、本の執筆はクリアーにとって一番のフォーカス（新しい20%）になった。まだブログやほかの活動は続けていたが、それらは80%

になりつつあり、クリアーは10倍飛躍にフォーカスするために手を引き始めた。そのほか、フルタイムの従業員を初めて雇い、執筆しているあいだは、自身のオンラインビジネスの大半を任せることにしたと伝えている。

２０１６年の「今年のふり返り」では、クリアーは、世界レベルのブロガーから世界レベルの本の書き手へと変容するにあたり直面している困難について書いた。

「今年は何があまりうまくいかなかったか。本の執筆だ。単純で明白な事実として、２０１６年は、物書きとしての自分の短いキャリアの中でも最悪の年だった。書く仕事をそれほど長くは続けていないけれど、今年が悲惨な年だったとわかるくらいの経験はある……すべての始まりは、２０１５年末に、ペンギン・ランダムハウスと大きな出版契約を結んだことだ。本の執筆が現実になったとたんに、ぼくの凝り性がフル回転し始めた……ふり返ると、２０１６年の大半を、ぼくはこれまでとは異なる仕事の流儀を学ぶのに費やしてきた。それまでの3年間は、毎週月曜日と木曜日にコラムを書く生活だった。そのときは、多くて１５００ワードの最高にいい文章を書くのに常に神経を使っていた。その後、書き手としての夢が膨らみ、ぼくはいま、5万ワードかそれ以上の素晴らしい本を書こうとしている。このすばやく仕上げる仕事から深く取り組む仕事への移行が、つらかった――思っていたよりもずっと厳しかった。ぼくはいままさに、それだけの深みをもつものをつくり、良いものに仕上げるのがどんなに大変かということを学習している[※42]」

10倍を目指すたびに仕事の質は高くなり、規模は大きくなる。ファーストフードの調理場から高級料理の厨房に移れば、より高いレベルの技とフォーカスが求められる。その場しのぎでは済まなくなり、大事な点と点をつないで大きな絵を見るための時間が必要になる。

10倍を目指すには、80%の仕事を手伝ってくれる誰か《フー》を雇う必要に迫られる。自分は20%の仕事で独自の技を極め、革新的で価値がある希少なものを生み出さなければならないのだ。

しかし、人を雇うという大きな一歩を踏み出すのにぐずぐずする人は多い。クリアーのように助手かデジタルアシスタントでもいいので活用すれば、80%よりずっと価値も効果も高い20%の仕事のために、すぐに時間をつくれる。誰か《フー》を雇うのが遅れるほど80%の沼にはまり、進行は遅れる。フォーカスが分散するだけでなく、20%に熟達するのも遅くなる。

クリアーは２０１７年の「今年のふり返り」で、ほぼすべてのエネルギーと労力を著書の執筆につぎ込みながら、事業のほうも、自分がほとんど関わらずに展開できたと書いている。

「今年は何がうまくいったか。そう、今年は成功したものがある。本の執筆だ。本を書いた（まあ、ほぼだけど）！　２０１７年の主眼は当然、原稿を完成させることだった。11月に初稿を仕上げて、いまは編集作業に入っている。改善すべきところはたくさんあって、正直、数カ月はまだ仕事が残っているけれど、実に何年もの努力が一つにまとまりつつあるのは、本当にいい気分だ……やっと体制が構築されつつある。ほぼすべての時間を執筆に費やしてきたので、ほかの事業に関わる時間はなかった。とはいえ、ご存知のとおり、事業もかなり大事な仕事で、ありがたいことに今年はすこぶる順調だった。アシスタントのリンジーの力を借りて、ぼくがいつも注意を向けていなくても事業がまわるような体制を二人で築いた[※43]」

10倍の道を進むには、増えてくる邪魔を切り捨てなければいけない。

10倍を目指すたびにフォーカスの度合いを上げ、対象も絞り込む。

より深い視点で高い目標を目指すので、注意力もさらにいる。何かを10倍優れたものにするには、〝深く〟取り組まなければならない。すべてを一度分解して、もっとシンプルで簡単で、より優れたかたちに組み立て直す中で、革新は起こるのだ。

これが、ジェームズ・クリアーが3年間かけてやってきたことだ。的確で説得力があり、役に立つ習慣づけのモデルを教えるという、非常に複雑な課題に取り組んだ。習慣という普遍的な人類の課題を極めて重要にとらえ、革新的な解決策を優れたかたちで提示した。

そして、クリアーは成功した。

解決したい課題に最も近い〝20%に集中〟すれば、革新は生まれる。

数限りないタスクや決断事項にこれ以上関わってはいられないのだ。より少なくて、より質の高いものにフォーカスしなければならない。だからこそ、「どうやるか」ではなく「誰とやるか」《フー・ノット・ハウ》を身につけることが大事なのだ。クリアーのフルタイムのアシスタントのように、能力がありコ仕事にコミットできる人に、自分が取り組む以外のものを管理してもらうのだ。

本書の第6章では、人生やビジネスで繰り返し10倍飛躍したい起業家が踏むべき4段階モデルについて紹介する。このモデルの3つ目と最後の段階では、ダン・サリヴァンが「自律的な企業」と呼ぶものを築く。そこでは、日々の業務や事業の管理さえ、起業家以外の人間がするのだ。

クリアーは執筆中にフルタイム従業員を一人雇ったのみだったが、「自律的な企業」の法則に従っていた。「ふり返り」にあったように、クリアーが執筆に専念しているあいだに、アシスタントはビジネスのほぼすべての業務をこなしていた。

アシスタントのチームが自律的に動けるようにするのは、2つの点から大事だ。一つは、研究によると、チームが最も力を発揮しチームメンバーが成長するには、自主性と当事者意識が欠かせない（自己決定理論という）[※44・45]。自主性や当事者意識がないチームはモチベーションを維持できないのだ。

もう一つは、起業家として20%に時間を費やすためには、自律的なチームが必要だからだ。チームの成功には、リーダーである自分が革新を起こし続ける――〝10倍優れ、価値のある存在〟になる――ことが重要だ。チームを細かく管理したり自分一人でやろうとしたりして必要以上に80%に関わっていては、それはできない。80%にとどまれば、凡庸な沼にはまり、質も独自性もない安売り競争にただちに巻き込まれる。そうやって2倍に居ついてしまうのだ。

2018年の「今年のふり返り」で、クリアーは著書の出版と当初の成功について語っている。

「今年は何がうまくいったか。『複利で伸びる1つの習慣』だ。周りの人たちには全員伝えたような気がするけれど、聞き逃した人がいるかもしれないので、改めて書こう。今年、ぼくは本を出版した！　……1月と2月は、まだ原稿と向き合っていた。もし、あの最後の編集作業に必死に取り組むぼくの肩を誰かがたたいて、その本は今年中にベストセラーになると教えてくれたら、ぼくはほぼ間違いなく安堵の涙に暮れたことだろう。2018年も終わりに近づき、『複利で伸びる1つの習慣』が世に出て11週が過ぎた（2018年10月16日に出版された）。この本の成功のために、（3年かけて可能な限り最高の本を執筆したことを始め）できることはすべてやってきた。しかし、本に対する反響は、ぼくの大きな期待をも上まわっている。※46」

著書が出版されて、クリアーの20％は、自分のメッセージをできるだけ広く伝えることに転じた。クリアーは自分の10倍の基準とアイデンティティーを再び引き上げた。かくして2019年の「今年のふり返り」では、こう述べている。

「今年は何がうまくいったか。本の販売だ。『複利で伸びる1つの習慣』は、2018年10月に出版された。つまり、2019年は、本が出て初めての丸1年間だったわけだ。ぼくは大きな抱負をもって年を迎えたが、本の売れ行きはぼくの期待を上まわっていると言っていいだろう。2019年12月の時点で、世界中で130万部超が売れた。『ニューヨーク・タイムズ』紙のベストセラーのリストに12カ月連続で入っている……2019年は、31回も基調講演の仕事をした。暦年でこなした回数としてはこれまでで圧倒的に多い。もちろん、これは『複利で伸びる1つの習慣』の成功に直接つながっている。※47」

10倍は量ではなく、質の問題だ。

ジェームズ・クリアーはそれを心得ていた。そして書いた本は、世界で最も成功したノンフィクション本となった。

10倍とは、自分の野心的なビジョンにコミットし、そのビジョンを自分の標準にすることだ。そのためには、そこへ導いてくれる20%に専念し、今の場所まで導いてくれた80%は切り捨てる。

10倍プロセスを完遂するごとに、自分も生活も一変するはずだ。自分という人間を構築するモデルや、自分のビジネスさえ変貌する。かつて80%だったものは、もはや存在しない。かつて20%だったものが、現在の人生の100%を占めている。いまやそれが自分の普通の生活であり、アイデンティティーであり、現実なのだ。

ジミー・ドナルドソン（ミスタービースト）が、成功するユーチューブ動画の作成について語ったように、10倍や100倍の結果を得るのに、世の中のすべての動画より10倍優れた動画（またはいま取り組んでいる何か）をつくる必要はない。それより、〝10%から20%優れ〟、かつ重要な点として、〝ほかとは異なる〟動画や製品に仕上げないと、「最高の品」として出まわっているものの4倍から10倍の結果は出せないとジミーは話した。

〝優れて〟いて、かつ〝違う〟という必須条件は、10倍が根本的に量ではなく質であるという事実をそのまま表している。10倍は進化を意味する。そして、自分がいまやっていることは、ほかの人がやっている、または以前の自分がやっていたこととは比較できないほど異質でなければならない。

10倍は質と変容を伴うために、競争とは無縁になる。ほかの誰よりも優れた存在だとか、誰よりも優れた何かをしているという話ではない。ほかの誰ともまったく違う、固有の仕事をしている。2倍の集団が従事している仕事とは一線を画す、革新的な仕事をしているのだ。

10倍は質と変容を伴う、頂点を目指す道だ。
2倍は量と競争を伴う、底辺を目指す道だ。

『複利で伸びる1つの習慣』は、ほかの自己啓発本より10倍優れているわけではないが、10〜20%優れ、かつ異なる。内容を進化させた結果、ほかの傑作をも10倍、100倍上まわる結果を出した。

たとえチャド・ウィラードソンやジミー・ドナルドソン、ジェームズ・クリアーがライバルより10倍優れていないとしても、大事な点として確かに言えるのは、〃以前の自分よりは10倍優れている〃ということだ。それまでやってきたことを引きずるだけの2倍ゲームをしていない。誰かと競い合ってもいない。チャドたちは自ら基準を設定し、自らの20%にコミットし、残り80%を任せるチームを築いた。

チャドやジミー、クリアーのように、量より質に集中すれば、取り組む仕事において世界一になれる。そして、それまでつぎ込んだ時間やエネルギーに対して、破格のリターンを得られる。

セス・ゴーディンは著書『The Dip（落ち込み）』で、自分が取り組む領域で世界一になることの重要性と利点を、次のように説明している。

「それによって得られる報酬が、誠に非対称なのだ。よくある例で、一番の者は10番が得る利益の10倍、１００番が得る利益の１００倍を手にする[※48]」

一番になるには、〝やめる〟ことにもたけていなければならない。一番の者は、80％の活動やアイデンティティーにしがみつきはしないのだ。

ゴーディンは、間違ったものをやめるのには非常に勇気がいると言う。80％はコンフォート・ゾーンだから、手放すのは怖い。子どものときにもっていた安心毛布のようなものだ。何も考えないで自動操縦できるくらい、それを知り尽くしている。大事な収入源でもある。アイデンティティーであり、周りにも認められている顔だ。自分や自分の習性を物語るものでもある。

80％を手放すのを恐れて先延ばしすればするほど、10倍への変容は遅れる。

コミットメントと勇気をもって80％を手放すのを急ぐほど、10倍への変容は早まる。

偉大なリーダーは10倍の結果を生んで傑出するために、間違ったもの――何年も、何十年も経営を支えてきた収入源だったものさえ含む――を打ち切るためのジレンマと直面しなければならない。

たとえば、ジム・コリンズは名著『ビジョナリー・カンパニー2　飛躍の法則』で、「第5水準のリーダー」について次のように説明する。偉大ではなく良好にとどまる要因を、大義のために、勇気をもって、しかし喜んで切り離す人たちだという。[※49] コリンズが例として挙げるのが、トイレットペーパーやティッシュペーパーなどの紙製品を中心とした日用品大手の企業キンバリー・クラークで、１９７１年から１９９１年まで最高経営責任者（ＣＥＯ）を務めたダーウィン・スミスだ。

スミスはＣＥＯに就いたとき、キンバリー・クラークの将来の成功を妨げる、ある大きな問題を感じていた。会社は当時、伝統的なコート紙の製紙工場に大部分の収入を頼っていた。それは雑誌やノート類向けの紙を生産し、会社を１００年以上支えてきた中心的な事業だった。しかし、スミスら経営陣は、キンバリー・クラークが突出した企業へと成長する最善の道は、日用品の分野にあると確信していた。その分野で会社はすでに、クリネックスのブランドを打ち立てるほどの世界最高レベルの実力を発揮していた。

スミスたちは、日用品の分野こそ会社の大事な20％であり、１００年にわたる重要な収入源だった製紙工場はもはや80%だと考えた。

〝良好〟のレベルで満足していては〝偉大〟にはなれない。

80%を維持しても良好ではいられるが、偉大になるためには20%に全力を注ぎ、その目標にコミットしなければならない。コリンズは次のように書いている。

「キンバリー・クラークのビジネスが主として製紙工場の運営にとどまっていたら、良好な企業としての地位は保っていただろう。しかし、偉大な企業を目指すのなら、唯一の道は、紙製品・日用品の業界でプロクター・アンド・ギャンブル（P&G）やスコット・ペーパーといった企業との競争に勝ち、トップに立つことだった。それには、製紙工場の『運営をやめる』しかなかった。かくして、『CEOが下した判断で、これまで見てきた中で最も勇気のある決断』（ある役員の言葉）をもって、ダーウィン・スミスは製紙工場を売却した。ウィスコンシン州キンバリーにある工場まで売却した。そして、P&Gやスコット・ペーパーとの壮大な戦いに資金のすべてを投入した。この決断をウォール街のアナリストはあざけり、経済紙は愚かだとこき下ろした。しかし、スミスに迷いはなかった。25年後、キンバリー・クラークは戦いを制し、世界一の紙製品・日用品企業となった。P&Gに8部門のうち6部門で上まわり、最大のライバルだったスコット・ペーパーを買収した。株主に対しては、スミス率いるキンバリー・クラークは市場を4倍上まわるリターンをもたらし、コカ・コーラやゼネラル・エレクトリック、ヒューレット・パッカード、スリーエム（3M）などの偉大な企業を軽くしのいだ。」

レベルの高い唯一無二の質を達成した報いは、線形を取らず、指数関数的だ。

10倍は、2倍より簡単なのだ。

10倍は質を追求する世界で、技を極め自由を手に入れるために、完全に非線形的な道を進む。

10倍を目指すには、自分に最も響く20％にコミットし、10倍についていけない、またはついていかないものをすべて除外しなければならない。

ここまで導いてくれた最高の相手であっても、ここから〝10倍へ進んでいけないものはすべて〟切り離すのだ。

本章の重要ポイント

- □ 10倍を目指すには、取り組むすべてにおいて質を高め、量を減らす作業を続けなければならない。
- □ 一つのことにどう取り組むかは、ほかのすべてのことにどう取り組むかに反映する。
- □ 2倍のアイデンティティーを脱ぎ捨てるのは難しい。人間は、失うことを避けたい、いまもっているものを過大評価したい、一貫性があるように見られたいと思う傾向があるからだ。
- □ アイデンティティーとは、自分についての物語と、自分に課している基準によって支えられている。
- □ 10倍の変容を遂げるには、自分にも周りにも不可能に見えようとも、自分の最低基準をまず定義することが必須だ。
- □ 最低基準を引き上げて進化するには、コミットメントと勇気が必要だ。そこから、新たな能力と自信を身につけることができる（ダンの4C方式）。
- □ ジミー・ドナルドソンの10倍プロセスを支えた3つの要因は、（1）指数関数的に、非線形的に大きく考える（2）量より質に過剰なまでにフォーカスする（3）仕事にフォーカスして熟練するために、80%を担ってくれるチームをつくる。

□10倍の目標の達成が2倍の目標より簡単な理由はたくさんある。10倍目標は競争率が低い。10倍目標は対象が絞られているため、フォーカスしやすい。研究によると、さまざまなタスクをあれこれやる人はフローの状態や高いパフォーマンスを実現できない。[※50・51] 10倍目標を掲げる人は非線形的なアプローチを取ることで、革新的で、競争とは無関係の解決策を生み出す。最後に、10倍目標の下では指導力とチームワークが養われる。一人ですべての仕事をまわしたり、大勢の人を管理したりしなくてもよい。完璧でいる必要もない。

□10倍の結果を出すために、ほかのすべての人より10倍優れる必要はない。ほかより10％から20％〝優れている〟（そして、〝異なる〟）ことが、特定のニッチ市場や分野において、ほかの偉才をも10倍上まわる結果を生む。

第3章

10倍は豊かさを創造する

内なる欲求に向き合い、「唯一無二の能力」に気づく

「この世界には、二つのタイプの人間がいる。必要とする者と欲する者だ。必要とする者は、限られた資源や機会を求めて競い合うが、欲する者は、同じ豊かな心をもった仲間と協力して発展を続ける。」

――ダン・サリヴァン[※1]

1

９７８年８月15日、34歳だったダン・サリヴァンは、離婚と破産の両方をこの同じ日に経験した。

ダンにとって、それは深く考えさせられるどん底の時間だった。極度の苦悩の中で、自分がこれまで人生に１００％責任をもっていなかったことに初めて気づいた。

とりわけ重要だったのは、心の奥底の欲求と向き合っていなかったと気づいたことだ。それまでは、うまくいかない夫婦関係や忙しいだけの日々、利益にならない客など、価値の低い80％を軸に生きていた。ものには限りがあるという考えと、失う恐怖から、それらが必要だと考えていた。

１９７８年が終わるころ、ダンは毎日少しずつでも前進しようと決め、〝自分が何を欲しているか〟を日記に記し始めた。必要ではなく欲求に従い、安心ではなく自由のために、乏しさではなく豊かさを考えて、生きることを目指した。

25年後の２００３年の大みそか、ダンは親しい友人二人と新しい妻バブスと夕食を囲んでいた。ちなみに、バブスは、ダンが日記に〝真に求めている〟と記した人だ。夕食の席で、ダンは友人たちに告げた。

「今日、私は一つの節目を迎えた。あるプロジェクトを完遂したのだ。この25年間、（９１３１日あるうちの）12日間を除いて毎日、自分が何を欲しているか日記に書きとめる訓練を続けてきた。そして、25年を経て、私はいまパワフルな『欲する者』になった」

ダンは、自分の欲求について弁明しなくてもいいと学んでいた。必要性や合理性にとらわれることも、目標に対する周囲の評価を気にすることもなくなっていた。

自分が必要だと思うもの、または周囲が必要だと思って忠言するものを追いかけるのではなく、自分が本当に欲するものだけを受け入れ、ダンは10倍のプロセスを繰り返してきた。企業家に1対1でコーチングする新しい仕事を始めて軌道に乗せ、いまでは何万人をも訓練する世界規模の企業を運営している。

「欲する（やりたい）」と「必要とする（やらねば）」は、まったくの別物だ。

やらねばと思ってビジネスを始める起業家は、10倍を達成できない。本人以外にそのビジネスを利用せねばならない理由はないからだ。そもそも、10倍を無理に目指さなくても、2倍の生活で十分生きていける。むしろ、**10倍の達成は非常に個人的な行為であり、その人の本質的な欲求に基づいて目指すゴールなのだ。**

この章では、乏しさや「競争に基づく必要」ではなく、豊かさと「創造性に基づく欲求」のために生きることについて学ぶ。

「欲しいものを欲する」ことに慣れ、後ろめたく感じない――これは常に磨いていくべきスキルだ――ようになれば、ダンが言う「唯一無二の能力」に気づき、それを発展させられる。「唯一無二の能力」を発揮すると、他人のことは気にならなくなる。周りとまったく競い合わなくなる。何より、本当の意味での自分の姿に気づかされる。「ダビデ（真の自分）」ではないすべてのものを削り落とし、力強い正真正銘の自分を手に入れるのだ。

それでは、始めよう。

「必要とする」世界から離れ、「欲する」世界に生きる

「欲しいものを欲する」ときに大事なのは、その欲求を誰かに正当化する必要はまったくないという点だ。

弁明すべきことは何もない。なぜそれが欲しいのか聞かれても、説明は不要だ。

単純に欲しいから欲しい。

ただそれだけだ。

欲求に純粋に従う生き方は、ほとんどの人にとっては考えたこともないし、理解さえできないだろう。この社会や文化は、学校や職場を通じて、私たちに一とおりの必需品（特にお金）を追い求めるよう教え込む。それらをもつこと自体が目的とされる。必需品は、限りがある希少な資源だとみなされ、たくさんもとうとしてはいけないと言われる。自分が「必要」以上にもっと、誰かのもち分がなくなってしまうからだ。

これについて、ダンが著書『Wanting What You Want（欲しいものを欲する）』でさらに詳しく述べている。

「『必要とする世界』は、ものの乏しさが前提にあるため、必要なものについて人は常に弁明しなければならない。限りあるものを必要とする場合、ほかの誰かより自分がもつべきもっともらしい理由をつくり、自分も周囲も納得させなければならないのだ。『必要とする者』として一生を送る者は際限のない弁明生活を送り、日々考えては話すことに時間を費やす。しかし、そこから一歩踏み出して『欲する世界』へ移ると、弁明は一切いらなくなる。……起業家は、弁明の必要にもはや屈しないという態度を取らなければいけない。それには、いくらかの勇気がいる。強い気もちで『欲する』世界にとどまり、『必要とする』生活に再び陥らないよう気をつけるのだ。誰かに『なぜそれが必要なのか（相手は、欲しい、ではなく必要という言葉を使うものだ）』と聞かれたら、つい以前のように弁明したくなるのをこらえて、次のように答えるべきだ。『まずもって、必要なのではない。欲しいのだ』。そうして、『欲しいから、欲しいだけだ』と。全員はこれを理解しないだろう。必要とする世界では、すべてについて、正当化できる理由がないといけないからだ。乏しさを前提にすると、自分はおそらく常に誰かの希少な資源を奪っている。しかし、欲する世界では、乏しさは存在しない。なぜならそこは、奪うのではなく、生み出す世界だからだ。欲する者は、以前は存在しなかったものを創造する。新しい何かをつくり出すから、奪いようがないのだ[※2]」

欲することについて、ダンはここで2つ指摘している。ほとんどの人はその2つを理解しないために、必要とする世界に生きることを選び、希少な資源を求めて競い合い、弁明している。ダンが言う2つの大事な点は次のとおりだ。

1　欲するとは、豊かさと創造を意味する。 創造力は、限りある資源ではない上に、ほかの誰かから何も奪わない。むしろ、以前は存在しなかった、あるいは誰かが先見の明をもって創造しなかったら存在しなかったはずの新しい資源と機会をもたらす。

2　欲するのに弁明は一切いらない。 何かが欲しいとき、それを他人に弁明する必要はない。こうした態度を取ると、独りよがりな「必要とする人」たちは特にいら立ち、乏しさの理論に基づいて、私たちが罪悪感をもつよう仕向け、しかるべき行動をするよう迫るだろう。10倍を目指し、自分に適した生き方をしたいのなら、乏しさに基づいてあおるこうした人たちを相手にしてはいけない。

この2つについて、順に分析していく。まずは新しい資源の創造だが、限られた資源を横取りすることと、はっきり区別しておくべきだ。

起業家のポール・グレアムは2004年に書いたエッセー「富のつくり方」の中で、暮らしを豊かにする富と、単なる金銭との違いについて説明している。二つは同じものではないが、金銭は富を築く典型的な手段の一つであるために、混同されやすい。

グレアムは次のように述べている。

「富は、人生を豊かにする基礎だ。食料、衣服、家、車、デジタル機器、旅行など、私たちが求めるものだ。金がなくても富をもつことはできる。頼めば何でもしてくれる魔法の機械があれば、命令一つで車をつくったり、夕食をつくったり、洗濯をしたりしてくれるから、金はいらない。また、買うもの自体が存在しない南極大陸の真ん中にいたら、金がいくらあっても意味はない。私たちが求めるものは富であり、金ではない。しかし、人はなぜ金の話ばかりするのか。それは、富と金をはっきり区別できていないからだ。金は富を築く一つの手段だが、実際に人は話すとき、生活を豊かにする富と、手段に過ぎない金を混同する。しかし、二つは同じではない。錬金術師になって豊かになるのでない限り、〝金をつくる〟話ばかりしても、いかに金を稼ぎ富を築くかは結局は理解できないだろう」[※3]

お金自体に、追い求める価値はない。お金しか目に入らない人は、富――貴重な資産、スキル、創造物――を築くのに苦労するだろう。

お金を富とみなすと、グレアムが言う「パイの誤信」に簡単にはまってしまう。つまり、富には限りがあるため一人がもち過ぎると誰かの分が奪われるという考えだ。しかし、富とお金は同じではなく、富は実際には生み出されるものだと気づけば、パイは有限ではないとわかる。

お金は虚像であり、それを追いかけるのは有限のゲームだ。

富は現実で、無限のゲームだ。

富が欠乏することはない。

富は、自由を選び取ったときに得られる副産物で、〝欲しいだけ〟つくり出せる。

グレアムは、さらにこう述べる。

「おんぼろの自動車をもっているとしよう。夏の休暇を何もしないで過ごす代わりに、修理して新品同様にしたとする。それによって富が築かれる。世の中――厳密に言えば、自分――は、真新しくなった中古車1台分豊かになったのだ。しかも、比喩的な意味だけではない。その車を売れば、中古車以上の収入を得られる。中古車を修理したことで、より豊かになったのだ。それによってほかの誰かがより貧しくなるわけでもない。よって、一定量のパイというものは明らかに存在しない。実際このように考えると、一定量のパイがあると言う人がなぜいるのか、不思議になる」

簡単に言えば、富とは〝価値〟だ。

富は、物理的な物資のほか情報や知識、サービスなど、人が欲するものだ。

価値は、〝質を問う、主観的な問題〟だ。お金のような量を問う客観的な問題ではない。もっているお金を10倍に増やさなくても、自分の価値を10倍、つまり富を10倍にすることはできる。そして実に、お金は富のあとからついてくる。

量的なものは、質的なものに付随するのだ。

10倍の世界は、質を問う世界だ。

富または価値をつくり出したときに、10倍は達成される。市場にいま出まわっているものとは質の違う、より優れた（つまり、革新的な）価値を生み出すのだ。

創造する価値が具体的で特殊であればあるほど、より多くの富が生まれる。誰もつくれない、またはつくらないものを創造する。それを欲する人がそれによって変容できるような、驚くほど有用なサービスを提供するのだ。

富と自由はまったく同じだ。どちらも質の問題だ。

この二つは〝価値〟なのだ。

ハイレベルの起業家向けプログラムで、ダンは「４つの自由」または価値について教えている。

1　時間の〝価値と質〟

2　お金の〝価値と質〟

3　人間関係の〝価値と質〟

4　人生全般の目的の〝価値と質〟

時間、お金、人間関係、人生の目的の〝価値と質〟は、いずれも10倍にできる。実は、そこにこそ10倍の意義がある。

10倍は手段であり、最終的な目的は自由だ。

この点について、大半の人が10倍の概念を取り違えている。10倍をお金の観点のみでとらえ、始めと終わりがあり、勝者と敗者がいる有限のゲームだと考えている。

10倍は、自由の価値を上げるという〝質のゲーム〟だ。そこでは、創造したいと自分が心の底から思う富（スキルや知識、製品など）を実際に生み出し、自分の価値を評価し大事にしてくれる人たちと共有する。

10倍を質のゲームとしてとらえると、取引ではなく変容を通じた人間関係にフォーカスするようになる。自身の価値を変容させること、その価値を提供して相手をも変容させることが、自分のすべての活動になる。

自身の価値を上げるとは、特定の人に向け、より専門的で特殊な価値を創造するようになることだ。そうすれば、人はより多くのお金をその価値のために支払おうとするだろう。

再びグレアムの言葉を紹介する。

「富はつくり出せるということを最も理解できそうなのは、ものづくりが得意な人たち、つまり職人だ。その手づくりの品は、商品となる。しかし工業化が進み、職人は減るばかりだ。まだ生き残っている職人の大きな集団に、プログラマーがある。プログラマーはコンピューターの前に座り、〝富を創造〟できる。よくできたソフトは、それだけで価値がある。そこに工場製品が入る余地はない。プログラマーが書くコードは完璧な完成品だ。誰かがウェブブラウザをつくれば、それが最低でない限り、世界はその分豊かになる」

必要でなく欲求に基づいて生きれば、人生は無限のゲームになる。現実とは創造して選び取るものであり、その土台に富や自由、価値があるとわかる。富も自由も価値も、それぞれが質を問う個人的な問題で、人それぞれに違うと気づく。誰とも競い合うことはない。

その代わりに、同じような志の創造者たちと協力するのだ。

必要に基づいて人生を生きると、有限のゲームにはまる。周囲や社会の力に操られて、限りある資源を争う。周りが何をしているかが常に気になり、不安になる。ダビデを覆う殻を破ることなく、自分が本当は何者なのかも知らないままになる。

あなたは果たして必要とする人だろうか、または欲する人だろうか。

有限のゲームにとらわれているか、または自由を求める無限のゲームを生きているか。限りあるお金のために競い合っているか、または富や価値を築いているか。

ダンによれば、必要とする人と欲する人には、４つの明確な違いがあるという。

1 **必要とする人**は、外の世界に動機があるのに対し、**欲する人**は自分の中に動機がある。
2 **必要とする人**は安心を求めて動くのに対し、**欲する人**は自由を求めて動く。
3 **必要とする人**のマインドは乏しさが前提にあるのに対し、**欲する人**のマインドは豊かさが前提にある。
4 **必要とする人**は受動的であるのに対し、**欲する人**は創造的である。

自分が〝最も欲するもの〟にコミットするのが、自由になる唯一の道だ。

必要だ、または強制されていると感じて動くと、自分が本当に選び取ったとは思えず、むしろ押しつけられたように思う。周囲や社会の言いなりになるだけだ。

欲求を人生の基盤に置くと、本質的な生き方ができる。目的——自分の目的——のために生きられる。弁明したり正当化したりして生きる必要はない。他人の意見や期待とは関係なく、単純にそうしたいという理由で、なりたいものになり、したいことをして、手に入れたいものを手に入れる。〝求める価値を創造することで、求める人生を創造する〟のだ。

ここで、欲求についてダンが指摘する2つ目のポイントを考えよう。〝誰に対しても説明したり弁明したりしなくてもよい〟という点だ。

やりたいから、やる。

それで十分なのだ。

欲求は、本質的なものだ。周囲（必要とする人たち）は理由を言わせようとするかもしれないが、応じる必要はない。

改めて言うが、私たちは必要としていない……ただ欲しているのだ。ほかの誰かから何かを奪うわけではない。なぜなら、私たちは〝自由と富を創造している〟からで、それは実際、世の中を悪くではなく、良くしているはずだ。

必要とする世界では、常に説明や弁明が求められる。ただやりたいからやる、ということができない。新しい家を建てたい、6週間の長期休暇を取りたい、ある夢を追いたいと思っていても、必要に基づく世界ではこれらに理由をつけるのは難しく、おそらく実行できない。

必要とする考えをもつと、周囲に操られやすくなる。周囲は、「こうあるべきだ」「こうすべきだ」と思うとおりに人が動かないと、本人が罪悪感を感じるよう仕向けるのだ。

ある社会的論争となった例が、この点を見事に映し出している。

起業家で作家のティム・フェリスが最近のインタビューで、暗号資産交換業大手コインベースの共同創業者でCEOのブライアン・アームストロングに、詮索や批判にどう対処すべきかについて聞いている。具体的には、「コインベースのすべての意思決定や行動はあくまで企業ミッションに基づき、社会的、政治的な問題に必要以上に関わらない」という立場に賛同できない社員に対し、ブライアンが解雇手当を出す決定をしたことについて聞いた。[※4・5]

ブライアンはこれに対し、2020年のコロナ禍初期、さまざまなニュースの中でも特に社会を大きく揺さぶった、黒人男性ジョージ・フロイド氏が白人警官に暴行されて死亡した事件とそれに続く「ブラック・ライブズ・マター（BLM、黒人の命も大事だ）」運動について話した。全国的に分断の危機が高まり、ブライアンの職場でもつながりや結束力が弱まった。

従業員のあいだに溝が広がるにつれ、政治的で張り詰めた空気が職場に漂うようになった。隔週の社内集会でも、従業員たちから政治的、社会的な質問が出されるようになり、経営陣は、警察による暴行という、企業ミッションの範囲外の問題についても会社として立場を表明するよう迫られた。同じように影響力のある企業の多くが問題に対して明確な立場を取る中で、ブライアンも応じなければならないと感じた。

経営陣のみの会議でブライアンは、企業価値を高める賭けに出ると決めた。コインベースのミッションは必ずしも政治的ではないが、テック業界の動きに歩調を合わせ、ＢＬＭ運動を支持する立場を公に表明する必要があると考えたのだ。

しかし、ブライアンはその後、ＢＬＭ運動について学ぶうちに、この運動が人種間の平等にとどまらない別の問題も訴えていることを知った。その中には、警察予算の削減といった、コインベースとしては支持できないと感じるものもあった。

そのときブライアンは、自分の誤りに気づいた。社会のうねりにすっかり飲み込まれ、暗号通貨を通じて世界経済の自由を拡大するというコインベースのミッションをないがしろにしてしまった。それは、恐れや乏しさ、「必要とする」考えから動いた結果の失敗だった。自分と会社双方のエネルギー、考え方について、フォーカスを設定し直さなければならないと思った。

初めに声明を出してから数カ月後、ブライアンは新しい声明を出し、社員たちだけでなく社会に向けて、コインベースは〝企業ミッションに基づいて行動する〟と発表した。経営コンサルタントのスティーブン・コヴィーの言葉を引用すると、「肝心なのは、肝心なことを肝心なものとしてもち続けることだ」[※6]。

ティム・フェリスのインタビューに対し、ブライアンは自分の決断を社内にどのように説明したのか、話している。

「これが我々がこれから進む方向です、受け入れられないなら、それはそれでよくわかります、最初にはっきりさせなかったのは私の誤りです、良い条件の退職手当を用意しました、と伝えました。社員の5%が去りました。数カ月はたくさんのドラマがあり、数人の記者が我々をネタに記事を書くなど、いろいろありました。けれども、そのあとは良くなっていきました。今回のことは、自分が会社のために取った最善の行動に挙げられると思います。というのも、我々はいま一致団結して、以前より速いスピードで前進し、新しい社員も何のためにこの会社にいるのかをしっかりわかっています。この決断は、私にとって指導力を発揮できた非常に重要な瞬間でした。踏み出すのはとても怖かった。物議を醸したくなかったし、この決断を嫌う人たちもいるとわかっていましたから」

ブライアン・アームストロングは、勇気ある行動を取った。〝周りがこうするべきだと考えること〟ではなく、〝自分が欲すること〟を実行した。

欲求に基づいて生きるのは、勇気がいる。

欲求に基づいて生きるとは、周囲が求めるようにではなく、自分が求めるように生きることだ。

欲求に従って欲するのは、本質的な動機による。行為自体が目的であり、誰かに説明するためにするのではない。ブライアンはただ、暗号資産を通じて経済に自由をもたらす会社でありたいと欲しただけだ。その欲求を正当化する必要はなかったし、隠れた動機や理由を抱えているわけでもなかった。

欲するものを欲するには、自分にとことん誠実でなければいけない。周りから批判されても、自分が何者でありどういう人間なのか、責任をもって立場を取らなければならない。

ティム・フェリスは、ブライアンの話を聞いて、「良いリーダーシップの顕著な特徴」は、「嫌われる決断」ができることだと話した。

自分にとって80％だと思うものを切り離すのは、世の中の大多数、特に間違いなく「必要とする人」たちには歓迎されない。そのような人たちは、自由と富のある無限のゲームを理解していない。

前にも述べたように、人が10倍を望みながら目指さない主な理由は、周囲を不快にするのを最終的に恐れるからだ。世の中の常識や、必要以上に欲しがってはいけないという意見を最終的に受け入れてしまう。10倍ではなく2倍に落ち着き、欲求不満や抑圧された感情を抱える。さらには、自分が本当はどんな人間、つまり変容を繰り返した10倍バージョンの自分、「ダビデ（真の姿）」になれたかも知らないままになる。

人生の80％を維持すべきだという外からの圧力は大きい。80％は自由ではなく、安全の象徴だからだ。しかし最大の圧力は自分の内面にある。

自由とは、結局は内面の問題だ。

80％を手放し、本当にやりたいことに全力投球する勇気を自分はもっているか。

自由でいるとは、必要と思うものすべてを手放し、絶対に欲しいものだけを選ぶということだ。

欲求の土台には、自由がある。

必要の土台には、安心、恐れ、周りの評価に対する心配がある。

必要と思うもののために必死な人は、欲するものを手に入れられない。手段を追い求めてばかりいて、人生の目的を直接選び取って生きようとしない。

自由には、二つの種類がある。

1　対象からの自由　自分の外の世界（世の中）において、望まないものから逃れる。回避したいという動機に基づく。

2　対象に向かう自由　自分の内側の世界で、望むものを選び取り、コミットする。接近したいという動機に基づく。[※7・8]

外の世界にある自由をすべて手に入れても、自分の中では自由でない場合がある。一方、世の中の自由をすべて奪われても、〝自由である〟こともできる。精神科医のヴィクトール・フランクル（訳註：精神科医、心理学者。ナチスの強制収容所から生還した）は『夜と霧』の中でこう述べている。「刺激と反応のあいだには、余地がある。その余地において、私たちは自分の反応を選択する力をもっている。その反応の中に、成長と自由がある」[※9]

自分が置かれているそのときの環境が有限のゲームであったとしても、自由とは最終的には内的な選択であり決断である。

自由と欲求は、環境を超越する。環境より高い次元で作用し、その場のルールに縛られない。むしろ、より高い水準において、環境とゲーム（つまり現実）を変容させるのだ。

自由であるかどうかは、自分自身がよくわかっている。必要と思うものを受け入れるのではなく、欲するものを選び、そのために行動するとき、自分は自由だ。

コミットするまでは何も起こらない。コミットして初めて自由の感覚がわかる。よく知

られた言葉がある。「欲しいものはすべて、恐怖の向こう側にある」[※10]

多くの人が〝自分が何を求めているのかわからない〟という問題もある。必要と思うものを正当化するのに精いっぱいで、自身にも周囲にも正直になれない。恐れの中でまだ生きているのだ。

10倍を目指すには、言い訳をせずに、何が欲しいかをはっきり言えるようになることが極めて大事だ。10倍の基盤は、必要ではなく欲求にある。実際、誰も10倍を目指す必要はない。

イーロン・マスクは、火星へ行く必要はない。〝行きたい〟のだ。

マーティン・ルーサー・キング牧師は、人種差別撤廃と自由を求めて運動しなければいけなかったのではなく、〝運動したかった〟のだ。

人は新車が必要なのではなく、欲しい、または欲しくないだけだ。どちらでもよい。

欲求は、自由と豊かさに基づく。

欲求の根本には、自分と世界に対する誠実さがある。周囲を気にして立場やポーズを取らなくても、もういいのだ。欲するままに、ありのままの自分で人生を生きればいい。

アルコール依存症者の自助グループ「アルコホーリクス・アノニマス」を創設したビル・ウィルソンはこう言っている。「どんな進歩も、真実を話すことから始まる」。

自分にうそをつき続けていては、自由にはなれない。

必要と弁明の世界で生きるのは牢獄にいるのと同じだ。恐れや安心または義務感から維持する人間関係や状況に自分を閉じ込めている。**自由になるには、自分に対して完全に誠実になる。それにはまず、何を最も欲しているかを自らが認めることだ。**


欲していると思うものではない。

必要としているものでもない。

真に――心の底から――欲しているものだ。

欲するものを認め、向き合うと決断できて、初めて自由になれる。

自由と欲求に基づいて生きると、人生は質的かつ非線形的な変容を始める。人がつくったゴールや規則で固められた有限のゲームをしなくなる。

ほかのどんな人になろうとも思わなくなる。

まずは、〝唯一無二の自分〟を心から受け入れることだ。実際、私たちは一人ひとりが本当に唯一無二の存在なのだ。ほかの誰もが、自分のようではないし、自分のようになれるわけでもなく、真になりたいとも思っていない。自分ができる最善のことは、誰とも違う自分を受け入れ大事にする。そして、自分だけのやり方で世の中に貢献することで、唯一無二の自分を最も高い次元で純粋に表現できればいい。

10倍を繰り返し実行しながら自分だけの技術を磨き、安心より自由を選び、恐ろしくも刺激のある20％に全力を尽くす。80％を脱ぎ捨て、誰とも違う唯一無二の「ダビデ」となるのだ。

結局は、欲しいものを欲するという問題だ。

あなたが、何よりも真に欲するものは何だろうか。

何になる、または何をやる、あるいは何を手にするとき、最も胸が躍るか。

周囲の思惑や批判が怖くなければ、何になりたい、または何をしたいか。

自分と世の中にもっと誠実に、正直になれたら、どんな気もちだろうか。

ダンが言う4つの自由のうち、最高位にあるのが、〝目的における自由〟――最大の欲求を実行すること、つまり自らを最も純粋に表現するものを実行すること――で、自分の存在意義に関わる。

人間として進化し続ける中で、将来に対するビジョンや存在意義、人生の目的は信じられないほど大きく膨らんでゆくだろう。もてる力を、自分だけができる方法で社会のために使いたいとますます思うようになるだろう。

自分の「唯一無二の能力」を明確に把握する

「『唯一無二の能力』を発揮するには、個人として何をすることが好きで何が嫌いかを明確にし、それについて他者の意見は気にしないと決める必要がある。楽しめて力がわくような状況や活動、そうではない状況や活動に常に意識的であることが、『唯一無二の能力』の土台になる。そこから、人は自由になり始める。経験してきたことに対する自分の評価は100％正しいと心得ているのだ。……『唯一無二の能力』は本当に素晴らしい。そしてぜひ言っておきたいのだが、この力は、さまざまな活動ではなく、限られた活動において発揮するものだ。『私は10の分野で唯一無二の能力をもっている』と話す人は多いが、そのような人に私は、『これから90日間はそれでよいだろうが、それを過ぎれば、そのうち7つは実はほかの人もできて、本当に自分の能力だと言えるのはたった2つか3つだと気づくだろう』と言う。私自身、この仕事に取り組んで25年から30年になるが、それで私が目的を果たしたと思う人がいるのは興味深いことだ。私としては、いつも新しいことをしているからだろうが、『唯一無二の能力』だと思っていたものも、より大きな挑戦をして大きな結果を生む経験を重ねるたびに、微調整をしてまだ伸ばす余地があるとわかる。」

——ダン・サリヴァン※11

2014年5月、ナイキは、米国のスケートボーダー、ポール・ロドリゲス（P-ROD）のシグネチャーシューズ第8弾となる「P-ROD8」を発売した。

発売の際、ナイキはロドリゲスに、独自のシグネチャーシューズを8つも出したアスリートは、これまでにロドリゲスを含む4人だけだと伝えた。ほかの3人は、コービー・ブライアント、マイケル・ジョーダン、レブロン・ジェームズという堂々たる面々だ。

ナイキからシグネチャーシューズを出すというのは、滅多にない偉業である。同社の40年以上の歴史の中で、この名誉にあずかった専属アスリートは1%もいない。しかも、自分の名前やニックネームが商品名についたナイキシューズを出すのは、さらに珍しい。アメリカンフットボールのレジェンド、ボー・ジャクソンのナイキシグネチャーシューズの商品名は「エアトレーナーSC」で、「ボー」とは呼ばれない。

翻って2005年、ナイキはスケートボードとサブカルチャーの市場開拓に向け2回目の挑戦をしかけようとしていた。当時21歳のP-RODは世界トップ級のスケートボーダーで、ナイキは破格の条件で契約をもちかけた。P-RODにとっては信じられないような話だったが、以前から夢見ていた名前入りのシグネチャーシューズについては、条件に含まれていなかった。

２０２２年のインタビュー動画「20 and Forever（20年、そして永遠に）」で、20年のスケートボーダーとしてのキャリアをふり返りながら、Ｐ－ＲＯＤはこう述べている。
「スケートボードを始めたときからの夢が、自分のシグネチャーモデルの板とシューズを出すことだった。俺にとっては、それでプロスケーターとしての夢がかなうという意味があった。だからシューズを出せないんだったら、夢はかなわない。当時、ナイキと交渉したマネジャーが、『向こうの条件はこうだった。こういう契約内容だった』と伝えてきた。俺は『いい話だ。でも、プロモデルのシューズの話は？　シグネチャーシューズについては？』と聞いた。マネジャーは『それについては話がなかった』と言って、もう一回ナイキのところへ行き、それから電話をかけてきた。『シグネチャーシューズを出す予定はないらしい』。俺はこう言った。『それは結構！　俺は今のままで十分満足だ』。こちらとしては（当時のシューズのスポンサーだったéSを）離れるつもりはなかった。あのころの俺は、若くて頑固で、信念を曲げるのを断固として拒否した[※12]」

このやり取りがどれくらい重大な意味をもっていたか、Ｐ－ＲＯＤはあとから考えると、ときに冷や汗が出る。２０２２年、ナイキから10番目となるシグネチャーシューズを世に送り出した。２００５年以来、Ｐ－ＲＯＤのシューズは、すべてのスケートボードシューズの中で最もよく売れたミリオンセラーとなった。

「あのときのことを思うと、よくここまで来たな、という気もちになる。俺の態度に、もし向こうが『わかった。じゃあ、契約の話はなしだ』と言っていたら？　一体どうなったか。ナイキが交渉のテーブルにもう一回ついて、俺を信じてくれたことに感謝しかないよ。そこから俺たちはスタートして、のちに10作のシグネチャーシューズが生まれたというわけだ」

P－RODはこれまでに活躍してきたスケートボーダーの中でも屈指の存在だ。唯一無二の技術を誇り、繊細でパワフルなスタイルを身上とする。世の中の何十万人ものスケートボーダーに向けて「スケートボード」がもつ意味を刷新し、変容させた。

スケーターとして非常に長いキャリアをもつP－RODこそ、10倍を実現してきた人間だ。一つの場所に決して安住したりとらわれたりせず、自分や、自分のフォーカス、技を常に進化させ、変革してきた。

スケートボードを始めて数年後の14歳で、P－RODはスポンサー獲得のための宣伝ビデオを初めてつくり、地元ロサンゼルスの専門店「One Eighteen」の店長アンディ・ネトキンに送っている。ネトキンは動画を見た瞬間に、未来のスーパースターを予感した。※13

16歳になったP－RODは、スケートボード会社「City Stars」とアマチュア契約をして、2年後に待望のスケートビデオ「Street Cinema」で世に出ることになる。[※14] しかも、通例ではチームの重鎮のスケーターが務める映像のトリをP－RODが飾った。[※15]

19歳には、権威あるTransworld社の2002年の映像「In Bloom」に出演。出演部分の冒頭では、スケートボードのレジェンド、エリック・コストンがコメントを寄せている。

「失敗するなんてあり得ないってくらいに、ヤツのやることはすべてが自然なんだ。ベルトコンベヤーみたいに、トリックを次々と繰り出してくる。それくらい簡単にやってのけるんだ。相当いいものをヤツはもっている。それは確実だ。見事にやるからね。自分のものにするのが速いんだ。何をやろうと、初めからそのために存在していたってくらいに見える。あの炎には用心だ。とにかく気をつけろ[※16]」

P－RODが常に進化し成功を収め続ける重要な要因は、「唯一無二の能力」をもって活動しているという点だ。

「唯一無二の能力」は、自分を最も純粋かつ正直に表現する。自分の中心にあるもの、つまり「ダビデ」であり、どんな10倍飛躍においても「20％」の価値をもっている。

「唯一無二の能力」は、それによっていかに価値と富を創造するかを示す〝その人だけの能力〟だ。徹底的にその人だけの手法であり、ほかの誰かが真似ようと思ってもできない。また、本人の独自のビジョンと目的――「なぜ」それをやるのか――も指し示す。

数えきれないほどの起業家を50年近くコーチングしてきたダン・サリヴァンは、「唯一無二の能力」、つまり自分と真剣に向かい合う起業家たちが最大級の10倍跳躍をするのを見てきた。

理由は簡単だ。「唯一無二の能力」は、人それぞれに違う。〝その人だけ〟が創造できる独自性の非常に高い価値だ。何をするかではなく、いかにするかという話だ。P–RODは、単に非常に高いスキルでスケートするのではなく、独自性の非常に高いスケートをする。〝独自性〟は、熟練《マスタリー》の核心だ。

「唯一無二の能力」にこそ、ほかより秀でたスキルが宿る。それを発揮するときは、心の底から意欲がわいて、力も出るし、真剣に取り組む。成長の可能性も無限に感じる。

ダンの「ストラテジック・コーチ」プログラムに初めて参加する起業家のほとんどは、自分の時間の20%よりはるかに短い時間しか、「唯一無二の能力」のために使っていないことを知る。むしろ、自分の時間やエネルギー、フォーカスを、あらゆるところに脈絡なくつぎ込んでいる。それでも良い結果を出しているかもしれないが、80%にとらわれていて、「唯一無二の能力」は発揮していない。

「唯一無二の能力」と真剣に向かい合い、それを伸ばすことに大半の時間をふり向けたら、10倍の非線形的な飛躍が実現する。

ここで、「唯一無二の能力」は生まれつき備わっているのか、それとも育むべきなのか、という疑問が読者の中には当然わくだろう。回答は、あまり満足してもらえないだろうが、〝どちらでもある〟だ。

私たちは皆それぞれ「唯一無二の能力」――自分と自分の目的を最も純粋に表現するもの――をもっている。しかし、全員がそれにコミットして、伸ばせているわけではない。「唯一無二の能力」は、人それぞれの内面に関わる。よって、自分が何を欲しているかについて正直でなければならない。

欲するものと「唯一無二の能力」はつながっている。自分がかけがえのない人間であることを理解し、その唯一無二性を大事にする。それは、ほかの皆の唯一無二性を尊重することでもある。

「唯一無二の能力」――自分が欲する、最も楽しいと思えるもの――にコミットするのは、大変な決断と勇気を必要とする。何をしようと、他人の評価を気にしてはならない。

自分に完全に賭ける気概をもたなくてはいけない。

「唯一無二の能力」は〝自然に〟備わっているかもしれないが、そこに誤解が生じる。その力にコミットするのは、非常につらい作業なのだ。

それは純粋に、コミットメントと勇気の問題である。

いつまでも続けていく作業だ。

自分だけの価値をどう築くかという作業であり、見る目のある人はいつかその価値に気づき、自分がいま想像する以上に評価してくれるだろう。

「唯一無二の能力」――10倍飛躍で集中すべき20％――にコミットすればするほど、自分も人生も変容する。

そのためには、他人の意見に惑わされない。

本源的にしたいと欲するものから逃げない。

だからこそ、「唯一無二の能力」を発揮する人は、仕事を〝簡単に〟感じる。その人のために仕事が「簡単にできている」のではない。最もしたいことに全力を尽くしているから、そして全力で尽くすために激的に成長し、変容しているから簡単なのだ。

その人は、ほかの人より10倍速く学ぶ。

10倍速く進歩する。

進歩、スキル、そして結果の面で異次元の飛躍をするのだ。

「唯一無二の能力」を発揮すると、仕事は遊びになる。興味と関心に従い、新しい可能性や将来性も進んで受け入れるようになる。

いまのスキルのレベルを超えて成長し、フローの状態に入って高いパフォーマンスをあげられる。基準をさらに引き上げ、より特異な存在になっていく。そこに競争はない。創造的で革新的な自分だけの世界に立つのだ。

常に自分の限界を押し上げるのは厳しくつらい作業だが、同時にそれは途方もなく〝解放的〟でもある。自由でないのは、自由であるよりずっとつらい。「唯一無二の能力」と向き合うのは怖くてつらいが、〝そうしないよりはずっと楽〟だ。そして、できるから、もしくはすべきだと思うから単に何かをやるより、10倍の自由と富、利益をもたらしてくれる。「唯一無二の能力」を行使する人は、常に未経験の領域で挑戦する。どこまで行けるか常に試している。フローに入り、いまの能力と自信があるレベルを超えて、果敢に階段を上る。

最も胸躍る未来を思い描き、そのためにいまコミットすべきものに全力を尽くす。すでに成し遂げたことに満足したり甘んじたりしない。2倍にとどまらない。

ロバート・グリーンは著書『マスタリー仕事と人生を成功に導く不思議な力』で、こう述べている。

「究極の技によって歴史に名を残す人たち……彼らはものごとを成す過程において、ほかより努力し、すばやく動く能力に秀でている。それはすべて、学びたいという強烈な欲求と、研究分野とのあいだに感じる深い結びつきに根ざしている。そして、そのすさまじい熱意の芯にあるのが、実は遺伝子的に生まれもった素質なのだ。それは伸ばす必要のある天分や優れた才能ではなく、むしろ、特定のテーマに関心が向くという、深くて強い性向だ。この性向には、各人の独自性が反映される。独自性とは、単なる詩的または哲学的なものではなく、私たちそれぞれが遺伝子的に唯一無二であるという科学的な事実だ。一人ひとりを定める遺伝子的構成は、過去にも存在せず、将来も決して現れないだろう……人生の後半に熟練《マスタリー》の域に達して輝く人たちは、その性向をより深くはっきりと知る。内なる天啓のように、自分の性向を思い知る。性向は、その人の思考や夢を支配する傾向がある。そして人は、自分の性向が生かされるキャリアパスを、偶然か大変な努力によって見つける。研究との非常に濃い結びつきと欲求のおかげで、その人は過程における痛み――自信喪失、練習と学習の繰り返しに費やされる長い時間、必ずある挫折、痛烈な嫉妬の言葉――を耐え忍ぶことができる※17」

10倍飛躍のたびに集中すべき20%が変わるように、「唯一無二の能力」の表現も焦点も、10倍の飛躍ごとに変わる。過去に「唯一無二の能力」だったものが、いまも「唯一無二の能力」であるとは限らない。

「唯一無二の能力」は、胸躍る将来に向けて常に進化する。

自分が何者か、そして何を目指しているのかという問題、つまり「ダビデ（真の姿）」の核心を常に指し示す。

自分の殻を破る営みに終わりはない。

10倍飛躍をするごとに、自分は非線形的な変容を遂げるのだ。

10倍飛躍のたびに、人生は思わぬ方向へ向かうだろう。たとえばミケランジェロは、人間の肉体のデッサンに始まり、5メートルものダビデ像の彫刻、システィーナ礼拝堂の天井画の制作、そしてサン・ピエトロ大聖堂の大ドームの建築まで、あらゆる仕事を手がけた。

どの10倍飛躍も決して線形的ではないが、ミケランジェロにとってはどれも刺激的で本質的だった。10倍飛躍のたびに、ミケランジェロは前の飛躍で築いた土台を刷新しなければいけなかった。土台はどれも同じ方向に連なっているわけではなく、「あとから点と点を結んで」初めて意味を成した。

P–R O Dも「20 and Forever」の動画でこう話している。

「若いころ、おやじが俺に言った言葉がある。『いまのお前をつくったものは、いまの場所にお前を引き止める』。成功したというだけで気を抜くな、進み続けろ、ということをおやじは言いたかったんだ[※18]」

人生の目的は、「唯一無二の能力」において〝技を極め〟、それを〝精いっぱい表現する〟ことだ。自身を捧げるのに「唯一無二の能力」より大事なものもない。それは〝自分だけの仕事〟だ。人生をかけて成し遂げる仕事だ。自分がそれをしなければ、誰もしない。
「唯一無二の能力」と人生の目的に自身を捧げることが、何よりも大事だと改めて教えてくれる、短いが奥が深く、どこかおかしみも感じさせる話がある。「フロー」の概念を初めて提唱したミハイ・チクセントミハイ博士が、その独創的な研究の最中に、マネジメントの大家ピーター・ドラッカーに創造性に関するインタビューをメールで申し込んだ。これに対するドラッカーの返事があまりに衝撃的だったために、チクセントミハイが自著で紹介している。

「2月14日にご丁寧なお手紙をいただいて、非常にありがたく、光栄に思っております。あなたと、あなたの仕事に長年敬服してきましたし、そこから多くを学ばせていただきました。しかし、親愛なるチクセントミハイ博士、私はあなたをがっかりさせる返答しかできません。あなたのご質問にはどう考えても答えられないのです。私を創造的だとおっしゃられますが、私にはその意味がわかりません……私はただこつこつとやっているだけです……私の申し上げることが無遠慮だったり無礼だったり聞こえなければよいのですが、生産性（それを私は信用し、創造性は信用しません）の秘訣の一つは、とても大きなゴミ箱を用意して、あなたからいただいたようなお誘いの類をすべて処分することです。私の経験では、生産性とは、他人の仕事の手伝いを決してせず、神が私に適するよう選んでくださった仕事で良い成果を出すよう、すべての時間をそれに捧げることで成り立っているのです[※19]」

「唯一無二の能力」を探究し、磨きをかけるほど、他人の仕事ではなく、自分の仕事により注力することになる。誰の目にも明白で影響力のある〝唯一無二の熟練《マスタリー》の域〟に達したとき、その仕事は〝使命〟のように感じられる。「唯一無二の能力」は、自分の「マスタリー」――自分だけが適しているもの――をはっきりと指し示すのだ。

仕事に〝使命感〟をもっている――〝目的意識〟があり、〝そのために自分は存在すると思っている〟――人は概して、仕事を単なる〝勤め口〟や〝キャリア〟とみなす人と比べ、より大きな幸せを主観的に感じ、仕事でもより大きな成功を収めるという調査がある[※20]。仕事を「使命」と見るのは、何らかの宗教的な信仰体系と必ずしも結びついていなくてよいが、そうであってもいい。

使命感のある人は、仕事における成熟度、仕事へのコミットメント、仕事や人生に見出す意義、仕事や人生に対する満足度のレベルが一貫して高いとの調査もある。この傾向は、人が実際に天職に就いたときに最も強くなるという[※21]。

ほかの調査では、使命感のある人は、仕事に関する助言、中でもより安全な道や王道の提案をメンターやアドバイザーから受けても、参考にしない傾向がある。[※22] アドバイスに耳を貸さないとか受け入れないという意味ではなく、最後の段階で結局は自分の内なる声を信じ、自ら決断するということだ。

最終的には、ほかの誰かが決断することはできない。

誰も自分の代わりは務められない。

誰も自分と同じビジョンや生き方をもっていない。

誰も自分の「唯一無二の能力」をもっていない。

だから、他人のアドバイスはしょせん、ある程度しか通用しないのだ。

私自身、この原稿の執筆中にこの現実を思い知らされた。人生や仕事のあらゆる領域で私は10倍を目指したいという思いに駆られていた。しかしそのためには、いくつかの難しいやっかいな話し合いが必要で、それは非常に危険性が高く、重大な結果を招く恐れがあった。信頼できるメンターやアドバイザーの多くが、話し合いをわざわざもたなくとも、安全運転をしていればよいと言った。

心の中で〝欲している〟ことをもし実行したら、将来にわたって大きな機会を失うだろうと、たくさんの人に言われた。しかし最後は、私は自分の声に耳を傾け、さまざまな人間関係や環境について、重要な修正をした。その結果、人間関係を壊すよりむしろ、私の誠実な態度によって、すべてに関してそれまでより強い信頼関係やコミットメント、自由を得ることができた。

〝自分を信じて、自分だけの道を前進する〟ことは、ロバート・グリーンが『マスタリー』の中で「Xファクター」と呼ぶものだ。

「熟練《マスタリー》とは、天才か有能な者が成すものではない。特定の知識領域に、時間と強烈な集中力を注ぐことで成し遂げられるものだ。ただし、マスタリーには欠かせないもう一つの要素、Xファクターがある。それは神秘的に見えるが、私たちの誰もが得ることができる。どんな分野でも、一般に認められた、頂点へ通じる道がある……しかし、熟練《マスター》の人は、内面の強力な誘導装置と高いレベルの自己認識（訳註：自分の人格や個性に対する深い理解）を備えている。よって、そのキャリアパスの中で、人生の重要な場面において選択をする。つまり、自分だけの道をつくろうとするのだ。ほかの人には奇異に見えても、自らの精神とリズムに最も適合し、研究分野の隠れている真実を見つけ出すのに近づく道である。この重要な選択をするのに必要な自信と自己認識こそが、マスタリーに達するために必要なXファクターだ」

マスタリーとは、何かをただ上手に行う能力ではない。〝その人だけの手法で上手に行う能力〟だ。そこに独自性や革新性、自由な自己表現がなければ、本当のマスタリーではない。マスタリーと独自性は不可分なのだ。

よって、マスタリーの最高域に達するには、「唯一無二の能力」と真剣に向かい合い、それを存分に伸ばし、表現するのだ。「唯一無二の能力」を伸ばすには、次の方法がある。

1　最も欲するものについて、自分や周囲に対し、これまでにも増して正直になる。欲求について弁明はしない。誰もあなたにはなれない。誰もあなたが欲しいものを求めていない。あなたの「唯一無二の能力」やビジョン、心からの欲求は誰のものでもない。

2　自分が何になり、何をして何を得られるかについて、ビジョンや思考を指数関数的に膨らませる。「唯一無二の能力」――胸が躍り、力がわいて、無限の可能性を感じるもの――を常に磨き、その能力を使って10倍ビジョンの実現を目指す。自分がどんな人間で、ほかの誰とも違う何をもっているかを、より明確にする。

3　理想の将来像と活動を思い描く。非常に具体的に描くことが大事だ。どんな状況で、どんな任務を果たしているか。どんな大義があるか。未来の自分はどんな「唯一無二の能力」をもち、最大の関心ごとの発展に活用しているか。いまは不可解で非現実的にも見えても、どんな独自の基準を将来の自分は設定し、標準にしているか。

4　自分にとっての20%を明確にする。その20%で熟達すれば、自由や時間、お金、人間関係、目的意識において自分が望む10倍飛躍ができる。

5　自分にとっての80%を手放す。そうして、自分の好奇心や関心を追求できるようにする。

10倍を経て自分と人生を変容させるたびに、「唯一無二の能力」をより明確に把握できるようになる。

たとえば、「私の『唯一無二の能力』は、学び、理解し、複雑な考えをシンプルかつ説得力があり、有用なかたちでまとめられる力である」と述べるとする。しかし、自分の「唯一無二の能力」は、非常に限られた相手に細かく配慮した価値を提供できるところにあると考えると、もっと具体的になれる。たとえば、次のようになる。「私の『唯一無二の能力』は、非常に複雑な考えを明確にして概念化し、それを説得力があり、ストーリー性に富み、かつ科学に基づいた書籍にまとめられる力である」

「唯一無二の能力」を語るにあたり、注意点が一つある。この能力は、どんな具体的な活動にもはまらない、はるかに大きなものだ。率直に言えば、最も良い状態の自分がものごとに取り組むときの独自の手法である。どんな活動とも結びつかないが、必要な場合に戦略上、よく配慮した上で、あえて結びつけて語ることはできる。

「唯一無二の能力」を「書く」など特定のスキルに基づいて語るのは危険だ。10倍飛躍によって「唯一無二の能力」は大きく進化することが多いので、あるスキルの中に閉じ込めるべきではない。

意思決定の専門家アニー・デュークが著書『Quit（やめどき）』でこう述べている。「いまの仕事に自分のアイデンティティーを置くと、その仕事を捨てるのが難しくなる。自分が自分であることを放棄するのと同じだからだ[※23]」

「唯一無二の能力」は、どんな有限のゲームをも超える、より高次元で無限のゲーム——特定の状況や活動を超越した場所——においてとらえるのが最善だろう。それは自分の本質であり、どんな活動においても最終的には自分を表現する。このような解釈で、私が自分の「唯一無二の能力」について述べるとすれば、こうなる。「真実とつながり、それを取り入れて自分のものにして、自らを変容させた上で、その真実をほかの人に伝え、相手を変容させる力である」

「唯一無二の能力」は、その人の核心であり、非常に個人的なものだ。よって、この能力とつながり、それを進化させ、利用することは、非常に強いコミットメントと勇気がいる。自分を徹底的にさらけ出しているように感じなければ、それは「唯一無二の能力」ではない。

急速に自分を変容させていないのなら、「唯一無二の能力」ではない。遊んでいるように、創造を自由に広げているように感じないのなら、「唯一無二の能力」ではない。

深く没入できないのなら、「唯一無二の能力」ではない。

独特の技を用いて何かを生み出し、ルールを破り、「現実」の境界線を変えていないのなら、「唯一無二の能力」とは言えない。

何よりも最も恐ろしく、最も胸躍るのは、何も隠さず、何の言い訳もせずに、一番真実に近い自分でいることだ。そうして、人は「唯一無二の能力」においてマスタリーに達する。

さて、あなたの場合はどうだろうか。

- あなたの「唯一無二の能力」とは？
- ほかの人にあなただけがもたらせる価値とは？
- 「唯一無二の能力」を用いて全力で取り組まないと実現できない、あなたにとって胸躍る10倍飛躍とは？
- 「唯一無二の能力」を発揮しないために非生産的で、あなたの人生を忙しくさせるだけの80％とは？

全員が「買い手」となる、変容の人間関係を築く

「私が知る中で最も分別よくふるまう人間は、仕立て屋だ。会うたびに私の寸法を測り直す。あとの連中は、古い寸法を変えずに、私をそこにあてはめて見ようとする。」

――ジョージ・バーナード・ショー

ナイキからスポンサー契約の話を最初に受けたとき、P－RODは自分が何を欲しているのかをよく把握していた。シグネチャーシューズをつくることを、契約に含めたかった。ナイキから破格の条件を提示され、人生を変えるほどのチャンスだったにもかかわらず、シグネチャーシューズが契約に入らないのなら、P－RODは交渉の場から立ち去るのでも、十分満足だった。

P－RODは、自分が求めるものを知っていた。

何が何でもナイキのスポンサーが欲しいわけではなかった。

必要ではなく、欲求に基づいて行動していた。

誰かの考えや提案とは関係なく、〝自らが選んだ基準〟をはっきりと認識していた。スケートボーダー、そしてアーティストとして、その「唯一無二の能力」は価値を高めていたので、Ｐ−ＲＯＤは自信をもって、自らの人生の采配をふるった。そのような自信があったのだ。交渉に自分が何をもち出しているのか、わかっていた。自分ができることを知っていた。誰とも競い合う必要はなかった。

Ｐ−ＲＯＤはすでに何回も10倍を経験していた。

自身と自分の人生を繰り返し変容させていた――そうやって「唯一無二の能力」がより深みを増し、疑う余地もなくなり、刺激的になるのを自覚していた。

Ｐ−ＲＯＤは、自分のゲームを生きていた。

無限のゲームを生きていた。

自由だった。

Ｐ−ＲＯＤは、10倍プロセスを絶え間なく続けて「唯一無二の能力」を進化させ、大きな自由を手に入れた。その結果、自分にとって役に立つものと立たないものを「選り好み」することができた。自分の「唯一無二の能力」の価値を理解し、欲求に基づき行動していたから、提携や人間関係に執着しなかった。

話はここから、ダン・サリヴァンが最高レベルに達した起業家だけに教える戦略的なマインドセットへと進む。ここで扱う概念は、**「常に買い手であれ」**とダンが唱えるものだ。[※24]

ダンが「買い手」と「売り手」と呼ぶ二つの立場には、根本的かつ重要な違いがある。**〝買い手〟は明確な基準をもち、自分が何を欲しいのか把握している。**その反対が〝売り手〟で、特定の状況を必要としていて、その状況にもち込みたいと必死になる。

売り手の人間は、自身をねじ曲げてでも受け入れられようとする。本来備わっている自身の基準をよく自覚していないし、コミットもしていない。「売上を得る」ために、自分の基準を常に下げるか変えるかしている。

どんな社会的状況においても、私たちは買い手、売り手どちらかの側にいる。

買い手と売り手の違いは、〝買い手は、その場を立ち去ることができる〟点だ。

買い手はどうしてもその場にとどまりたいわけではない。

その場の状況を拒否できる。そして、拒否される側にいるのが売り手だ。

P‐RODは、自分がまさに欲するものを得られないのなら、ナイキとの交渉の場から立ち去るのもまったく構わなかった。

P‐RODは買い手だったのだ。

その後、P‐RODとナイキはともに、いまや17年にもわたる〝変容の関係〟を結び、10作ものシグネチャーシューズを出して、とてつもない数の靴を売った。両者はともに何回も革新を起こして進化し、当初の考えや予想を上まわる躍進をした。

両者がこれほどの進化と躍進を続けられた唯一の理由は、P－RODが買い手だったからだ。もし売り手にまわっていたら、P－RODは最も欲しいものに対する自信や信念を失っていただろう。そしてそれは、P－RODがほかに成しうるすべて、スケーティングにさえ影響しただろう。一つのことにどう向き合うかによって、ほかのすべてに対する向き合い方も決まる。

いったん売り手になってしまうと、人は自身を軽んじる。有限のゲームに自分という人間や、自分に何ができるかも委ねてしまう。内側ではなく外側の力によって駆り立てられ、欲求からではなく必要に応じて行動するようになる。

10倍を生きるのなら、買い手になるべきだ。

そして、ほかの買い手たちと変容の協力関係を結ぶ。互いのすべてを足し合わせるより、関係を結ぶほうがともに無限に変化して向上できる。

ダン・サリヴァンも次のように言っている。

「買い手のマインドセットをもつ人は、経験から得た最良の学びを常に用いて、将来何が役に立ち、何が役に立たないかを見極めるための基準を築く。その基準に基づいて、現在をアップグレードしようと終始考えている。世の中にたくさんの可能性がある中で、より良い将来計画を立てるには、有益な協力関係を結べる相手を含む最良の機会を見出すための独自の基準が必要なのだ。協力相手は、自分が目指すものや、自分がいかに進化しようとしているかに共鳴できる人間でなければならない。大きなコミットメントには勇気がいる。そして、勇気が必要なときには、仕事にコミットしてやはり勇気が必要な状況にいる仲間――常に成長している人たち――と関係をもちたいときっと思うだろう[※25]」

参加者全員が買い手である「変容の人間関係」では、そこから生まれる成果は必ずしも全員に均等ではないが、参加者それぞれから見れば、手にする成果は刺激的で10倍の価値があるものだ。

このような人間関係をつくれれば、関係者全員にとって「魅力的な企て」になる。10倍変容と成長を経験できるような魅力的な企てではない関係は、買い手として却下すべきだ。

変容の人間関係においては、参加者全員がそれぞれ違う価値を持ち寄る。各人は違う立場において、それぞれ違うものを最終的に得たいと思っている。成果を均等、または「フェア」にしようとすると、取引が生じて、参加者それぞれの立場やビジョン、願望の独自性を尊重できなくなる。

変容の人間関係は、「負けている」または「優位にいる」と思う人が存在しないときに成り立つ。

「負けている」と思う人は、売り手になっている。

変容の人間関係では、〝敗者は存在しない〟。それぞれが欲するかたちで、全員が勝者になる。そして、それぞれが欲するものについては、何の弁明も必要ない。

このような類の人間関係において、〝関係が継続的に〟10倍飛躍から次の飛躍へと変容するなら、参加者は全員勝者になる。誰かまたは皆が10倍から2倍に移り、〝関係が終わる〟と、全員が敗者になる。勢いが失われ、現状維持に移行したとき、10倍変容は停止する。

ジェームズ・カース博士の著書『Finite and Infinite Games（有限のゲームと無限のゲーム）』から引用する。

「有限のゲームは、勝つために行う。無限のゲームは、プレーし続けるために行う……有限ゲームのプレーヤーは、境界線の内側でゲームをする。無限ゲームのプレーヤーは、境界線をいじって変えようとする……変化できるものだけが存続できる[※26]」

有限のゲームでは、そのゲームを〝プレーしている〟だけだ。

無限のゲームでは、ゲームを常に〝変えて〟いる。

無限のプレーヤーは、〝プレーをし続けて〟ゲームを変容させようとする。

〝継続〟できる者だけが、複利的に、指数関数的に成長できる。

〝変化〟できる者だけが継続できる。

〝有効に順応〟できる者だけが、首尾よく進化し、除外されない。

進化と複利は密接に関わっている。

取り組んでいるものが終わると、複利的な効果も終わる。継続させて複利と変容を経験する唯一の方法は、有効に進化することだ。

進化しなくなれば、複利も結局は終わる。

起業家のナヴァル・ラヴィカントもこう言っている。「長期的に取り組む人たちとともに、長期的なゲームに取り組むべきだ。そこから得られる人生の報酬は、富であれ人間関係であれ知識であれ、複利によってもたらされる[※27]」

だからこそ、無限のゲームは重要なのだ。

無限のプレーヤーは、必要ではなく欲求に基づき、自分と「唯一無二の能力」を絶え間なく変容させ、向上させる。そして、プレーヤー全員がそれぞれ望むかたちで変容し、向上できるような、相乗的で複利をもたらす10倍または100倍の協力関係を結ぶのだ。

本章の重要ポイント

□自由と創造力は限りある資源で取り合うものだと社会は私たちに教えるが、それは間違っている。なぜなら、お金は限りある資源だが、富は限りない資源だからだ。

□安心より自由を選ぶ人は、必要と思うものを求めて競い合うのでなく、欲するものを選び取る人生を送る。

□自分の本源的な欲求に基づいて生きれば、欲するとおりの人生と富を築く豊かなマインドセットをもてる。欲しいものをなぜ欲するのか、誰にも弁明する必要はない。

□世の中が定める必要に基づいて生きれば、必要だと思う資源を求めて競い合う、乏しいマインドセットをもつことになる。必要に基づいて生きる人は、周囲に受け入れられるよう自分を正当化しなければいけないと感じる。

□「必要とする」世界でこのまま生きて、限られた資源を求めて競い合い、やることすべてについて弁明し続けるのか。もしくは、「欲する」世界に生きて、自分の思うままに選び、創造し、欲しいものを手に入れるのか。いますぐにでも選択すべきだ。

□純粋に欲するという姿勢をもたなければ、10倍は実践できない。なぜなら、10倍は本来は必要なものではなく、人がそれを欲して得るものだからだ。

□「唯一無二の能力」とは、自分が自分であるための中核であり、最も欲するものを受け入れたときに現出し、発揮される。

□「唯一無二の能力」とは、自分が他人のために最大の価値をつくり出すための手法だ。ほかの誰にも真似できない手法だ。

□「唯一無二の能力」は、特定の業界やスキルに限定されない、もっと価値のある刺激的な力だ。ただし、教える、指導する、戦略を練るなどの特定の活動に有効に活用することはできる。教えるなど何か一つの活動に過剰に結びつけると、自分と自身の「唯一無二の能力」を進化させにくくなる。「唯一無二の能力」は、自分のベストを引き出し、最も刺激的なパフォーマンスをするための原動力となる。

□「唯一無二の能力」を駆使すると、「フロー」の状態に入れる。周囲の承認や結果へのこだわりなどに過剰に惑わされないからだ。それよりも、欲するままに何にも縛られずに行動し、創造する。結果として完全に自由で力が満ちた状態になり、創造性も刺激される。このようにして「唯一無二の能力」は別の次元へ変容する。誰にもないスキルを身につけ、熟練《マスタリー》の域に達する。

□単なる専門家では、真の熟練《マスター》の人にはなれない。専門技術は何かを上手にできる能力だが、〝マスタリー〟は何かを〝独自の手法で上手に〟できる能力だ。誰もマスターの代わりを務めることはできない。マスターから学ぶのみだ。人は「唯一無二の能力」を発揮しながら、一人の人間として技を磨き、正真正銘の自分を獲得する。

□「唯一無二の能力」と真剣に向き合ったとき、周囲と競い合う必要はなくなる。自分もほかの皆も、それぞれが唯一無二で代替不可能な存在なのだと思えるようになる。ほかの人のようになろうとするのでなく、自分の殻を破り、進化した自分、つまり自分の「ダビデ（真の姿）」を目指すようになる。

□「唯一無二の能力」は完成することはない。10倍飛躍のたびに劇的に進化する。

□80％を手放し、最も刺激的で（最も恐ろしい）20％と全力で向き合うことで、「唯一無二の能力」をより明確に把握できるようになる。

□「唯一無二の能力」を磨いて深化させると、人生のさまざまな場面や機会で決定権をもてるようになり、自由度が増す。真に欲していない状況にしがみつくのではなく、「唯一無二の能力」が〝評価される〟、さらには「唯一無二の能力」が〝最も変容して躍進できる〟状況や機会を選ぶだけでよいようになる。

□自分の「唯一無二の能力」を明確にし、発展させるためのさらなる情報は、www.10xeasierbook.comで得られる。

第 2 部

10倍

10X Applications

の応用

第4章

過去の10倍を照らし、未来の10倍を明確にする

すでに経験している、だからまたやれる

「先を見越して点と点をつなぐことはできない。後ろをふり返ってしか点と点はつなげない。だから、点と点は将来何らかのかたちできっとつながる、と信じるしかない。信じることが大事だ。自分の度胸、運命、生き方、カルマ、何でもいい。点はゆくゆくはつながると信じていれば、それがたとえ多くの人によって踏み固められた道でなくても、自信をもって、情熱のままに進める。」

――スティーブ・ジョブズ[※1]

この原稿の執筆中に、私は友人や家族、クライアントに、ごく初期の草稿を読んでもらった。

比較的小規模の起業家で、私の相談相手であり親しい友人でもある一人は、書いてある考えは素晴らしいが、自分にはやっぱり向いていないと話してくれた。

「ベン、ここで君が言っている変容とコミットメントのレベルを、ぼくは目指そうと思わない。10倍より2倍の生き方でいい」

私は、この親友の言葉をありがたく受け取った。確かに、この本は、すべての人向けではない。それでまったく問題はない。読者の中にも、10倍という生き方になじめていない人がいるかもしれない。この本をここまで読んでくれたなら、自分が10倍を目指そうと思うかどうか、おそらく見当がついているだろう。

もしくは、まだ決めかねているかもしれない。

10倍の考えについて悩んだり自信をなくしたりしている人は、ぜひ読み進めてほしい。この章がきっと役に立つはずだ。

原稿の最初の１００ページを読んでくれた別の友人は、触発されつつも、いら立っていた。内容に同意できないというのではない。10倍の概念は、非常に明快で理解しやすいとも話した。

友人がいら立ったのは、10倍の人生を生きたいが、それには重大な変化が必要だと気づいたからだ。キャリアの方向性を完全に転換しなければならないと言う。

友人は次のように話した。

「ぼくはこの内容を、私生活と仕事に照らし合わせながら読んだ。個人的には、10倍の考えにインスピレーションを受けるし、より良い人生と人間関係を築くためにも有効だと思う。特に、どう本質を変えていくかという、量ではなく質の話だという点が気に入った。しかし、フォーチュン500（訳註：米『フォーチュン』誌の売上高番付に並ぶ主要企業500社）の上場企業に勤める中間管理職としては、腹立たしさしかない。君が書いている内容や10倍の概念自体に対してじゃない。いまの立場で、これを実行するのは現実的に無理だからだ。あまりに複雑な制度や縛りがある巨大組織で変化を起こすのは、本当に難しい。だから、最初の100ページを読んで、キャリア転換もすべきじゃないかと背中を押されているような気がした。どの方向に転換したいのかがまだわからないんだが。まずは自分が欲するものを明確にすべきだね」

はっきり言うと、この本は志の高い起業家を想定して書いている。自由度の高い人生を送っているだけでなく、日々の生活や生き方においてさらに大きな自由を追求し、創造しようとしている人たちだ。

10倍は、基本的には自由のことだ。

自由な存在として自由に生きて、欲するものを自由な方法で自由に創造する。もちろん、自由はただでは手に入らない。自分に対する誠実さ、コミットメントと勇気をものすごく必要とする。2倍の人生に自分を押しとどめる、恐れや未練の殻を破らなければならない。得るものや失うもの、多くの人には理解されないことにも、責任をもって向かい合わなければならない。

よって、起業家ではない私の友人は、直接的にはこの本の想定読者ではない。しかしながら、私が友人に返す言葉は、志の高い起業家にかける言葉と同じだ。つまり、**「いま自分がどんな状態にあろうとも、10倍を目指すには、自身と仕事の両方を完全につくり変えなければいけない」**。

いまのままの自分では、10倍にはなれない。それは、仕事や戦略のあり方だけでなく、心構え、アイデンティティーについても言える。

10倍を生きると、人生のすべてが変容するのだ。

10倍を生きるなら、人生の80％を劇的に変えなければいけない。それは、考えるだけでも恐ろしいことだ。

それほどの大きな犠牲をどうすれば精神的に乗り越えられるか。

ダン・サリヴァンと私は、共著『The Gap and The Gain（ギャップと収穫）』の中で、80％

の放棄が可能になるばかりか楽しくなるマインドセットへの変換を提示した。

ダンが「ギャップ」と呼ぶ状態に陥ると、10倍は楽しくなくなる。むしろ10倍は、心身はおろか人間関係にも害を及ぼすだろう。

ギャップに陥っても、1回か2回の10倍はできるかもしれない。しかし率直に言って、ギャップにはまると、本質的な欲望ではなく、外からの報酬のために生きようとするので、自分の殻を破れない。いまを生きるのでなく、追い求め続ける人生になる。自信も勢いもなく、みじめな気持ちを抱え続ける。

「収穫」の考えを受け入れ、いまを生きると、10倍を心から楽しみ、いつまでも旅を続けられる。さらには、良い体験や悪い体験、不快な体験をも含む人生の〝すべての体験〟から多くを得られる。一つひとつの体験を受け止め、それを〝収穫物に変換〟して〝優れて賢く〟なり、決して停滞しない。

この章では、ギャップと収穫の違い、10倍の人生に収穫の心構えがなぜ必要なのかについて理解した上で、過去を「収穫」の視点でとらえ直していく。具体的には、人として、起業家として、現在の位置にたどり着くまでに〝すでに経験した10倍〟を、よりはっきりと認識して価値を認めるための簡単なテクニックを学ぶ。

そのあとは、次に目指す10倍飛躍を具体的に見るのに有効な2つのモデルを考える。次の10倍飛躍がはっきり見えると、「唯一無二の能力」をどの方向に伸ばして変容させるべきかも明確になる。
それでは、始めよう。

ギャップと収穫

「将来の可能性は、過去に成し遂げたことの評価で決まる。これまでどれだけ進歩したかを認識し、収穫物を適切に評価しない限り、前進できない。」

――ダン・サリヴァン※2

いまから25年以上前の１９９０年代半ば、「ストラテジック・コーチ」のワークショップを開いていたダンは、ある重要な点に気づいた。過去３カ月から12カ月間で客観的には多くの成果を上げた起業家の多くが、その結果を〝低く見ていた〟のだ。言い換えると、起業家たちは結果に不満を抱き、それを否定的にさえ見ていた。

あるクライアントのあまりに否定的な態度に、ダンはのちに「ギャップと収穫」となるモデルの着想を得たくらいだ。ダンは起業家たちに、前回のワークショップから90日間で、公私ともに進展したことについてふり返り、話し合うよう求めた。

このクライアントは「良いことはまったくなかった」と言い張った。

「何もなかったのですか？」ダンは聞いた。

「はい、まったくありませんでした」その男性は答えた。

「確か、新しい顧客ができたとか、従業員がある重要なプロジェクトを進めているとか、話していましたよね」

「ええ、でもそれはどうでもよいのです。それよりも、たくさんの機会を取り逃しました。本来なら、会社はもっと先を進んでいるはずなのです」

この男性は、ギャップにはまっていた。

ギャップは、〝そうなってほしかった状態〟と〝実際の状態〟とを比較するレンズのようなものだ。〝こうあるべきだ〟と考えるイメージと現実とを比較するのだ。

ギャップにはまった人は、自分（または自分がいる状況）を、理想と比べようとする。

これはよくあることで、ほとんどの人にとっては通常モードとも言える。私の子どもたちを例に挙げよう。夕食の時間になるとダイニングテーブルにやってくる。たまに、自分が思っていたものとは違う食事がそこに用意されていると、がっかりして大きなため息をつく。

母親が一生懸命つくってくれた料理や、心地よい家と家族、温かい夕食があるという事実をありがたいと思うより、心の中の自分勝手な理想と比較して、〝いま経験しているすべてをおとしめる〟のだ。

注意点を述べておく。これから扱う概念は、シンプルだが意味合いが非常に微妙なために、誤解されやすい。

〝収穫〟――これについてはすぐあとでより詳しく説明する――の意識とは、自分が恵まれているものを単にありがたく思うことではない。収穫の意識が、自信や分別、インスピレーション、興奮などの中でも、とりわけ感謝の念を強く呼び起こすのは確かだが、ありがたく思う気持ちそのものではない。

ギャップと収穫は、感謝の念があるかないかという問題ではない。

ギャップと収穫の違いは、自分と自身の経験について、純粋に〝どう評価するか〟による。ここではまず、ギャップの意識で自分を測ることの影響、それから収穫の意識で自分（とほかのすべてのもの）を測りプラスに変容させることについて、説明する。

ダンのクライアントは、自分や人生、妻、仕事を、自分の中の理想と比較していた。〝こうあるべきだ〟と考えるのと違う現状に失望し、憤慨していた。理想と比較して、現在だけでなく過去のすべてを否定していた。

ギャップにとらわれると、過去は忌まわしい問題となる。〝こうあるはずだった〟のと違う過去は、悪夢と化すのだ。

自分自身も、個人として〝あるべき〟状況にいない。

問題のある過去を抱えていては、大きな将来像を描く力はわかない。それどころか、否定的なエネルギーや感情、自分でつくり上げた過去を抱えたままでいると、その先にあるのは、いまと少しも変わらない未来しかない。

果たしてこのクライアントのギャップのマインドセットは、本人が大事だと言っていたすべてを結局むしばみ、破壊した。夫婦は破局を迎え、クライアントは気力を失った。理想と現実をいつも比較して、自分はまだ足りないと繰り返し繰り返し（また繰り返し……）悩む人は、結局、理想を追い求めてばかりいて楽しくなれないのだ。

私の子どもたちがテーブルの上の料理を見て機嫌を悪くしたのは、頭の中で描いていた〝理想〟の料理と、目の前の〝現実〟を比べていたからだ。その結果、受けたばかりの恩恵を軽んじるだけでなく、夕食を食べられるというのに、前よりも不快な気持ちになった。

これが、ギャップのやっかいな点だ。実際には進歩しているのに、その進歩を自分の枠組みにはめる、つまり、〝あるべき理想像〟と比較するので、結果として不愉快になってしまう。

ギャップのマインドは何に対しても抱けるので、ギャップにしょっ中陥る人もいる。おそらく最も有害なギャップは他人について抱くそれで、従業員など自分のために働いている人の、〝理想に達していない点〟ばかりに目がいく場合だろう。

『ギャップと収穫』を執筆していた当時、個人的にはこの点がとてもこたえた。私には子どもが6人いる。中でも、当時より数年前に里親制度で迎えた子どもたちに対して、自分がよくギャップにとらわれることに気づいた。ギャップにはまると、こうあってほしいと思う理想像に子どもをあてはめてしまう。最大の悲劇は、実際には子どもは短期的、長期的にもさまざまな面で成長し、進歩しているのに、ギャップにはまった目にはそれがすべて映らなくなることだ。

結果として、私は子どもを自分のギャップの中におとしめるだけでなく、自身を軽んじる態度を子どもに教えている。成功や幸せは手の届かない永遠の理想で、追い求めても実現できないと教えているのだ。

自分を理想と比べるのは、かなり前向きな人にとっても、勝ち目のない戦いだ。理由は簡単で、理想はあやふやだからだ。自分の立ち位置によって、変化し続ける。

理想とは、砂漠のかなたの地平線のようなものだ。

地平線に向かってどれだけ歩みを進めても、はるか向こうにあり続ける。

理想と自分を比較して見るのは、遠のいていく地平線といまの場所を比べて、たどり着けない自分に憤慨するようなものだ。

お伝えしておくが、**その地平線には永遠にたどり着けない。**

どんなに進んでも理想は常に手の届かない場所へ遠のくから、決してかなえることはできない。

とはいっても、理想はもつべきではないとか、役に立たないとか言っているのではない。むしろ理想は、具体的な目標を立てるときの方向を指し示してくれる、とても有用なものだ。

しかしながら、明確で妥当な目標を立てても、人はギャップにはまりやすい。目標を達成しないと、「成功」しなかった自分をだめな人間のように感じてギャップに陥る。目標を達成しても、自分の進歩を目標とは別の理想や、目標を超える理想と比べて、ギャップに陥ることがある。

ギャップにはまると、目標を達成してもしなくても打ちのめされる。

どちらの場合も苦しい。

どちらも、収穫の意識をもっていたら経験できる喜びをむしばんでいる。

ギャップとは基本的に、自分の中の真実から目を背けるために、〝外界のものを必要とする不健康な状態〟を指す。

ギャップに陥ると、〝理想とするものを自分は必要としている〟と思い込む。あの新車が必要だ、あの取引が必要だ、あの新しいクライアントが必要だ、この天気は良くならないといけない、ベストセラーを出さなければならない、などなど。

どれだけ達成しても、買い込んでも、ギャップにいる限り、〝必要とする気持ち〟はいつまでも消えないどころか、強くなるばかりだ。蜃気楼《しんきろう》を一生追いかけても、自分の外側にあるものによってギャップが満たされることはない。

たとえば、アメリカの人気ドラマ「フレンズ」でチャンドラー・ビング役を演じたマシュー・ペリーの言葉がある。自身の回顧録『Friends, Lovers, and the Big Terrible Thing（フレンズ、恋人たち、そして大きくて恐ろしいこと）』の中で、ペリーは、自分が抱えるギャップを埋めるために、名声、女性、アルコール、薬物を追い続けた人生をふり返っている。

「有名になったらすべてがきっと変わるとぼくは信じ込み、この地球上の誰よりも有名になりたいと強く思った。ぼくにはそれが必要だった。それさえあれば、自分は立ち直れると思った。そう信じていた……でも魔法はずっとは続かない。せっかく穴を埋めても、あとからまた次々と開いていくように感じる（まるでモグラたたきみたいに）。それはたぶん、自分の心の穴を物質的なもので埋めようとしていたからだと思う[※3]」

ギャップに陥るのは中毒と似ていて、一種の病気だ。生涯にわたる成功を収めても、一つ成功するたびに自信を失う起業家もいる。人生で成功している多くの人が、このマインドセットのために、あらゆる手段を使って苦しみを紛らわせようとしている。

ネタバレになるが、収穫の意識をもてば、この病気を予防できる。しかし、もうすぐ説明するので、待ってほしい。

ギャップにいる限り、10倍を目指すのは心に傷を負う行為になる。ゴールがあることで意欲がわくのではなく、そのゴールによって心身を使い果たしてしまうのだ。

おかしなことに、起業家の多くが、ギャップこそが〝成功する秘訣〟だと主張して、自分のマインドセットを正当化しようとする。「現状に満足せず」、より上へと伸びよう、たどり着こうとするからだと言う。しかしこの人たちは、肝心な点を見落としている。理想を追い続けるばかりで、〝いま、目の前にあるもの〟を見逃しており、大きな犠牲を払ったと気づいても、たいてい遅い。

となると、10倍は目指さないほうがいいのか。

すべての願望と目標は捨てるべきなのか。

条件反射的にそう結論づける——目標も夢も10倍もあきらめるべきだと思う——人は多いが、それは収穫の意味するところではない。

ここで導くべき答えは、夢を手放すことではない。

大きくて高い10倍ゴールややりがいがなければ、人生はむなしく、行き場のないものになる。

それでは、収穫とはどのような心構えを指すのか。

どうしたら、大きな夢に向かって成長し変容しながら、現状にも満足して幸せでいられるのか。

改めて述べると、これは自分と、自身の経験をどう評価するかにかかっている。

ギャップは、自分と経験について受動的に、自分の外側から評価するアプローチだ。

収穫は、自分と経験について能動的に、自分の内面から評価するアプローチだ。

収穫の人は、自分を外界の何かと比較しない。自分自身と比較する。もっとはっきり言うと、以前の自分といまの自分を比較するのだ。

収穫する人は、理想はもちろん、10倍も含む明確で具体的な目標を目指して成長しようとする。ただし、その理想や自分が立てた目標と、自身を比較はしない。それよりも、これまで自分がどうだったかをふり返り、いまの自分と比較するのだ。

これについて、ダンはこう言っている。

「自分がどれだけの距離を歩いてきたかを知るには、いま自分がいる地点から地平線に向かってではなく、過去のスタート地点をふり返って測るしかない[※4]」

過去をふり返って測ることで、自分の成長を確認し、正当に評価できる。すると、いまの自分と自分の立ち位置がはっきりと見えて、良い気持ちになる。

この自信と活力が、10倍を行くために必要になる。いま自分がいる地点と状況について、正しい観点をもてる。ときには、自分が思っていたよりよっぽど進歩していたりするものだ。そうやって、**自分の歩みを定期的にふり返り、評価すれば、ただちに10倍は軽く感じられる。**調子の良いときも悪いときも、前に進む力を与えてくれる。

歩みをふり返るのには、単にそれを評価する以上の深い意義もある。過去を違う目で見られるのだ。ふだんなら「進歩」とみなさない経験も、「良かったこと」または収穫として見ることができる。良い経験からも悪い経験からも、より多くの学びを拾い集められる。それぞれの経験にどんな意味があるのかを決めるのは収穫する本人だから、その気になれば、過去の経験からより多くの収穫を絞り出せる。

ギャップにいる人は、過去の経験に追い詰められる。思いどおりにことが運んでいないと、たちまちそれにとらわれる。

収穫する人は壊れにくい。すべては自分に起こるのではなく、自分のために起こる、と考えている。どんな経験も何かを教えてくれる。いつのときも学び、成長するから、苦しくならない。

定期的にそれまでの歩みを顧みると、自分の人生を真に受け入れられるようになる。誰とも競い合うのではない。自分だけの道を歩んでいるのだ。その自分だけの経験から、新しい視点や基準、成長が生まれる。

ダンの収穫の概念は、多くの心理学や神経科学の研究に裏づけられている。いくつかを紹介しよう。

- **幸せと前向きな感情、特に感謝の念は、創造的思考、意思決定、パフォーマンス、自己決定に良い影響をもたらすという研究結果がある。**※5・6・7・8・9・10・11・12 収穫の意識をもつと、前向きな気持ちや感謝、承認の気持ちが劇的に増進する。収穫に関する感情的特徴は、脳内ホルモンであるドーパミンによるもの（つまり、幸福や意欲、興奮）だ。ギャップの感情的特徴は、コルチゾールによるもの（つまり、ストレスや欲求不満）だ。

- **自信は、将来の成功を生むより、過去の成功の副産物である側面のほうが強いという研究結果がある。**※13 収穫する人は、それまでの進歩を顧みることで、常に自信を高めている。ギャップにいると、進歩を評価しないし、できない。外の世界のさまざまな基準に自分を常にあてはめようとするので、いまどこにいるのかを把握できない。どのように歩んで、いまどこにいるかを把握するには、自身の過去をふり返り、明確な出発点に基づいて評価するのが唯一の方法だ。自分の進歩を正当に評価することで自信は強まり、さらに収穫物を見つけたり生み出したりする創造力や意欲へと発展する。

- **希望に満ちている意欲的な人は、目標を果たせなかった経験から常にフィードバック**

を得て、改めて試みたり調整したりする。※14・15 希望に満ちている人は、どんな体験も学習の機会にする。すべては、〝自分に〟起こるのでなく、〝自分のために〟起こる。人生をより良く生きるために、すべての経験を生かそうとするのだ。これは、すべての経験を学習と反復のために活用するパスウェイ・シンキングでもある。どんな経験も、新しい発見がある永遠の学びの宝庫なのだ。

収穫のマインドセットは、簡単な練習を通じて獲得できる。一日の終わりに、その日の「良かったこと」を三つ書き出す。その日（うまくいかなかったことからでも）学んだものや、どんなに小さくても進歩したこと、子どもと過ごすなどその日あったことでもいい。フォーカスすれば、そこに意味が生まれる。目を向けたところから、創造が始まる。

人生の収穫物にフォーカスすると、人生が常に好転しているように感じ始める。日々の一つひとつの経験から、より多くの収穫を見つけられるようになる。結果として、より多くの収穫を毎日見出せるようになる。

収穫は、どんな時間枠の中でも見出せる。収穫の意識をもつために、問いかけをいくつかするので、ふり返って考えてみてほしい。

- 過去3年間で、あなたはどんな成長をしただろうか？
- 過去12カ月間における最大の学びとは？
- 過去12カ月間で成し遂げた10の大事なことは？
- 過去90日間で、意味のある経験としてどんなことがあったか？
- 90日前に比べて、目標やビジョンはどのくらい明確になったか？
- 30日前に比べて、人生はどう変わり、良くなったか？
- 過去7日間で、どんな重要な進歩があったか？
- 過去24時間で、どんな重要な進歩があったか？

10倍進化のどの過程にいても、収穫はできる。自分が気づくより多くの収穫を得ているはずだ。それらを定期的に顧みれば、進歩を確認し、感じるようになる。経験してきたことに責任をもつことによっても、その経験を収穫に発展させられる。どんな経験からも学び取るうちに、不要な間違いを繰り返さなくなる。同じ場所に立ち止まらなくなる。ダンが同じ日に破産して離婚したような、周囲には後退と見えるときさえも、経験を収穫に転換できる。収穫の意識をもっていれば、経験や状況につぶされるのではなく、経験からありがたく学び、改善の足がかりにできる。

ひどい災難に遭う場合もある。車にひかれて身体が動かなくなったり、愛する人を失ったり、または旧約聖書ヨブ記のヨブのように、一見するとすべてを失ったりするかもしれない。これらすべても経験となり、益となり、学びとなる。

失ったように見える経験を収穫に変えながら、人は成長し、進化する。繰り返すが、人間には喪失を回避したいという非常に強い心理が働くため、80％に必要以上に長くしがみつこうとする。80％が何であれ積極的に手放せるようになれば、それを〝喪失〟と感じるより、〝収穫〟としてとらえられるようになる。

過去は価値があったがいまはそうではないものを手放すことで、より良いものを手に入れる余地ができる。

80％を手放すたびに、大量の収穫ができるのだ。

友人の一人が最近、自分の将来の10倍像に不必要な80％だとして、アルコールを断った。飲酒をやめるのは喪失ではなく、〝大きな収穫〟だととらえていた。

〝手放すことで収穫する〟という視点は大事だ。というのも、過去のアイデンティティーや過去の成功、活動、中毒になっていたものさえ、それを捨て去るのをあまりに多くの人が過剰に嘆いたり、大ごとに考えたりするからだ。

そのようにとらえるのではなく、手放すことで〝大きな一歩〟を踏み出していると考えてほしい。大きな収入源であっても、いまの自分がそれに縛られているのなら？　20％に向かって前進しよう。そして、10倍の変容がいかに想像を絶するものか体験しようではないか。

収穫しようと思えば、すべては自分のために起こる。

自分は壊れにくい人間になる。

どんな経験からも常に学び続ける。

常に成長し、学び、平凡極まるものからさえも貴重な情報を手に入れるのだ。

過去の10倍飛躍と、その核となった20%をふり返る

「いまの10分の1しかできなかった自分がいた過去まで、人生をさかのぼってみることだ。当時の自分は、果たしていまの自分を思い描けただろうか。おそらくできなかっただろう。いまの自分が、将来の10倍の自分を思い描けないのと同じだ。しかし、過去を見てほしい。少なくとも1回はすでに経験しているのだ。ならば、もう1回やれるはずだ。」

――ダン・サリヴァン[※16]

収穫について基礎をある程度固めたところで、過去をふり返ってとらえ直し、これまでのすべての10倍を正当に評価する術を学ぼう。

過去の10倍がより明確になれば、将来の10倍もよりはっきり見えるようになる。

私たちは、すでに何回も10倍を経験している。

欲するものにコミットし、それを通じて変容したときに、10倍を経験した。自由と主体性の枠を永遠に広げる経験をしている。

赤ちゃんのときに、はっていたのが歩けるようになったとき、10倍を経験した。コミットして、自身を変容させた。ふり返ると、ある時点までできなかったものが、変容を遂げてできるようになったのがわかるだろう。

言葉を話せるようになったとき、10倍を経験した。

文字を読めるようになったとき、10倍を経験した。

友達をつくれるようになったとき、10倍を経験した。

それまでの自分を超える何かにコミットし、変容するたびに、10倍を経験してきたのだ。

車を運転できる（または飛行機を操縦できる）ようになったのも、10倍飛躍だ。

起業家になるのも10倍飛躍だ。

10倍を経た自分は、以前とは違う。アイデンティティー、心理状態、人としてのあり方が変わったのだ。「唯一無二の能力」を拡大させたのだ。

これまでの10倍飛躍を、ぜひ時間を取ってふり返ってほしい。同時に、それぞれの飛躍において〝核の20％〟だったもの――いまの10分の1だった過去の時点で、手放さずに残したもの——もふり返ってほしい。さらに、飛躍のたびに手放した80％についてもふり返ってほしい。

各段階の20％を明らかにする中で、自分が「唯一無二の能力」をどう磨き、人生に10倍の自由をつくり出してきたかがわかるだろう。

例として、私自身が最近経験したいくつかの10倍飛躍を紹介しよう。

教会の伝導活動に2年間奉仕すると決断したことは、私にとっては10倍飛躍だった。2008年に活動を終えたのだが、そこから再出発するまで2年近くかかった。

この10倍飛躍における私の20％は、過去のトラウマと苦しみを手放す、将来は自分のものだと確認する、神とつながる、そして、現状や周囲の人間にふりまわされず自分の意思によって人生を生きることだった。

一方の80％は、20％の実行を邪魔するすべてのものだった。具体的には、誤りや勝手な決断をした両親に対する怒りや恨み、高校の多くの友人、テレビゲームなどに依存したり気を散らされたりして2倍の生活から脱せない原因となっていたさまざまなものだった。

伝導活動を通じて人生が永遠に変わった私が次に目指した10倍飛躍は、ブリガムヤング大学（BYU）への入学だった。幼少期の体験を考えると伝道に携わること自体も非現実的だったが、活動前にかろうじて高校を卒業し、大学の単位ももっていなかった身として、

BYUへの入学は等しく非現実的で〝不可能な目標〟だった。BYUはアイビーリーグの名門大学に並ぶ競争率の激しい大学だ。オールAの成績と、高いテストスコアが必須となる。私は2010年に、まずはソルトレーク・コミュニティーカレッジに入った。

BYU入学のための20％は、カレッジで優秀な成績を修める、すべての結果と成績に全責任を負う、制度や人間関係における力学を学び、それらとのつき合い方を身につける、2倍の現状に甘んじるのではなく目標に向かって強いコミットメントをもち続けることだった。

一方の80％は、勉強や成績と真剣に向かい合おうとしない昔からの習性、友人の言いなりになること、今のままでいいという周囲からの同調圧力だった。

2011年に無事BYUに入学して、次に目指した10倍飛躍は、人生とキャリアを前進させるために、結婚して、博士課程に進み心理学の勉強を深めることだった。

そのための20％は、10倍人生を送るパートナーとなるローレンにとって魅力的な人間になること、心理学と哲学を非常に高いレベルで学ぶことだった。また、博士課程の水準で調査して執筆する術を学ぶのも重要だった。

初めて大学院に出願したときは、15校から不合格通知を受け取った。私はこれに腐らず、鏡の中の自分に向かって「もっとできる」と誓い、この残念な結果を大きな収穫に変えた。

もっと勉強してできるようになるというコミットメントのおかげで、私は、のちに素晴らしい友人、そしてメンターとなる若き教授、ネイト・ランバート博士と出会った。ネイトから学んだ調査の進め方や文章の書き方は、いまもこの原稿を書く上で役立っている。ネイトとは、学術雑誌に掲載された15本以上の論文を共同執筆した。おかげで、自分にとって最高の博士課程――クレムソン大学の組織心理学――に進学できた。

クレムソン大に2014年秋に入り、次に目指した10倍は、家族を増やし、博士課程を終えて、プロの作家になることだった。具体的には、大手出版社と6桁（訳註：10万ドル）台の出版契約を結ぶことにコミットした。これは私の〝要石とも言える目標〟だった。これがかなえられれば、自分が欲する自由やチャンスをかなり得られると確信していた。この目標を達成したら、好きな仕事をしながら家族を養えるようになるのだ。

この10倍における20％は、自分の考えをブログで公にすることへの恐怖や心配を乗り越える、効果的な文章を書けるようになる、拡散されるような文章を書けるようになる、自分の記事の読者を増やし、もっと読みたいと思ってくれるブログ登録者数を増やすことだった。

2015年春にブログを始め、何百本もの記事を投稿した。18カ月間で数千万人が読んでくれて、登録者数は10万人を超えた。2017年2月には、ニューヨークのビッグ5（5

大出版社）の一つであるアシェットと22万ドルの出版契約を結んだ。私のメジャーデビューとなった著書『FULL POWER 科学が証明した自分を変える最強戦略』は２０１８年３月に出版された。その１カ月前の２月には、それまで３年間育ててきた３人の里子を養子に迎えた。さらにローレンは、２０１８年12月に双子の女の子を出産した。２０１９年４月に、私は博士課程を終えた。

この原稿を私は２０２２年末に書いているが、３年半前に博士課程を終えてからいままでに、10倍をもう１回経験している。５冊のベストセラーを出版し、そのうち３冊はダン・サリヴァンと共著した。老後に向けた投資資金は10倍増えた。ローレンと私はともに親として、精神的に10倍成長して成熟した。

この３年半における80％として私が切り捨てたのは、関心がないとわかっている機会や状況でも相手を喜ばそうと「イエス」と言ってしまうこと、正しくあろうと思うことだった。さらに、常に生産的であろうとするのもやめた。休養を取り、ゆっくりと時間を過ごすようになった。

そしていまも、この１年ほど続いている10倍飛躍のただ中にいる。愛情のある素晴らしい夫であり６人の子どもの父親でいる、10倍影響力があり優れた本を書いてミリオンセラーにする、そして経済的な自由を10倍にすることを目指している。

以上が、私個人が欲するものだ。

これらの10倍目標について他人がどう言おうと構わない。

人の話に耳を貸さないという意味ではない。自分の殻に閉じこもり、かたくなに変わろうとしないというわけでもない。私はただ、自分が欲しいものを欲しているだけだ。

あなたの場合も同じだ。

自分の基準や、目指す自由を掲げて、10倍のプロセスを選び、自分の人生で最も欲しいものにフォーカスしてみてほしい。

10倍の夢をわざわざ正当化しなくてもいい。

どの10倍の段階でも、フォーカスして習得すべき20％と、自分をいまの場所に押しとどめようとする80％がある。

10倍を経るごとに、20％は前の20％の上に築かれてゆく。そうして「唯一無二の能力」は発展し続け、しばしば驚くようなかたちで指数関数的に伸びる。

10倍を経るごとに、人生は良くなり自由になるが、80％が消えることはない。内容が変わるだけだ。増殖し続ける80％は、20％への全力投球を妨げる。10倍から2倍に移りたくなる、または移るよう周囲の圧力を受けることは、常にあるだろう。

さあ、次はあなたの番だ。

- 過去の5つの10倍飛躍を挙げてみよう。
- 過去の10倍飛躍の一つひとつにタイトルをつけて、期間も明示しよう。私の場合は、伝道活動に入る（2006―2008年）、BYUに入学する（2010―2011年）、結婚して、博士課程へ進む（2011―2014年）、家族を増やし、稼げるプロの作家になる（2014―2019年）、作家として10倍飛躍する、人間として精神的に進化する（2019年―現在）。
- 一つひとつの10倍における20%と、手放した80%を明確化する。
- それぞれの10倍の20%をふり返り、各20%がいかに「唯一無二の能力」を磨くのに貢献したか考える。

過去の10倍飛躍を筋立てて位置づけるのを、ぜひ習慣にしてほしい。そして、定期的にふり返って、そこにどんな意味があるか考えてほしい。過去に注目し、意味を探れば、そこから多くを学び、10倍の将来を思い描けるようになる。

収穫の意識は、10倍を探求するための基本的な燃料かつ視点となって、幸福をもたらす。さらには、〝正しい10倍飛躍〟を保証する。ここで言う〝正しい〟とは、社会や文化、SNSなど外界から必要または欲していると教え込まれるのではなく、自分が〝心の底から欲している〟ということだ。

収穫の意識をもつと、人生に満足し、いまの自分を肯定できるようになる。今後も望むままに10倍を目指せばいいが、それは幸せになる、または何者かになるためではない。収穫する人は、すでに幸せであり、何者かであるからだ。10倍を繰り返し、「唯一無二の能力」を変容させるのは、いますでにある幸せを単純により豊かにするためだ。

ティック・ナット・ハン（訳註：平和運動家、マインドフルネスを広めた世界的に著名なベトナム人禅僧）が言ったように、「幸せへの道はない。その道こそが幸せなのだ」。

深く息を吸おう。

息を吐いて。

あなたは収穫する人だ。

目覚ましい進歩を遂げている。

いるべきところに、あなたはいる。

収穫したものを評価することで、過去を積極的にとらえられる。同時に、過去はより具体的で測りやすいものになる。これまでの進歩や成長を確かめ、正当に評価できるようになる。いまの自分は、1週間前の自分とさえも違う人間なのだ。

収穫したものを反すうし、これまでの歩みに価値を見出せば、次に目指したい10倍飛躍について〝前向きに考える準備〟が整う。この章の残りでは、次の10倍飛躍を概念化するための2つの方法を取り上げる。

一つ目は、「fitness function（適応度関数）」として知られる概念で、目指す将来像を極めて明確化かつ具体化するのに役立つ。

二つ目はダン・サリヴァンが起業家に10倍を構想してもらう際に使う定番のツールで、「夢の小切手」を思い描くというものだ。適応度関数も、夢の小切手も、次の20%フォーカスや「唯一無二の能力」をどこに使うかを明確にしてくれる。

自分の適応度関数を定義する——フォーカスするものを具現化する

「過去の体験を教訓に変えて得られる最大の力は、自分の基準を定義できるようになるということだ。自分は何を受け入れ、何を受け入れないのかがわかる。この知識は非常に大事だ。これによって、いま経験している中から自分の成長にベストなものを抽出するための、自分だけの有効なフィルターを手に入れられる。」

——ダン・サリヴァン

〝適応度関数〟とは、コンピューターや進化科学の分野において、具体的な目標を質的、計量的に定めるものだ。簡単に言えば、適応度関数は〝何に向けて最適化を目指すのか〟、つまり自分が選んで目指す基準と、その基準を達成するのに必要な適応度、または発展の道筋を明示する。

この概念はとても大事で、適応度関数を理解すると、自分の20%と、いまより進化した次の段階の「唯一無二の能力」がより明確に見える。〝自分が欲するもの〟やこれから経験する成長について、とても具体的に語れるようになる。

適応度関数は、飛行機がどの方向にどこへ向かって飛ぶのかを見定めるのと似ている。方向をほんの少し――2、3度の角度さえも――いじると、長い時間を経てとてつもない違いが生まれる。1度それただけでも、一定の時間を経ると、目的地から何百、何千キロも離れてしまうのだ。

著名なドイツ人パイロットのディーター・ウークトドルフがこの原理について、1979年に南極で起きた悲惨な飛行機墜落事故を引き合いに出して説明している。257人が乗った大型旅客機は、ニュージーランドを発ち、南極での観光飛行を経て帰ってくる予定だった。ウークトドルフは次のように話す。

「パイロットが知らないうちに、飛行計画の座標の角度がわずか2度、変更されていた。この過ちのために、飛行機は、パイロットの想定より45キロ東を実際は飛行していた。南極に近づいたとき、眼下の地形が乗客により見えやすくなるように、パイロットは機体を降下させた。二人のパイロットはともにベテランだったが、南極観光飛行は初めてで、間違った座標のために機体がエレバス山の正面に向かって進んでいるとは気づかなかった。エレバス山は、氷の大地からそびえ立つ標高約３８００メートルの活火山だ。パイロットは飛行を続けたが、火山を覆う雪と氷が白い雲と一体化し、平地の上を飛んでいるように見えた。前方に隆起した大地が急速に迫っていると機器が警告を発したときは、すでに遅かった。飛行機は、火山の山腹に突っ込み、乗っていた全員が命を落とした。このあまりに悲惨な事故は、小さな過ち——たった数度のこと——によって引き起こされたのだ[※17]」

適応度関数は、飛行機の場合と似ていて、〝自分が向かう方向と、最終的にどんな人間になるか〟を指し示す。この方向と目的地点が少しでもそれれば、想定とまったく違う人間になる。

ここでは細部が重要なのだ。

自分が欲するものも、自分が成功とみなす基準も独自のものだから、適応度関数もやはり独自のものになる。

適応度関数を定義することで、どこにエネルギーをフォーカスすべきかが見える。全力投球すべき20%がわかる。成功しているかどうかもわかる。

誰も自分とまったく同じゴールや基準はもち合わせていない。よって、ほかの誰かの結果や基準で自分を測っても、同じものに向かって最適化していないのだから、道を誤る結果になる。同じゲームをしていないのだから……。

自分の基準はほかの誰とも違う。

目的も違う。

「唯一無二の能力」も、使命も違う。

外の世界とは競い合っていないのだ。

よって、誰かの結果や基準を使うのは、良いまたは平均的な結果を出すのには確かな方法だが、比類なく素晴らしい、たった一つの世界レベルのものには決してなれない。誰かと同じことをして、その人たちに打ち勝つのは無理だ。同じように、誰かがあなたの真似をしてもあなたには勝てない。

最も恐ろしくて勇気が要る行為とは、自分自身になることだ。

私自身も、まだこれを習得しようとしている最中だ。ほかの作家と自分とをよく比べて見てしまう。しかし、つい最近、人工知能の専門家で起業家のハワード・ゲトソンと友人の3人で話したとき、私の適応度関数（最適化を目指す目標、私の「唯一無二の能力」と使命）は、ほかの作家とはまるで違うのだと気づかされた。ほかの作家の目標、特にどんな人間になろうとしているかは、私のそれとはまったく違う。

もちろん、私たちは自分の進歩を測るために、著書の売上部数など同じ尺度を使うこともある。しかし、目指す適応度関数が純粋に「著書の売上部数」であったら、私は確実にほかの類の本を書いているだろう。よって、本が何冊売れたかというのは、私が最適化を目指す結果の一部であることは間違いないが、主要な適応度関数ではない。

私の適応度関数は、ほかの誰とも違う私特有のものだ。

あなたの適応度関数も同じだ。

あなたは最終的にどこを目指しているのか。

何に向けて「最適化」しているのか。

どんなレベルの能力や結果を、進歩して習得しようとしているのか。

どのような基準を磨き上げて掲げたいのか。

適応度関数を定義するのは、どのような基準に向けて成長したいかを定義するのと同じだ。使命を感じて、掲げたいと思う基準だ。

適応度関数をより詳細に定義すればするほど、より特殊で繊細で、価値を高めた人間になれる。

人の主体性は、どんな人間になりたいかという自身の選択が基盤になる。

私たちは誰もが、何者かになる。

よって、自分が何を欲するのかを定義し、それにフォーカスしていくのは、人それぞれの責任だ。

あなたの適応度関数は、あなただけがもっているフィルターだ。何が重要で何がそうでないかをふり分けるだけではない。何を注視し、何を注視しないかをふり分ける、selective attention（選択的注意）[※18・19]にも関わる。

目指す10倍変容を明確にしたとき、その10倍が世の中を見るフィルターになる。10倍に深くコミットするうちに、目指すものについて専門性を極め、最適化すると同時に、目的以外のすべてをフィルターで取り除いている。

これを経済用語では〝機会費用〟という。

進化論的または生物学的に言えば、〝機能の衰退〟という。

フィルターにかからなかった分野について、私たちは確実に衰退し、気づかなくなる。特定の何か――自分が選んだ適応度関数――にコミットすればするほど、ますます特殊で特異なタイプの人間になっていく。知覚フィルターにかからないものはすべて、見ることも気づくことも、注意を向けることもしなくなる。

フォーカスするものだけが、意味をもつ。

フォーカスするものから、創造が始まる。

フォーカスするものを、自ら具現化する。

フォーカスするから、それについてより精巧で緻密で、明確な理解ができるようになる。

作家のロバート・キヨサキが言うように、「知性は、ものごとをより精緻に見分ける力だ[※20]」。「より精緻に見分ける」とは、ものごとに対してより微細に理解するということだ。対象に注意してフォーカスすればするほど、より細かな違いを認められるようになる。たとえばアメリカンフットボールでも、単なるにわかファンと試合を深く理解している人とでは、同じゲームを観戦していても見ているものが違う。

　理解している人には、そうでない人より一つひとつのプレーがもつ意味と微妙なニュアンスがはるかに多く見える。つまり〝より精緻に見分ける〟のだ。にわかファンは気づかない重要な細かい点、たとえば、あるチームのレフトタックル（訳註：ポジションの名前）がスターター（訳註：先発選手）なのかバックアップ（訳註：控え選手）なのかも見えている。一見ささいな点でも、精緻に見分ける人にとっては大きな意味をもつのだ。深く理解する人は状況をより体系的に読み取り、小さな部分の小さな違いでさえ、予測不可能な大きな変化を全体に与え得ると知っている。

　こうした体系的な思考を科学の世界では、〝バタフライ・エフェクト〟と呼ぶ。数学者で気象学者のエドワード・ノートン・ローレンツが初めに提唱した概念で、蝶の羽ばたきほどの小さな振動が、数週間後に遠方で起こる竜巻に影響するというたとえを使って紹介した[※21・22・23・24]。

　より精緻に見分けるとは、高解像度で見るか低解像度で見るかの違いだ。熟練《マスタリー》か、優秀またはそれ以下か、の違いでもある。前者はより細かく、高い精度で対象を見る。同時に、後者の表面的な視点に対し、コミットメントと学習を通じて獲得した、独自の視点と連想力をもっている。

車の運転を例にとろう。運転の初心者は、車線変更の際にウィンカーを出すなど、細かい動作にいちいち大変な注意を払う。しかし慣れてくると、複数の動作を一まとめに記憶して、無数のタスクを無意識のうちに同時に行えるようになる。部分的な知識や能力が集まって統合され、一つの総体的な知識や能力になるのだ。

自動車事故といった特定の状況を見る際にも、ベテランドライバーは新米ドライバーより、何が起こったのかをより深く推測できる。新米ドライバーは、「何が」「なぜ」について、表面的で不正確な見方をしがちだ。

作家であり習得の専門家でもあるジョッシュ・ウェイツキンは著書『習得への情熱―チェスから武術へ―』[※25]の中で、精緻に見分ける力と、より細かい体系だったマスタリーの技を育むことについて話している。

ジョッシュは幼いときからチェスの神童と呼ばれ、全米ジュニアチェス選手権で優勝した経験をもつ。その後、武術に関心が向いて、世界チャンピオンにもなった。

精緻に見分ける力をいかに習得するかについて、ジョッシュは「より小さな円を描く」と説明する。対象に向かってどんどんクローズアップしていくプロセスのことだ。経験をとおして理解が深まるほど、人間の脳はその理解をほかのものと結びつける。これを心理学では、automaticity（自動性）と呼び、意識的にやっていたものを、熟達して無意識にやれるようになる。※26・27

ジョッシュはこう述べている。

「グランドマスター（訳註：チェス界における最高位の称号）の思考形成の過程と、名人（ずっと劣るが、かなり力のあるプレーヤー）のそれとを比べると、ほとんどの人は驚くと思う。グランドマスターの意識は、より多くではなくより少なく、ものを見ている。とはいっても、頭の中ではたくさんの情報がつなぎ合わさって存在し、そのおかげで、意識するものが少なくても、多くのものが見えている。つまり、非常に限られたものしか見ていないが、非常に多くのものが見えているのだ……さて、私の場合を考えてみよう。私より洗練されていない武術家が相手だとする。ある投げ技をしかけるために、私は6つの技術的なステップを踏む。相手にとっては、よくわからない動きを立て続けに経験することになるが、私にとっては、6つのステップは、頭の中の巨大な情報ネットワークの外縁にあるものに過ぎない。私の現実と、相手の現実はかなり異なる。相手より私のほうがずっと多くのものが「見えている」……同じ時間内で、私は経験上、より少ないものを見ているために頭の中には何百もの思考が浮かんでいるが、相手はおそらく少ししか浮かんでいない（相手の意識は、無意識的に使えるまでに身についていない多くのデータで混乱している)。私はこのとき、相手には見えてさえいないこれらの思考をどれでも自在に使えるのだ」

この話が、10倍と自分の20%の明確化にどうつながるのか。

率直に言えば、〝あなたはいま、一人の特殊な人間〟になろうとしているということだ。どんな基準を掲げているのであれ、〝何かに向けて自分を最適化〟しようとしている。

フォーカスしているものに対して、精緻に見分ける力をつけ、専門性を高めている。ただ、この世の中は気が散るものであふれていて、精緻に見分ける力と専門性を、有名人の私生活やゲームなどとりとめのないものに向けている人があまりに多い。

フォーカスしてこそ、そこに意味が宿る。

フォーカスするから、それに関して精緻に見分ける力が備わる。

フォーカスするから、さらに創造できる。

フォーカスしてこそ、その分野で、特殊な道のりを経て、ほかのすべてを排除するほどの存在になる。

人生の一番の目標は、「唯一無二の能力」を磨き上げ、自分だけの使命と目的をできるだけ理想に近いかたちでまっとうすることだ。

欲するものが細かく具体的であればあるほど、掘るべき20%の穴もはっきりする。

最も興味のあるものが、世界をフィルターにかけてくれる。見えるものと見えないものをより分けてくれる。それは、自分が〝最終的にどんな人間になるか〟をも映し出す。

コミットするものにフォーカスし続ければ、精緻に見分ける力と専門性が身につく。よって、どんな10倍を目指すかを考える際には、成功をどう定義し、どう測るか（つまり、自分だけの「基準」）をできるだけ具体化できるといい。

自分が決めた基準は、自分だけのものになる。

それによる10倍変容も、自分だけのものだ。

それによって実現する自分は、唯一無二だ。

10倍変容は、限りなく特異なものになる。それによって自分自身も、特異で価値のある、無比の存在になる。

さて、あなたの場合はどうだろうか。

- 何に向けて自分を最適化しているか？
- 最終的にどんな人間になり、どんなことをしたいか？
- どんな基準を掲げ、実現させたいか？
- どんな最低基準――仕事したい相手のレベルや、マラソンのタイムといったもの――があれば、目標に向けて順応かつ前進しやすくなるか？

■ あなたの適応度関数――自分が習得したい能力と結果――とは？

「夢の小切手」を書く

「金もちになるには、二つのものを備えていなければならない。相場とレバレッジだ。パフォーマンスを測るための自分の相場をもっていなければ、仕事に励んだ分の対価をもらうのは無理だ。そして、自分の決断によって大きな結果を引き起こせるという意味でのレバレッジも必要だ……思うに、努力して金もちになる人間は皆、相場とレバレッジをもっている。企業のCEO、映画スター、ヘッジファンドマネジャー、プロアスリートなど、私が思いつく全員が実際、そうだ。レバレッジがあるかどうかを見極めるための良いヒントがある。失敗の可能性があるかどうかだ。良い面の裏には、悪い面があるものだ。つまり、莫大な利益を得る可能性があるところには、恐ろしいほどの損失の可能性が必ずある。CEOもスターも、ファンドマネジャーもアスリートも皆、頭上に剣をぶら下げて生活している。つまらない存在になった途端に、退場を言い渡されるのだ。職場に安住している限り、金もちにはなれない。そこに危険がないのなら、レバレッジもほぼ確実に存在しないからだ。」

――ポール・グレアム※28

ジム・キャリーは非常に貧しい環境で育った。一時期は、親戚の家の庭先にとめたフォルクスワーゲンのバンの中で、家族と寝泊まりしていたくらいだ。しかし、自分の未来には希望をもっていた。1980年代、キャリーは毎晩のようにハリウッドの丘の上まで車を走らせた。駐車して、ロサンゼルスの街並みを見下ろしながら、ディレクターたちが自分の仕事をほめたたえる情景を思い描いた。当時はまだ、若い貧乏な喜劇俳優としてもがいていた。

1990年のある晩、ロサンゼルスの街を眺めながら将来を夢見ていたとき、キャリーは小切手を取り出し、自分あてに「出演料として」1000万ドルを書き込んだ。日付を1995年のサンクスギビング（感謝祭）にして、財布の中にしまった。

そして、キャリーは5年という年月をかけて、まさにその値段で「唯一無二の能力」を買われる人間になった。

映画『ジム・キャリーはMr.ダマー』に主演して、1995年のサンクスギビング直前に1000万ドルを受け取ったのだ。

キャリーは極めて具体的な基準を設定した。場あたり的に進歩したのではなく、自分が決めた適応度関数に基づき、明快な目的をもって意識的に前進したのだ。

キャリーは人間としても俳優としても、10倍を繰り返した。

夢と使命のために全力で取り組み、自分と「唯一無二の能力」を何回も変容させた。技を磨き上げ、真の熟練の人《マスター》になった。それは、ほかの誰もたどれない彼だけの軌跡だ。

ダン・サリヴァンが起業家に対し、次の10倍を明確化して「唯一無二の能力」をどこへ向けて伸ばすべきか把握するために用いるのが、「夢の小切手」と呼ぶ手法だ。ジム・キャリーはこの理論を用いて――1本の映画の出演料として自分に対して1000万ドルの小切手を書いて――、同時代で最も成功した唯一無二の喜劇俳優となった。

お金には、良いお金と悪いお金がある。

良いお金は、質を伴っている。ただ稼ぐだけでなく、唯一無二の能力を伸ばしながら、わくわくして力がわき、自分が変容するような経験をとおして得られるお金だ。

過去に、とても楽しくて、〝遊んでいる〟くらいに思えた仕事で受け取った、最も大きな額のお金について思い出してほしい。

ただでやってもいいとも思える仕事で稼いだお金だ。

「唯一無二の能力」を生かしてお金を稼ぐことこそ、夢の実現だ。個人的にもビジネスの上でもより大きな10倍飛躍をしたいなら、これは重要なポイントだ。「唯一無二の能力」の価値と影響力を10倍にしない起業家は、仕事全体が低迷し、苦戦する。さらには、本人が率いる組織全体も同じように停滞し、忙しいだけの80％の仕事にとらわれ、ベストを発揮できない。

「唯一無二の能力」を伸ばせば、正しい目をもった人はそれだけ高く評価するだろう。「唯一無二の能力」を鍛えれば鍛えるほど、より多くの10倍変容を成し遂げられる。「唯一無二の能力」とは、繰り返し変容して、いかに最も価値のある真の自分になるか、他人が喜んで大金を払いたくなるような〝自分だけの価値と富〟をいかにつくり出すか、ということだ。

「夢の小切手」は、何にフォーカスして、自分を最適化すべきかを指し示す。全力で取りかかるべき20％を明確にしてくれる。すべてを注ぎ込めば、その20％において10倍優れ、極めて特殊で緻密な仕事ができるようになる。

さらに、「夢の小切手」を書くと、10倍が楽しい冒険のようになる。

「夢の小切手」には、まさにこれから鍛えようとする「唯一無二の能力」が書いてある。だから、一見非現実的でばからしいほどの額でも、実際はまったくおかしくないはずだ。いまは不可能に思えても、これから身につける「唯一無二の能力」のレベルを考えれば、それ相応の金額を受け取るのは〝まったくもって普通で自然だ〟と感じられる。

あなたはどんな「夢の小切手」を書くだろうか？

ミケランジェロは、より大きく、より面白い仕事の依頼を次々と引き受けていった。それらは、「唯一無二の能力」を発揮させるだけでなく、それをさらに伸ばすような、難しいが自分を奮起させるような機会だった。

私の「夢の小切手」は、最適な協力者とともに、とてもニッチで専門的な著書を書いて1500万ドルを稼ぐことだ。この金額は、これまでに私がおののきつつも夢中になって書いた本1冊につき受け取った額の10倍近い。

この「夢の小切手」に真剣に向かい合うには、自分に問うべき大事な質問がある。

「私に本を書かせる、または私とともに本を書きたい人が、そのために1500万ドルを私に支払うのは造作もないと思うには、私はどんな価値を提供する必要があるか」

とにかく自分に正直に考えてみる。私が一冊の本を書いて1500万ドルを正当に受け取るためには、いくつかの条件がそろわなくてはいけない。この話が成立するためには、報酬の5倍から10倍、つまり7500万ドルから1億5000万ドルの価値を相手に提供する必要があるだろう。ということは、この本は、私の仕事相手となる人または組織のために、7500万ドルから1億5000万ドルに値する評価とビジネスをもたらさなくてはならない。

もし私が出版社だけと仕事をするのなら、この本を500万から1000万部売る必要がある。出版社は、本1冊につきわずかな利益しか得られないからだ。だからこそ、オバマ夫妻のような著名人は6000万ドルの出版契約を結べる。[※29] 何百、何千万部が売れると予測できるから、出版社にとってはお安い値段なのだ。

一方、富裕層相手の事業を展開するリーダーと組んで本を書くのなら、その事業に合致した適切な本を数千部売るだけでよいかもしれない。この種の事業は、その専門的なサービスと引き換えに、何十万から何百万ドルを顧客から受け取る。よって、本自体の「売上」が何十か何百部でも、リーダーにとっては1500万ドルの投資は朝飯前だ。

これは、私が適応度関数をどう定義するかという問題になる。

同時に、ダンがよくクライアントに対して、自分に問いかけるよう促す質問も思い起こされる。つまり、〝誰の英雄でありたいか〟という問題だ。

この質問を、ぜひ自分にも問いかけてほしい。そこから自分の適応度関数や20%、何に向けて「唯一無二の能力」を伸ばすべきかが見えてくる。

まずは、自分の「夢の小切手」を書いてみることだ。

この小切手の額面は、「唯一無二の能力」に現時点で支払われる額のおおよそ10倍にする。途方もない額かもしれないが、そのために提供するのは、最終的には究極の遊びとも思える、自分を変容させる仕事であるはずだ。

「夢の小切手」を書いたら、次の2つの質問を自分に問いかけてほしい。

1　「夢の小切手」を安い買い物だと人が喜んで切ってくれるには、どんな価値を提供すべきか？

2　「夢の小切手」を安い買い物だと人が切ってくれるくらい価値のある「唯一無二の能力」とは、どのようなものか？

小切手を切ってもらえるほどの価値を提供するには、「唯一無二の能力」において〝10倍優れ、より特殊な存在〟にならなければいけない。どんな成果物であれ、人が欲しいと思う〝10倍の価値〟を生み出さなければならない。

そのために、どんな人と協力関係を結びたいか。

特殊な価値を、誰と、もしくは誰のためにつくり出したいか。

自分の「夢の小切手」を実現するためには、どんな「唯一無二の能力」が必要か。

どんな特殊スキルや能力、業績を築き、発展させたいか。

10倍は、より大きいものではなく、〝より優れたもの〟を目指す。

つまり、「夢の小切手」を実現するには、〝英雄でありたい相手に対して〟、独自の特殊な方法で、いまより〝10倍優れ、価値がある〟人間になるのだ。

自分の20％は何なのか。それに向かって「唯一無二の能力」を鍛え上げ、自身を変容させたときに、「夢の小切手」はばかげたものではなく、いたって当然だと思えるようになる。

「夢の小切手」の概念があまりしっくりこないようなら、別の具体的な頂点や最高の体験を思い描くのでもいいだろう。たとえば、1年間の家族旅行に出かけるとか、ウルトラマラソンで目標タイムを切るとか、自分にとってお金よりずっと意味があり重要なほかの冒険や成果を目指すのでもいい。

重要なのは、それが「唯一無二の能力」を進化させ自身を変容させる10倍の冒険であるか、という点だ。

誰に何を言われようと、それをやりたいと思っているかということだ。

本章の重要ポイント

□優秀な人の多くが「ギャップ」に陥りやすい。自分や自身の経験を、非現実的な理想といつも比べたがる。そして、成果を上げているのにもかかわらず、成功していないと思い込み、自分をみじめに感じる。

□理想とは、砂漠で見える地平線のようなものだ。進むべき方向を照らしてくれるが、決してたどり着けない。どんなに歩んでも、遠のいてしまう。理想はそこにあり続ける。方向を確認するのには役立つが、それと自分とを比較すべきではない。

□収穫の考え方には、二つの側面がある。自分の歩みを正確に測れると同時に、どんな経験も、より深い学びや成長に変えることができる。

□収穫の人は、自身を過去の自分とのみ比較して成長を測る。理想や他人など、外の世界とは決して比較しない。

□「ギャップ」に陥ると、10倍を目指すのは自分にとっても周囲の人にとっても悪夢になる。まず、手の届かないところへ常に遠ざかる理想と比較するために、成長を正当に評価できなくなる。また、周囲と距離を取るようになって、つまらない人生を送り、自分にとっても周囲にとっても「成功」が遠のく。さらには、一つひとつの経験を学びや成長に変容させないので、

10倍優れてより特殊な存在になるプロセスを続けられない。

□人はものを失うのを過剰に嫌う傾向があり、そのために80%を手放すのを苦痛に感じる。しかし、収穫の視点で見れば、それが何にせよ80%を切り離すのは、実際は大きな収穫なのだ！役に立たないものを手放すのは、大きな前進と考えるべきだ。

□「収穫」のマインドセットで、過去の10倍飛躍をふり返ってみよう。それぞれの段階における20%、大胆に手放してきた80%がはっきり確認できる。

□過去の飛躍を思い起こして「点と点をつなぐ」と、自分がこれまでに何回もの10倍飛躍をしてきたことがわかる。すると、10倍が普通に感じられ、これからも10倍を続けられるように思えてくる。さらに、過去の一つひとつの20%を吟味する中で、「唯一無二の能力」をどう育んできたかを理解し、評価できるようになる。

□これまでの歩みを正確に把握することで、過去をより深く理解し、正当に評価できるようになる。将来をより明確に思い描くこともできる。そうして、非線形的な10倍飛躍をする準備ができる。

□次の10倍飛躍を考える上で役に立つのが、適応度関数という概念だ。何に向けて自分を最適化するのか、という問題だ。これによって、〝磨き上げたい質〟と、〝成長と成功を測るための基準〟を明確化できる。何にフォーカスすべきかわかる。そして、フォーカスするものを自らが具現化するのだ。

□「夢の小切手」について考えてみよう。特殊で価値のある存在になった自分に対して、未来の誰かが喜んで切る、10倍のチャンスをもたらす小切手だ。

□「唯一無二の能力」を用いてどんな成果を出せたら〝10倍の夢の小切手〟を実現できるか、考えてみよう。

第5章

自由な日を年150日以上つくる

工場時間からカイロス、フロー、楽しみ、変容の時間へ

「真に充実した人生を送りたいなら、意識的に睡眠と遊びを追求して疲れを癒し、そのような生活を送ることをステータスシンボルとすべきだ。」

——ブレネー・ブラウン[※1]

多くが知識労働に従事する現在のデジタル社会においては、9時から5時まで働くこれまでの働き方は生産的とは言いがたい。従業員の凡庸なパフォーマンス、刺激物の過剰摂取、やる気のなさ、そして多数の人が仕事を嫌っているという事実を鑑みてもそれは明らかだ。しかし、なぜこの働き方が生産的ではないのか、その根拠は示しておくべきだろう。

最大の10倍飛躍を最速で遂げる起業家は、魂の抜け殻になるような組織的または官僚的な時間モデルから脱却している。

官僚的な時間モデルは、20世紀初めの工場制に始まり、21世紀の公立教育を通じて子どもたちをしつけてきた。9時5時制の公立学校を卒業した生徒は、就職すると、再び同じ時間制の下で働き始める。

数値を軸とする時間モデルは、つまらないタスクに労力と時間を費やすことに重点がある。創造性や革新、そして〝結果〟は重視されない。

これについて、セス・ゴーディンは言う。

「この社会は、1925年式労働で訓練された何百万人もの労働者を毎年のように大量生産している[※2]」

10倍で生きるには、量ではなく質に注目して時間を使うべきだ。アインシュタインの相対性理論も実はこの考えに基づいており、機械論（訳註：すべての事象を精神や意思の概念を用いずに、必然的な因果関係によって説明する立場）的で時代遅れのニュートンの時間概念に比べ、より正確に時間をとらえている。

ニュートンの概念では、〝時間は抽象的で何にも影響されず、一定の速さで線形的に流れる〟――過去から現在、未来へと一律に流れていく――と考える。さらに、〝時間は絶対的〟で、どんな状況でも、どんな場所でも、誰にとっても同じだと考える。あなたにとっての24時間は、私の24時間と同じだ。[※3]

これに対して、アインシュタインの相対性理論、さらに近代の心理学や神経科学の研究は、より説得力のある革新的な時間の見方を提示し、ニュートンの絶対時間を否定する。アインシュタインの時間概念は、主観的で非線形的、柔軟だ。簡単に言えば、〝時間は状況や見方によって、進み方が異なる〟と考える。[※4]

人はそれぞれ違う時間軸で生きている。

あなたにとっての24時間と、私にとっての24時間は違うのだ。

物体がある方向に向かって空間を動く速さや距離によって、時間は伸びたり縮んだりする。物体が速く動くほど、その物体にとって時間はゆっくり進む。「Time dilation（時間の拡張）」とは、物体が空間を進む速度を上げたときに生じる「時間の遅れ」を指す。

ある時間内により多くのことを経験するほど、より遠くまで進み、自分の時間は拡張される。起業家でイノベーターでもあるピーター・ディアマンディスは、「高速で進むほど、時間はゆっくり流れ、より長く生きられる」と言っている。

1800年代、米国の東岸から西岸を目指すパイオニアたちは、台車を引いて、8カ月から12カ月かけて大平原を横断した。現在、私たちは飛行機に乗って、同じ距離を4時間から6時間で移動する。つまり、私たちはかつてかかった時間と比べほんのわずかな時間で同じ距離を進むことで、時間を数千倍拡張したと言える。

古代ギリシャ語には、時間を表す2つの言葉、〝クロノス〟と〝カイロス〟がある。[※5・6] クロノスは、時系列的または連続的に進む時間を指す。カイロスは、ある時期やころ合い、何か重大なことが突然起こる瞬間を表す。

クロノスは定量的（訳註：数字で表せるデータを扱う）な概念だ。

カイロスは定性的（訳註：数値では表せない質の面に注目する）な概念で、永続的な性格をもつ。

カイロスは古代ギリシャ語で、正しい、または事宜を得た瞬間を意味する。多くの哲学者や神秘論主義者は、カイロスを「deep time（深い時間）」または「alive time（生きている時間）」と呼ぶ。カイロスの時間を生きると、世界は止まったかのように感じる。深く息を吐いたり、笑い合ったり、美しい夕焼けを見たり、勇気をふり絞ったりするときに、カイロスの時間は感じられる。それは、「いま」という時間の中で前進するときに感じる濃密な時間で、時を刻む時計やカレンダーには縛られない。

そういうときに、変容は起こる。

意味が宿り、進化が始まる。

カイロスまたは相対的な時間を取り入れると、過去、現在、未来をはっきりと区別しなくなる。時間は連続的に一律に流れるのではなく、状況に応じて遅れるなど柔軟に変化する。[※7]アインシュタインはこう書いている。

「物理学を信奉する私たちのような人間は、過去、現在、未来という区別が、世の中にしぶとく存在する錯覚に過ぎないことを知っている[※8]」

カイロスの時間を生きると、自分という存在、人とのつながり、インスピレーションをより高い次元で感じ取れるようになる。クロノスを生きると、時間はただ過ぎ去っていくだけだ。分析まひに陥るか忙しさにとらわれて、真の意味では前進しない。

シカゴ大学教授で神学者のウィリアム・シュワイカートは、カイロスについて次のように説明する。

「私たちの最も偉大な力を人類のために行使する、または希望や理想を自分の中に取り入れることができる瞬間だ[※9]」

クロノスの時間は、それに意識を向けていなくても刻々と過ぎてゆく。しかし、カイロスは〝いまこの瞬間〟に没入しないと感じられない。カイロスの時間をより長く生きるほど、より長い時間フローに入れる。頂点に立つ経験をより多くできる。畏怖を感じ、意義を見出し、自己拡張（訳註：アイデンティティの拡大を通じた自己実現）をする機会が増える。

カイロスの瞬間を何回か経験した人のほうが、一生クロノスの時間を生きる人より、前進し、変容する。

この章では、質を重視した時間の使い方について学ぶ。ダンが数年前に編み出したカイロスに基づく時間システムは、起業家の経験や時間を拡張、変容させて、〝時間の自由〟を実現させた。

以前10年かけて変容したより、1日でもっと著しく変容できるようになる。

時間はゆっくり流れるようになり、穏やかにいまを生きるようになる。時間がゆっくり流れるのは、あくせくせずに、より速く前進するようになるからでもある。

前進するのがカイロスの世界だ。

忙殺されるのがクロノスだ。

それでは、詳しく見ていこう。

自由な日、フォーカス日、予備日をつくり、10倍を実践する

「時間を管理するときに、境界をつくらない人は多い。大多数の起業家は、チャンスさ

えあるなら1年365日、いつでも働くつもりでいる。そのようなマインドセットでは、人生のどんなことよりも、どんな相手よりも、仕事が事実上優先される。しかし、『起業家のための自由、フォーカス、予備の時間システム』に沿って生活を構築すると、仕事、私生活のすべてのコミットメントを果たせる自由を手に入れられる。」

――ダン・サリヴァン

ダンは20代のころ、俳優としてエンターテインメント業界で働いていた。そこでは俳優や芸人、アスリートなどのパフォーマーが、日ごとに仕事を分けていた。たとえば、〝実演の日〟は、パフォーマンスに100％のエネルギーと力を注ぎ込む日だ。舞台で演じたり、映画撮影に臨んだり、または試合に出場したりする。

パフォーマーの仕事と時間のすべては、人にお金を出させるような優れたパフォーマンスを提供するためにある。

実演の時間は、実際はそれほど長くはない。アメリカンフットボールの試合にしても、コンサートにしても、映画撮影にしても、長くて3、4時間といったところだ。

パフォーマーが芸を極めれば極めるほど、受け取る報酬は劇的に高くなっていく。その報酬は、時間や労力に対してではなく、その類まれな価値とパフォーマンス、つまり影響力《レバレッジ》に対して支払われるのだ。

高いパフォーマンスを生むために、パフォーマーは3種類の日をつくっているとダンは分析した。

1　実演の日
2　練習またはリハーサルの日
3　回復日

〝練習またはリハーサルの日〟には、パフォーマーは練習を重ねて技を磨き、いざスポットライトを浴びたときに最高のパフォーマンスができるよう備える。

「練習について話すのかよ？」NBA得点王のアレン・アイバーソンはかつて会見で、練習をよくさぼると記者に指摘され、腹立たしげに答えた。

そうだよ、アレン、練習について話すんだ。

準備期間にみっちり練習して備えた者は、実演の日に劇的な活躍ができる。練習を積まなかった者は、そうはいかない。

二人のNBAスター、デンバー・ナゲッツのセンター、ニコラ・ヨキッチと、ロサンゼルス・レイカーズのセンター、アンソニー・デイヴィスの例を挙げよう。

2019年から2020年のシーズンにおいて、二人はともにNBA全体のトップ選手

10人に名を連ねていた。そのシーズンのプレーオフでナゲッツとレイカーズは対戦し、デイヴィスは完全にヨキッチを凌駕した。レイカーズはナゲッツを圧倒し、その年のチャンピオンシップを制した。デイヴィスは、自らの能力のさらなる高みへ進んだように見えた。

しかし、そのたった2年後、ヨキッチの成長ぶりに周囲が驚いた一方で、デイヴィスの落ち込みぶりに周囲は同じくらい驚いた。

ヨキッチは、シュートやディフェンスなど、以前の試合では目立たなかったプレーをきっちり改善していた。すでに世界一流のプレーヤーでありながら、どこまで上りつめても10倍プロセスを踏めばさらに上を目指せるということを証明した。

対して、デイヴィスは明らかに80％にとらわれ、2倍の存在と化している。NBAチャンピオンになったあと、10倍の未来へ向けて飛躍するのをやめたかのように見える。カイロスの時間の力を利用する——練習や試合に集中し、しっかり回復する——ことをやめてしまったようだ。デイヴィスは、けがと、モチベーションの低下に悩まされていた。

カイロスによる進歩が緩慢になった分、デイヴィスのクロノスの時間は加速している。大きな進展がないときは、時間は速く進むように感じる。時間は過ぎるのに、自分はどこへも前進しないのだ。反対に、変容して大きな進展があるときは、時間は拡張し、ゆっくりと進む。10年分以上の進歩と変容を1年で遂げられる。

カイロスの時間とクロノスの時間とでは違うルールの下で行動する。よって、二つの時間を並べて比較することはできない。

パフォーマーとして、練習やリハーサルの日を有効に過ごせば、実演の日の質と価値はがぜん高まる。時間の質は、「唯一無二の能力」とパフォーマンスの質に反映される。その結果、時間、お金、人間関係、人生の目的における自由を繰り返し10倍にできるようになる。

パフォーマーの3つ目の日、〝**回復日**(rejuvenation days)〟は、休養を取り心身ともに回復を図るための時間だ。「rejuvenation」の意味は、「若さや若々しさを取り戻す、新しい活力を与える」、つまり、自分自身や意気、胸のときめき、そして志を若返らせるということだ。

ダンのストラテジック・コーチに初めて参加する新米起業家のほとんどが、9時―5時の時間制度であくせく働いているが、生産的ではない。事業のすべての面に過剰に気を配り、従業員を過剰に管理している。クロノスの時間に生きていて、大きな進展を遂げていない。よくて2倍の働き方をしている。

これらの起業家は、線形的な時間の流れや労力に目を向けている。自分を解放してもっと自由になり、ビジョンや創造力、結果を向上させようとしない。

ダンはこうした起業家に対し、質を重視した非線形的な時間制度にシフトして、少ない時間と労力で大きな結果を出すことにフォーカスする、つまりカイロスの時間を増やすよう提言する。

10倍の非線形的な結果を生むには、起業家自身が変容しなくてはならない。そのためには、高みを目指して最適化し続ける世界レベルのパフォーマーがしているように、時間の質を上げ、さらに時間を区分する手法をダンは勧める。その目的は、労働量を変えずにより多く稼ぐことだ。

演技にフォーカスして1日500ドルを稼ぐ芸能人は、やがて1日5000ドル、さらには5万ドル、もしくは50万ドル以上稼ぐようになるかもしれない。

自分の場合を考えてみてほしい。**労働時間を変えずに、パフォーマンスの価値や報酬を10倍にしたことはあるだろうか。**

パフォーマンスの質と価値を10倍にしたいなら、時間の使い方を変えなくてはいけない。19世紀の工場労働者やクロノスの時間では無理だ。忙しい人間は世界レベルにはなれない。

質の高い非線形的な時間の使い方をすべきだ。そうすれば、自分を解放して、自分自身、やビジョン、思考、人間関係を変容できる。

3つの「パフォーマーの日」を、ダンは次のように置き換えた。

1　自由な日（回復日）

2　フォーカス日（実演の日）
3　予備日（組織と準備のための日）

「自由な日」その1——回復をまず最優先する

バブスは毎年、年の初めに、ダンの予定表に何よりもまず「自由な日」（180日間）をすべて書き込む。二人にとって絶対に譲れない日だ。いかなるものもそこに入り込めない。仕事で成功すればするほど、回復はほかの何よりも優先される。フローと高いパフォーマンスのためには、回復は必須だと研究でも示されている。[※10・11・12・13・14・15]

たとえば、NBAのレブロン・ジェームズは身体に毎年何百万ドルも投資することで知られる。そのおかげで、スタープレーヤーとしてほかの誰よりも長く現役で活躍している。1日の睡眠は8時間から10時間、多いときは12時間取ることもよくある。レブロン・ジェームズと、トレーナー兼リカバリー・スペシャリストを長年（15年以上）務めるマイク・マンシアスに、ティム・フェリスがかつてインタビューをしている。

ティムが最初に投げかけた質問は、リカバリーについてだった。

「マイク、身体のリカバリーとけがの予防について、ぜひ聞かせてほしい……レブロン、あなたはまるで一角獣のような、現実離れした存在だ。私の知る限り、あなたはキャリアを通じて5万分以上プレーしてきた。ほとんどの選手は4万分で壁にぶち当たり、力が落ちていく。つまり、選手の衰えに関するあらゆる予測をあなたは覆している。そこでマイク、これについてどう考えるべきか教えてほしい。試合が終わって次の試合が始まるまで、どんな方法やアプローチで身体のリカバリーをするのか、説明してもらえるだろうか[※16]」

これに対し、マイクはこう答えている。

「どんなエリート選手が相手でも、我々すべてのトレーナーやセラピストが心に刻むべきは、リカバリーに終わりはないということだ。リカバリーのプロセスが終わる時点というのは決してない。レブロンがその夜、試合で40分プレーしようと28分プレーしようと、リカバリーは常に私たちの一番のフォーカスであり続ける。栄養補給、水分補給、柔軟体操、ウェイトルームでの運動、どんなリカバリーをするにしてもだ。これは本当に終わりのないプロセスだ。我々が仕事で成功し、選手が長期に活躍するためには、こういうアプローチこそ取り入れるべきだと思う」

回復は、身体をリフレッシュして、ベストを発揮し、キャリアや人生を長く続けるために欠かせない。

職業心理学でも回復の重要性を研究する分野が最近確立されつつあり、「仕事からの心理的距離」と呼ばれている。[※17・18・19・20] 心理的距離を本当に取れていると言えるのは、仕事関連の活動をしないだけでなく、仕事をしないあいだも脅迫的な考えにとらわれない場合だ。

研究によると、仕事から心理的距離を取る人は、次のような体験をする。

- 仕事関連の疲労や仕事の遅延が少なくなる。[※21]
- 身体の健康、特に困難なときにおける仕事に対する意欲（活力、熱心さ、フロー）が増進する。[※22]
- 仕事をたくさん抱えていても、満足した夫婦関係を保てる。[※23]
- 人生の質が全体的に向上する。[※24]
- 精神的健康が増進する。[※25]

仕事から完全に離れてゆっくりすることができない人は、働くときに決してゾーンに入れない。

100％「オン」の状態でフローに入れる力は、100％「オフ」の状態で脱力できる力と常に同等にしか有することができない。

フォーカスによって引き締める。

回復によって緩める。

フローに入り高いパフォーマンスをするために〝積極的な回復《アクティブ・リカバリー》〟に励むと、そこでやはりフローに入れる。[※26]たとえば、レブロンがソファに座る時間はかなりあるだろうが、それは彼にとってリカバリーではない。マッサージ、圧縮、温水浴、サウナ、水風呂、ほかあらゆる療法をしているだろう。一つのことにどう取り組むかは、ほかのすべての取り組み方にも反映される。仕事で10倍良いパフォーマンスとフローを経験したいなら、10倍良い回復をもっとすべきだ。

10倍は量ではなく、質を問う。すべてにおける質だ。すべての重要な（つまり10倍の）ものに対する基準を進化させる。身体に取り入れる栄養や食事。睡眠や環境の質。回復の質。経験の質も上げる。たとえば、新しい経験や最高の経験をとおして純粋に時間を楽しんだり人とつき合ったりすることだ。

究極の癒しは、健康的で親密な人間関係だろう。最も大事な人たちと、より深い、楽しい関係を築けるといい。

私の仕事は、本を読んだり人と話したりものを書いたりと、精神的な作業や人とのつき合いが大半なので、身体を動かす活動、たとえばウェイト・トレーニングのほか、長い散歩も素晴らしいアクティブ・リカバリーになる。頭の休憩になるだけでなく、体調が良くなって脳の血流も良くなる。アクティブ・リカバリーのあとは、いつも仕事の質が上がる。

「自由な日」その2――勝負するには回復が必要

成功して能力が高くなるほど、回復は重要事項になる。より高い次元で行う決断は、以前の決断の10倍または1万倍の影響力と結果をもたらすからだ。ナヴァル・ラヴィカントもこう言っている。「無限のレバレッジが力をもついまの時代、決断こそが最も重要なスキルだ」

行動に伴うレバレッジや影響力が大きくなるほど、判断力と眼力が物を言う。複雑で大きな仕事において明快な判断、思考をするには、知力、時間、醸成が必要になる。走りまわるだけではできない。次から次へと仕事をする人には、とうてい無理だ。

忙しいのは、2倍の状態だ。時間を早送りするだけで、ほぼ何の変容も遂げていない。

ある調査に対する回答で、仕事の合間にひらめくという人はたった16%しかいなかった。[※27] アイデアが浮かぶのは、家でくつろいだり、娯楽を楽しんだり、移動していたりするときが大半だった。「最も斬新なアイデアは、モニターの前に座っているときには浮かばない」サムスン電子の副社長スコット・バーンバウムも、そう言っている。

あるタスクに取り組むとき、頭は目の前の問題にフォーカスする（直接的な内省ともいう）。一方、休んでいるときは緊張が緩み、意識がうつろう（間接的な内省ともいう）。ドライブなど娯楽的な活動の最中は、周囲の環境（建物や風景など）から刺激を受け、記憶や思考が無意識のうちに呼び起こされる。意識は、過去、現在、未来のあいだを時間的にも、（さまざまなテーマにわたり）文脈的にも自由に流れる。そんなとき、直近の課題について、脳が複数の情報を別々のところから引き寄せ、そこにはっきりとした関係性を見出したりする（それが、ヘウレーカ〈わかった〉！という瞬間だ）。

創造性や革新とは、独自の観点で、ときには意外なもの同士でも結びつけて、新しい関係をつくり出すことだ。そのためには新しくて面白いインプットはもちろん、間接的な内省と発酵のプロセスが必要で、それは時間と余裕がなければ成立しない。

デイヴィッド・キース・リンチ（訳註：映画監督、脚本家、プロデューサー）は著書『大きな魚をつかまえよう——リンチ流アート・ライフ∞瞑想レッスン』で、アイデアやチャンスは魚のようなものだと話す[※28]。水面近くにいては、小さな魚しか取れない。大きな魚をつかまえるには、もっと深くもぐらなければだめだと言う。

忙しい人は、水面にいるだけだ。

大きなアイデアをつかまえるには、たくさんの自由な時間、質の高い時間が必要だ。

休養を取り、リラックスして、自分を解放する時間だ。

ここに、回復が必須である根本的な理由がある。せわしなさから離れ、視野を広げ、新しい視点を得るなどして、思考を広げたり集中させたり――全体像を見たり細かい側面を見たり――することで、斬新かつ最善のアイデアが浮かぶのだ。

ビル・ゲイツがこの手法で得た大きなアイデアのほとんどが、1990年代から2000年代初めのマイクロソフトの快進撃を生んだことはよく知られている。ゲイツはたびたび「考える週」をつくり、皆の前から完全に姿を消して騒音を遮断し、数週間、誰からの連絡も絶って本や記事を読みあさった。[※29] それから考え、内省し、思案し、可視化して、最終的には驚くようなアイデアとブレークスルーにたどり着いた。後半のプロセスでは、ゲイツがアイデアを出しては打ち返してもらい、思考を反復して深めていくための、何人かの選ばれたメンバーがおそらくいただろう。

ダンは「スケジュールをびっしり埋めている起業家は、変容を遂げられない」と言う。物事を進める作業には2つのモードがある。〝探求〟と〝活用〟だ。

10倍の実践は両方を必要とする。

〝探求〟は、自由な日に行う。仕事のストレスや緊張から解き放たれ、心が自由と解放感にひたっているときに、リラックスして、考え、探求するのだ。私はこれを「回復のフロー」または「カイロスの回復」と呼ぶ。探求とは、読書をしたり、自分の得意分野とはまったく違う分野の考えを研究したりして学ぶことだ。探究しながら、新しい機会を探すこともできる。試したり探求したりした新しいアイデアが、いずれコミットし、活用する対象になるのだ。

〝活用〟は、フォーカス日に行う。「フォーカスのフロー」または「カイロスのフォーカス」で仕事に取り組む。コミットするものに完全に没入してフォーカスするのだ。

回復し、考えて、創造するための余裕をつくることで、時間の価値を上げる。かごの中のハムスターが車輪をまわすように周囲がクロノスの時間を必死に生きるあいだに、著しい変容を遂げるのだ。

10倍の起業家は回復の重要性をよくわかっている。2倍起業家はわかっていない。

2倍起業家は、万全の準備をしないと休みを取れないと考える。自分がいなくても問題のない体制にしておかないといけないと思い、なかなか休もうとしない。

ダンとバブスは、たった3人の従業員しか雇っていないときも、毎年180日間の回復日を予定に組み込み、消化した。これらの自由な日に、従業員はどんな方法でも二人に連絡を取ってはいけなかった。

意外に聞こえるだろうが、10倍を実践するにはより多くではなく、より少なく働くべきなのだ。

だから、10倍は2倍よりやさしい。

10倍は、革新と結果を重視する世界だ。質を重視した非線形的な時間の使い方をする。

2倍は、せわしなさと労力が中心の世界だ。量を重視した線形的な時間の使い方をする。

「自由な日」その3 ——自主性に任せなければ、従業員は成長、進化しない

「自由な時間」を増やすのは、自分だけのためではない。

トップが仕事から離れる時間をつくることで、従業員は成長し、業務や体制のあり方も改善される。

起業家はこのことを学ぶのがいつも遅い。**自分が職場から姿を消して初めて、従業員が実はどれだけ有能なのか気づくのだ。**

しかし従業員自身も、自分がどれだけの力をもっているのか、上司に管理されている限り知るよしもない。

管理者が自らを解放して職場から離れることで、従業員は進化し、責任をもって仕事を進める術を身につける。それが、ダンが言う「自律的な企業」の姿であり、10倍成長には欠かせない。

ダンはこう説明する。

「時間の自由を拡大することは、自律的な企業を成立させるためにも必須だ。仕事から解放され、自分が面白くてわくわくするものに夢中になる時間を増やしたほうが、会社は成長する」※30

日々の業務に忙殺されていては、会社もあなたのビジョンも10倍成長しない。10倍の実践には10倍優れたアイデアと革新が求められるが、そのためには、フォーカスのフローと回復のフローの両方を深めなければならない。

働きまわるだけでは、フォーカスは難しい。

同時に、従業員のそばから一歩退くのを怖がっていては、過剰な管理になる。実際には、従業員の足を引っ張っているのだ。従業員が自己決定するのを邪魔し、自身が進化するのも自ら邪魔している。

その場から一歩引いて、誰かに手綱を譲らなくてはいけない。

人の管理はもうあなたの仕事ではないのだ。

その役割を引き受けている限り、あなたは2倍にとどまるし、従業員全体や会社も2倍のままだ。

この本の第6章では、いかにして変容のリーダーとなるか、自己管理して自己成長する会社をどう構築するかについて説明する。

フォーカス日と予備日
——10倍変容と結果をもたらす日を構築する

フォーカス日と予備日について、ダンは長らくそれぞれにほぼ同じ日数——約90日間と約95日間——をふり分けていた。しかし、「どうやるか」ではなく「誰とやるか」《フー・ノット・ハウ》※31を積極的に取り入れ、従業員を増やしてからは、勤務日の大部分——おおよそ150日間——がフォーカス日となった。この日には、ダンはクライアントの起業家をコーチングしたり、新しいツールやモデルを開発したり、ポッドキャストなどのプロジェクトを仲間と進めたりする。そのお膳立ては、従業員たちがますます責任をもって担うようになっている。

それでもなお、予備日は非常に重要だ。ダンはいまでも年35日ほどの予備日を確保し、従業員と打ち合わせをしたり業務を整理したり、今後の計画を立てたりしている。それによって会社の全員が現在地を共有し、つながりを確認できる。

フォーカス日と予備日の具体的な過ごし方は、人それぞれでいい。

予備日は、さまざまな準備や整理にあてる日だ。主要な仕事仲間と打ち合わせをしたり、コンサルタントやコーチと会ったり、従業員とミーティングをしたり、フォーカス日に使う資料やメモを作成したりしてもいい。

一方、フォーカス日は、とにかく結果に関わることをする。事業の中核である20％の仕事以外は一切しない。最も稼げる仕事に注力する日であり、「唯一無二の能力」を磨いて10倍飛躍するごとに、これにかける日数も増やしていく。

最大の稼ぎどきを逃さないために、フォーカス日と予備日を次のように構築するといい。


高いパフォーマンスを発揮する週にするために、似たような活動や会議の予定は同じ日にまとめよう。クリエーティブ系や事務系といった違う類の仕事をあれこれするのは非効率だ。

さまざまな活動に日々従事するのではなく、特定の活動のみにフォーカスできる日をつくる。そこに会議を一つ入れてしまうと、それだけで意識はそこに向かってしまう。何をしていても、時間になったら中断しなくてはいけないと思うと、気が散って目の前の仕事にうまく没入できない。

その週にいくつか会議があるなら、それらの予定をすべて1日か2日にまとめるようにする。そして、残りの数日間を最も大事な仕事のために完全に空けておく。

私もこれを実践したが、効果は絶大だった。以前は週のあちこちに、毎日のように会議の予定が入っていた。いまでは、よっぽど重要な事情がない限り、会議は金曜日に集中させている。月曜日から木曜日までは会議を一切入れず、執筆したり勉強したり、大事な人と会ったり思考を深めたりするなど、やりたいことをやっている。

あなたの予定や、仕事における役割は、作家の私とはおそらくまったく違うだろう。あなたの「唯一無二の能力」や10倍の目的も、私とは違うだろう。あくまで自分の場合に合わせて、実践してほしい。同じ類の活動や会議を同じ日にまとめ、週の中で散らばらないようにする。〝予定を一切入れず、仕事に集中して能力を10倍伸ばす日〟をできるだけ多くつくる。短期間でもこれを実践してみれば、あなたの劇的な変容ぶりに周囲は驚くだろう。

フローに入りスキルを10倍高めるための余裕を、ほとんどの人がつくっていない。80％にとらわれ、せわしない線形的な時間モデルに沿って2倍を生きている。

プロフットボールリーグNFLのフィラデルフィア・イーグルスのクオーターバック（QB）、ジェイレン・ハーツは、カイロスの時間を使い、非常に短期間にスキルと結果を10倍にした格好の例だ。ジェイレンは完璧な10倍人間で、近いうちにNFLでも指折りの名QBになるだろう。

この原稿を書いている2022年11月現在、2022年から2023年のシーズンは9週を終えたところだ。ジェイレンにとってはリーグ3年目、スターター（訳註：先発QB）として2年目を迎えている。イーグルスは現時点で負けなしで、ジェイレンは断トツのMVP候補だ。

スポーツ・コメンテーターのコリン・カワードが最近のインタビューで、スーパーボウルを制した元ＱＢトレント・ディルファーに、「ジェイレン・ハーツに何が起こっているのか？」と聞いている。トレントは次のように答えた。

「孤独な練習を積み重ねてきたたまものだと思う。まだ17歳のころのジェイレン・ハーツを知っているが、25歳みたいに成熟していた。大人びているんだ。さらに、大変な努力家で、孤独な練習をたくさん積んでいる。退屈で単調な練習だ。誰かにすごいとほめてもらうための練習じゃない。インスタにわざわざあげたりツイッターに投稿したり、『頑張るオレを見て』と自画自賛するための練習じゃない。ただ淡々と仕事をしている。ゲームの細かいところを確認し、テクニックを練習し、録画を見て研究する。別のことをやろうと思えばやれるはずだ。お金も名声も十分あるんだから。しかし、周囲と距離を取り、険しいほうの道を歩んでいる。ひとり閉じこもって自分を研究し、敵を研究し、ゲームのあらゆる面を研究している。オフシーズンの練習について、ＱＢコーチのクインシー・エイヴリーと話したことがあるが、濃い練習内容だった。自分を磨くために、ぜいたくをほとんどしない。その結果をいま、私たちは見ているんだ。誰よりも高いレベルでプレーしている。しかも皆が予想したとおりの単なる偉大な選手ではなく、ＮＦＬの中でも微細な点まで見抜くことができる真のＱＢとして立っている。私はジェイレン・ハーツに敬意を表する。NFLの中でも昨年から今年までに最も成長し、まぎれもないスーパースターになった選手として注目すべきだと思う[※32]」

ジェイレン・ハーツの例は、真剣にフォーカスしてコミットすれば、NFLのような最高峰の世界でも、短い期間で途方もなく高いレベルへさらに進化できることを証明している。しかし、2倍を生きる人間には無理だ。

私たちも10倍の未来に向けて、変容を続けるべきだ。

カイロスの時間をより長くつくり、飛躍的なレベルで進化する。カイロスのフォーカスとカイロスの回復を、人生の生き方とすべきだ。

仕事に深く取り組むためには、長いまとまった時間をつくろう。10倍飛躍するために、スタートアップインキュベーターY Combinator《ワイコンビネーター》の共同創業者ポール・グレアムが言う「ものづくりのスケジュール[※33]」を取り入れてみてほしい。グレアムはこう説明している。

「スケジュールには2つの種類がある。管理者のスケジュールと、ものづくりのスケジュールだ。前者は上司のためにある。従来の手帳のように、1日が1時間ごとに区切られている。必要があれば一つの仕事に数時間使うときもあるが、基本的には1時間ごとに違う仕事をする。このような時間の使い方をする人にとって、誰かと会うのは、その時間があるかないかという単なる事務的問題に過ぎない。空いている時間を見つけて予定を入れる。以上だ。一方、ものづくりをする人、プログラマーや作家（そしてパフォーマー）などはこれとは違う時間の使い方をする。大半が少なくとも半日単位で時間を区切って使う。文章を書いたりプログラムをつくったりする仕事は、1時間単位ではできない。1時間でやっとエンジンがかかるくらいだ。この人たちにとって、会議は災難だ。一つ入るだけで、その日の午後が丸つぶれになる。午後の時間が真っ二つに割れ、前後の時間とも集中するには短か過ぎるのだ。どちらのスケジュールもそれ自体に問題はない。人と会うときになって、問題が起こるのだ」

非常に大事な仕事またはクリエーティブな仕事をする場合、最低4時間のまとまった時間をつくるよう、ティム・フェリスは提言する。[※34] **10倍を実践するなら、長いまとまった時間をつくり、細切れの時間を減らすべきだ。**空いている日をもっとつくり、会議も何の予定もない4時間以上のまとまった時間をもっと確保するのだ。

さらに、フェリスの提言を発展させて、重要な仕事はカイロスの時間の中でこそ成し遂げられると考えてほしい。そして、探求と活用、または回復とフォーカスのために、時間単位だけでなく、週単位、月単位でも時間をまとめてみる。フォーカスの数週間と回復の数週間、フォーカスの数カ月と回復の数カ月、といった具合だ。より大きなプロジェクトに思いきり集中して、続く何週間か何カ月をカイロスの回復と探求の時間にあてる。そうして自分を深め、変容する。

カイロスのフォーカスとカイロスの回復をすれば、10年かかる経験と成長を1年で得られる。そうやって、加速する時間に周囲が追われる横で、ゆっくり流れる時間を使う。

これが、「ダビデ（真の自分）」になる道であり、「唯一無二の能力」を進化させる道だ。水面近くであくせく働き、2倍生活を送る人には想像もできないような革新を起こせる。

もう一つ重要なのは、**10倍を実践するのに、管理者になってはいけない**。管理者は10倍を生きられない。あなたが目指すのは、ビジョンをもった変容のリーダーだ。リーダーは人を管理しない。代わりに、自主管理できる指導的チームを従業員の中に育てるのだ。

やること（フローで取り組むべき重要な仕事）のリストは1日3つまでとしよう。ドワイト・アイゼンハワー元アメリカ大統領は、こう言っている。

「私には、緊急性と重要性の2つの問題がある。急を要するものは重要ではない。重要なものは急を要さない」

20％の仕事、つまり「唯一無二の能力」を注ぎ込むべき仕事は、重要だが急を要さない。

80％は急を要する。それがどんなものかは、読者の皆さんにはもう見当がつくはずだ。

1日の計画は、忙しく過ごすのではなく、進歩して意義がある日になるよう組み立てよう。量より質の1日を目指す。やることリストに10もの用事があっては、浅くしか取り組めない。10倍の仕事はできない。

そこで、その日に達成したい大事な仕事は、3つ以内に限定する。3つを終えたら、その1日に満足すべきだ。自分をほめて、あとは回復に努めよう。ただし、3つには10倍レベルの仕事、つまり最も重要で楽しい仕事を選んでほしい。

研究で示されている、フロー状態に必要な条件は次の3つだ。

1　明確で具体的な目標
2　速やかなフィードバック
3　活動の難易度またはリスクが、本人の現在のスキルまたは知識レベルを超えている[※35]

やることリストの3つの目標が、必ず明確で具体的であるようにする。それにより、何にフォーカスすべきかがはっきりする。さらに、3つについて何らかのフィードバックを得られるようにする。フィードバックとは、セス・ゴーディンの言葉を借りれば、「自分の仕事と外の世界との衝突[※36]」だ。

フィードバックは、人に影響を及ぼす。

質の高い、直接的なフィードバックをもらうには、勇気をもって、無防備でいることが必要だ。「ここ」が自分の現在位置なのだと、素直に受け入れなければいけない。フィードバックをもらうのがリスクを伴うのは、自分が〝正しくある〟必要があるときだけだ。自分が〝正しくなる〟のに積極的であるなら、定期的にフィードバックを受けて、思考の発展や刷新を後押ししてもらうべきだ。

最後に、コミットメントと勇気をもって取り組むためにも、3つの仕事がいまのスキルや知識レベルを超えているようにする。それにより成長して変容し、さらなる能力と自信（ダンの4C方式を思い出してほしい）を身につけられる。こうして、毎日1%でも前進する。以前やったことの繰り返しや、何も考えずにできる仕事はしない。

仕事を終えたら、仕事モードから完全に抜けて、「積極的な回復」に努めよう。厳しい締切を前にカイロスのフォーカスで働いているのでない限り、必要以上に長く働かない。大事な目的を果たし、終えるべきときになったら迷わず手放す。

そして、仕事モードから抜ける。

仕事から心理的に距離を置く。

「積極的な回復」に移り、人生のほかの重要な領域を豊かにする。一つのことにどう向き合うかは、ほかのすべてのことにどう向き合うかに反映する。ある領域で10倍を実践するのなら、人生のほかの重要な領域すべてにおいても10倍を実践するのだ。「重要」という言葉を、ここであえて強調しておく。

変容のための、最も簡単な夜のルーチンをしよう。ダンと私は共著『ギャップと収穫』で、1日の最後の時間の過ごし方について、1章をまるまる使って説明した。1日の最後の1時間は、その日で最もインパクトのある時間とも言える。[※37]

最後の1時間は、睡眠と翌日の質を決める。90%以上の人が、特にネット画面をだらだらとスクロールするなどして、不健康な習慣にはまり、2倍の夜の過ごし方をしている。[※38]

10倍睡眠を確保するには、ベッドに入る少なくとも30～60分前に携帯を「機内モード」にする。3～5分でよいので、日記にその日良かったことを3つ書き出す。予定にはなかったことでもいい。どんなかたちでも学びや前進があったことを記す。

そして、その日を「良かった」——過去のすべてについても、そう位置づけてほしい——と締めくくり、翌日の3つの目標、または「良かった」と思いたいことを決める。祈りを捧げるか瞑想をして、床につく。胸をときめかせ、幸せな気持ちになってその日を完全に終える。

本章の重要ポイント

□公立教育のシステムと従来の企業構造は、9時から5時まで働く線形的な時間モデルに基づいている。ここでは、フローや創造性、結果ではなく、どれだけ忙しく働いているか、どれだけ労力をかけているかという〝量〟に重点が置かれる。

□10倍を実践するには、〝質〟に重点を置き、時間がゆっくり流れるような濃密な経験を伴う非線形的な時間の使い方をする。

□パフォーマーは時間を3つに区分して、熟練《マスタリー》の技の向上に向けて最適化している。

□10倍を実践するには、量ではなく質を重視する「パフォーマーの時間モデル」を採用する。技を磨いて10倍良くすることを重視するモデルであり、限りなくフォーカスする日、準備する日、回復する日をつくる。

□10倍を極めるほど、より多くの回復と、そのためのまとまった時間が必要になる。心身をリフレッシュして楽しみ、人とつながりをもつようにする。

□1週間、1カ月、さらに1年をとおして、「自由な日」をつくる。少し怖いほどの日数を確保するように。働く日を減らすほど、より多くを成し遂げ、より良い結果が出るのに驚くだろう。

□お金を稼ぎながら10倍を実践するには、より働かないことが大事だ。

□自分を仕事から解放するのは、従業員（部下）のためでもある。自律的な会社にしたいのなら、なおさらだ。

□リーダーとしての自分が職場から離れて初めて、従業員がどれだけ優秀かがわかる。同時に、従業員も自主管理をして初めて、自らの力に目覚める。

□フローに入り良いパフォーマンスを出せるよう、1週間を組み立てる。会議など同じ類の活動は、同じ日にまとめて予定を入れる。週のうち数日だけを会議にあてる。残りの数日はフォーカスしたい仕事のために、ほかの予定を何も入れないようにする。

□「ものづくりのスケジュール」を取り入れ、深く没入して仕事をするための長いまとまった時間をつくる。これにより10倍良い仕事ができる。より高い次元で「フォーカスのフロー」と「回復のフロー」を行うためには、フォーカスの時間と自由な時間を1日単位でつくるだけでなく、数週間単位、さらには数カ月単位でつくる。

□その日にやるべき3つのことを終えたら、そこで仕事は終わりとする。必要以上に働かない。生産的であるのと忙しいのとは対極にある。ギャップにはまるのでなく、収穫の意識をもつ。

□睡眠の質を上げるために、夜のルーチンを最適化する。

□ダンの時間モデルを活用するためのさらなる情報は、www.10xeasierbook.comで得られる。

第6章

自律的な企業をつくる

過剰に管理する上司から、変容のリーダーへ進化する

「会社のすべてを管理するのをやめたら、利益が40%増えた。超忙しくて人生の大事な問題に向き合えないのは仕事のせいだともはや言えないのなら、一体どうすればいいんだ。おののきながら、ここはこらえるしかない。」

——ティム・フェリス[※1]

2017年初め、スーザン・キチュクは1年間の長期休暇を取り始めて5カ月を経たころ、ヘッドハンターから思いがけない電話をもらった。ヘッドハンターは、非常に特殊な人材を探していたが、手こずっていた。もう無理だと友人に泣きついて、すぐにスーザンを紹介されたのだった。

ただし、スーザンは求職中ではなかった。

30年近く働きづめで、疲弊していた。20代初めに経営管理の博士号を取って以来、子育てをしながら25年以上、複数の大企業で組織の構築と規模拡大に貢献してきた。

直近の17年間は、グローバル企業の経営幹部として組織を発展させつつ、重要なプロジェクトを次々と手がけていた。

しかし、ヘッドハンターから募集案件の詳細を聞くうちに、スーザンは自分でも驚くほど興味をもち、わくわくしてきた。すぐにでも休暇を中断して、仕事に取りかかりたいと思ったほどだ。

募集主は、生命保険仲介業「ターゲテッド・ストラテジーズ・リミテッド」という、革新的な事業を展開している会社だった。大きな利益を出していたが、その維持は難しい状況だった。困り果てたＣＥＯで創業者のガーネット・モリスは、10倍の道を進むには最適な誰《フー》か——自分以外の人間——が組織を経営して立て直すしかないと考えていた。

スーザンは一連の採用試験に合格して、ＣＥＯ候補の一人に選ばれた。ガーネットら取締役会との面接では、堂々としてものおじしなかった。ガーネットをまっすぐ見て、言った。「会社がやろうとしていることは理解していますし、きっとお役に立てると思います。同じような経験をたくさん積んできました。私について何かご心配はありますか?」

ガーネットは、生命保険業界での経験がない点など4、5つの心配ごとを述べた。スーザンは自信ある態度で明快に回答し、ガーネットの懸念を一つずつ消し去った。最後に、ガーネットはほかの取締役を見まわして言った。「候補者の中で一番気に入りました。ぜひ採用しましょう」

スーザンの任務は、シンプルでもやさしくもなかった。そこには、2つの要素があった。

- ガーネットの信頼を得て、仕事を任せてもらう。それにより、ガーネットは自身の「唯一無二の能力」にフォーカスできる。つまり、クライアントに対して革新的な経済的ソリューションを創造する仕事に打ち込める。
- 長く停滞している会社の事業を改めて構築して最適化し、規模を拡大する。

スーザンは最初の1カ月間、会社が置かれている状況をくまなく点検した。まず財務状況を調べた。

売上はどのような状況か。

売掛金はすべて回収できているか。

何にお金を費やしているのか。

会社が販売している生命保険の証券についても、どこから集められ、どこで保管されているのか確認した。「案の定、1カ所にまとめられていませんでした」スーザンは私に話した。

社内のさまざまな制度や手続きについても調べた。体系化されてないために人手が余計にかかっている仕事がないか点検した。

事業と組織の現状について理解したところで、どんな役割やタスクが実際に必要で、誰がそれを担うべきか、注意深く評価した。

その中で、会社に売上をもたらしているのはガーネット一人であることがわかった。

同時に、従業員の多くは時代に取り残され、会社にとって本当に必要な仕事をしていない、もしくは与えられた仕事の適任者ではないこともわかった。時代遅れの従業員は、2倍そのものだった。つまり、現状維持を望み、ガーネットが目指す10倍や、スーザンが築こうとしている組織を望んではいなかった。

そのような社内で、スーザンはもちろん、レート・バスターとして見られた。実際、会社を停滞させる2倍の問題を断ち切るレート・バスターとして、ガーネットに雇われたのだ。会社の基準を引き上げ10倍を実践するために、事業と組織を構築しようとしていた。

スーザンは初めに、次のようなシンプルな問いを立てた。

何をすべきなのか？
それをいま、誰がやっているのか？
その人は適任者か？

その後の2017年から2021年までの4年間、スーザンは4つの段階を踏みながら、ターゲテッド・ストラテジーズ・リミテッドを10倍成長に導いた。会社はいま、向こう4、5年間の次の10倍飛躍を目指している。スーザンが当初設定した4段階は、次のとおりだ。

1 安定化
2 最適化
3 成長
4 変容

〝**安定化**〟では、機能的でコンプライアンスを守る事業体制を整えた。スーザンは事業を詳細に調査して、収益構造を理解した。会社が販売している保険証券、売上、財務、従業員など、会社全体にわたって課題を評価した。

〝最適化〟では、主要なプロセスを標準化して、収益を多様化した。これによって、ガーネットだけが販売を担うことはなくなった。スーザンは、ターゲテッド・ストラテジーズと取引のある保険会社や銀行へ赴いて、すべての取引先がターゲテッドとの仕事をひどく嫌っているのを知った。理由は簡単だった。明確な手順や体制が整っていなかったからだった。

〝成長〟では、ガーネットの斬新な視点を尊重してターゲテッド・ストラテジーズの証券を売ってくれる新しい業者を探し、関係をつくった。ガーネットは、販売する生命保険に新しい魅力を吹き込んでいた。顧客に不人気な側面をすべて取り除き、死亡時だけでなく生きているうちから成長する資産として活用できるよう簡易化したのだ。ガーネットは特出した知的財産（ＩＰ）を常に考え出し、スーザンはそれを選別して実行につなげた。

スーザンは、なかでもターゲテッド・ストラテジーズと同じ超富裕層を顧客にもつ複数の会計事務所に目をつけた。そこのプリンシパルと呼ばれるベテラン社員たちと関係を築き、ターゲテッド・ストラテジーズの主要な営業メンバーとして引き抜いた。プリンシパルは保険業務を熟知している上に、独自の人脈をもち、顧客とも上手に話ができた。

スーザンが目指したのは、会社の業務を構築して整理し、優秀な誰か《フー》を確保することだった。より多くの有能な誰《フー》かが従業員に加わるたびに、ガーネットが設計した革新的な保険証券を売る販路や委託先は拡大していった。

４年後、スーザンとガーネットは見事にターゲテッド・ストラテジーズを10倍成長させた。

二人は、スーザンの４つ目の段階、〝**変容**〟にたどり着いた。ただ、10倍を再び目指すにあたり、変化があった。ガーネットがターゲテッド・ストラテジーズ、さらにはカナダの保険業界からも離れたのだ。新しい会社を立ち上げ、クライアントに別のかたちで価値を提供するビジネスを始めた。

スーザンとガーネットはいまでも戦略的に協力するときはある。ただ現時点では、スーザンがターゲテッド・ストラテジーズを仕切り、ほかの何人かと会社を共同所有している。

スーザンが私に語ったところによると、会社の次の10倍成長では、前回のようにプリンシパルの力に頼る予定はないという。「ここからは、私たちが築いた素晴らしい保険業務プラットフォームを最大限に利用しようと思います」

ここまで到達するために、ガーネットは、スーザン率いる〝自律的な企業〟を構築した。ガーネットが力を発揮するためには、会社の日々の業務にいちいちとらわれないようにする必要があった。スーザンは、そうした細かい業務からガーネットを解放し、自分のスキルを活用して会社を安定化、最適化して、10倍成長させた。そのあいだにガーネットは「唯一無二の能力」にフォーカスして、学び、成長して、新境地を開いていった。

10倍を繰り返すたびに、人生の目的や使命感、またはミッションも劇的に広がり、大きくなる。

10倍成長を続けるのなら――「唯一無二の能力」を磨いて10倍優れ、独創性を発揮するのなら――、自律的な企業を育てるのは必須だ。

自律的な企業とは、読んで字のごとく、従業員が自律的に動く、または自己管理できる会社だ。リーダーはもはや日々の業務に関わらない。従業員はリーダーのために働くが、リーダーを頼りにしない。それはリーダーがビジョンを描かず、会社を導かないということではない。それどころか、リーダーは創造、変容して、新しい機会を常に探求、活用して、指導者としての本分を果たしていると言える。

従業員や会社のシステム、組織構造に関与したり管理したりして、会社の障害になるようなことはしない。その代わり、それらの仕事をより上手にできる世界級の誰か《フー》を連れてくるのだ。

リーダーはビジョンを描き、従業員《チーム》はそれを実行する。

リーダーは変容を続け、思考やマインドセット、アイデンティティーをバージョンアップさせる。それを指導層の社員に反映させ、指導層が残りの社員に反映させるのだ。

この章では、自律的な企業を築くための基本、さらには従業員がそれぞれの「唯一無二の能力」を発展させ、自己成長する「唯一無二の組織」のつくり方を学ぶ。

どんな起業家も、初めはすべて自力でやろうとする不器用な事業主なのだが、成長するにつれ、公私にわたり「どうやるか」ではなく「誰とやるか《フー・ノット・ハウ》」の考えを実践するリーダーになる。最終的には、より能力のある人物にリーダーの仕事を譲り、自分は「唯一無二の能力」に打ち込み、次の進化を目指して進むようになる。

10倍を続ける起業家が進化しながら経る4つのレベルをこれから見ていく。それらは、次のとおりだ。

1　レベル1からレベル2の起業家　レベル1の起業家は、自分ですべてをやる、または少数の従業員を過剰管理する不器用な事業主だ。レベル2では、フー・ノット・ハウの考えをビジネスにも人生にも取り入れ、「どうやるか」ではなく「誰とやるか」にフォーカスするリーダーへと進化する。

2　レベル2からレベル3の起業家　フー・ノット・ハウを実践するレベル2から、自律的な企業を築き、経営を自分より適したリーダーに任せるレベル3へ進化する。日々の業務から解放され、「唯一無二の能力」を駆使して、新しい可能性の追求や新たな20％の創造、ビジョンの強化、協力者との共同作業にフォーカスする。

3　レベル3からレベル4の起業家

自律的な企業を築くレベル3から、ビジネスを含めた身のまわりのすべてが、「自己拡大する唯一無二の組織」として機能するレベル4へ進化する。「自己拡大する唯一無二の組織」では、すべての従業員が、それぞれの20％に向けて役割を果たそうとする。全員が仕事にやりがいを感じながら、同じ10倍ビジョンをリーダーと共有し、「唯一無二の能力」を伸ばしていく。そのうち、各自がそれぞれの80％を手放し、ほかの適したフーに引き継ぐ。そうやって従業員全体が自己拡大して、誰もが著しく進化し、価値を上げる。

それでは、それぞれの段階について詳しく見ていこう。

レベル1からレベル2
——不器用な事業主から、フー・ノット・ハウを駆使するリーダーへ

「革新的で、利益を生む会社をつくりたいなら、『自律的な企業』に育てなければだめだ。日々の業務を従業員に任せ、自分は自由な身で大きなビジョンを描き、より大きな

「価値を創造し続け、市場をさえ変えてしまうのだ。」

——ダン・サリヴァン[※2]

1997年、ウィスコンシン州ウェストベンドの若い機械技師だったティム・シュミットは、従業員3人の小さなビジネスを始めた。明確な目標を欠いた事業だった。ティムの言葉を借りれば、「客が金を出してくれるなら何でもした」。たとえば、おもちゃ店などのディスプレイを参考に、新たなディスプレイのデザインを設計する仕事をしていた。

10年後の2007年、会社は相変わらず従業員3人で、収益は約30万ドルとほとんど増えていなかった。

1997年から2007年まで、ティムは「がむしゃらに働いた」にもかかわらず、2倍成長さえできなかった。

この10年間と、最近の10年間を比べてほしいのだが、ティムがいま経営する「U.S. Concealed Carry Association（全米銃器被覆携帯協会）」（USCCA）は、2011〜2022年のあいだに、収益を300万〜400万ドルから2億5000万ドルまでに伸ばした。現在の従業員は全米に615人、会員は70万人超いる。2倍モードで「がむしゃらに」働くのではなく、社員やリーダー格の社員を次々に増やし、USCCAを加速的に成長させている。

もちろん、ここまでティムが相当苦労したのは確かだ。

しかし、それは変容を伴う愉快な冒険でもあり、それによって成功し、自由が広がった。

2つの10年間は何が違うのか。

ティムは何が変わったのか。

新しい組織を立ち上げ、多くの人の生活に影響を与える立場に立つまで、どのような経緯をたどったのか。

ティムの物語を追ってみよう。それを通じて、不器用な事業主から〝変容のリーダー〟へと成長する過程がよく見えるはずだ。


1998年、ティムは最初の我が子ティミー・ジュニアを初めて腕の中に抱いた。そのとき、こう思った。「この子を守るのが自分の役目だ。何をぼうっとしているんだ」

身のまわりに銃がある中で育ち、12歳のときには父親から撃ち方も教えてもらっていたが、28歳だった当時は自分の銃をもっていなかった。

幼い息子を抱いたことで、自衛について学ぼうという意識が生まれた。しかし、銃器の世界に初めて足を踏み入れたときに、ちょっとした衝撃を味わった。

エンジニアであり研究者でもあるティムは、あらゆる銃器について念入りに下調べして、欲しい1丁を決めた。ウィスコンシン州・ジャーマンタウンにある専門店へ車で行き、店に入ると奥のほうへ向かった。そこには、いくつものガラスケースの中に銃がずらりと並べられていた。ガラスのカウンターの向こうに、荒っぽい巨体の男が立っていた。ティムをにらみつけて、一言も発しない。

男はただティムに鋭い視線を浴びせていた。

「すみません、そこにあるあの銃を見せてもらえますか」ティムは、一つの銃を指さして言った。

腕組みをした男は、ティムを上から下までじろりと見てから、やゆするような失礼な態度で言った。「あんたみたいな男が、なんであんな銃が欲しいんだ？」

ティムは驚いて答えた。「そんなこと知りませんよ！　だから教えてもらおうとしてるんでしょ？」

もちろん、これは良い経験ではなかった。

これを契機に、ティムは銃の保有、それに関する教育、自衛について熱心に調べ始めた。エンジニアの仕事を続けるかたわら、数年間学び続けた。

そして2003年、ティムはUSCCAをささやかに立ち上げた。目的は、銃器の保有や自衛の学習、さまざまな物語を伝える雑誌の発行だった。

創刊号を出すまで半年かかった。ティムは銀行に相談せずに、エンジニアリングの仕事を通じて与信限度額の10万ドルを借り、全額を雑誌3万部の印刷代と郵送費にあてた。郵送先は、さまざまな購買層を網羅する顧客リストを販売する企業から入手した。

創刊号では、ＵＳＣＣＡへの加入と6週間ごとに発行する雑誌の定期購読を呼びかけた。

3万部を郵送したうちの１０００人が、年47ドルの定期購読を申し込んだ。ここでティムは、やっかいな状況に立たされた。新しい雑誌を6週ごとに読んでくれる１０００人の客ができたのだが、この頻度で雑誌を発行するのは、大変な労力と莫大な資金が必要なのだ。

２００３年から２００７年まで、ＵＳＣＣＡは緩やかな右肩上がりで成長した。ティムはまだリーダーとは呼べない状態だった。フー・ノット・ハウの考えもまだ知らず、ほぼすべての仕事を自分一人でこなしていた。他人をあまり信用していなかったし、かえって混乱すると思ったからだ。実際、人を採用するたびに、悲惨な結果で終わった。

それでもＵＳＣＣＡは堅調に成長して、２００７年には１００万ドル近くの年間売上を達成し、20万ドルの利益が出た。従業員は4、5人いて、その半分は仕事に不満をもっていた。しかし、ＵＳＣＣＡは勢いをつけ始めていた。

会社の成長の兆しを感じたティムはこのとき、悟った。まず、ＵＳＣＣＡこそ力を注ぎたい仕事だ。そして会社が成長するためには、「自分を何とかしなければいけない」、さもなければ真のリーダーにはなれない、と思った。

ティムはエンジニアリングの会社を売却すると、ＵＳＣＣＡの経営に的を絞った。そして、小さなオフィスビルを購入した。

ティムは、ビジネスやリーダーシップに関する本を読みまくり、「アントルプルヌリアル・オペレーティング・システム（ＥＯＳ）」――「ストラテジック・コーチ」とも提携する国際的な起業家トレーニングプログラム――のコーチングも受け始めた。そこでビジネスの体系化や事業化、中心的な価値観《コアバリュー》など企業文化の築き方について学んだ。

２００７年から２０１１年のあいだに、会社の売上は１００万ドル近くから４００万ドルに増え、従業員は20人になった。事業の中心はやはり雑誌で、教育を重視していたが、同時に購読者には、会員としてのステータスとアイデンティティーを与えていた。

２０１１年は、ティムと会社にとって次の大きな転換点となった。ティムは世界レベルの組織をつくると決め、より影響力があり役に立つ雑誌づくりにも取り組み始めた。

さらにティムが思いついたのが、ＵＳＣＣＡの会員特典に、自衛行為に関する損害賠償保険を新たに加えることだった。安全のための教育やトレーニングだけでなく、会員の保護と保険を提供するのだ。

これは独特なサービスだった。というのも、自衛の正当性については当時もいまも、世の中では広く支持されていないからだ。

そこでティムは、責任ある銃所有のための組織であるＵＳＣＣＡとして、会員サービスに関する基本理念と枠組みを、次の3つのように打ち立てた。

1　精神的な備え（学習と訓練の提供）
①会員は、6週ごとの協会誌のほか、銃使用のための精神的な訓練も受けられる。
②配信動画を通じた銃使用の訓練を数千時間受けられる。
③数百種のガイドブックやeブックにアクセスできる。

2　身体的な備え（身体的訓練と実際の銃使用）
①会員は、全国に5000人以上いるUSCCA認証の指導者の下で、銃使用の訓練を受けられる。
②USCCAと提携する全国1500以上の射撃場を使える。
③あらゆる装備品や弾薬の購入の際に割引を受けられる。

3　法的な保護（自衛またはほかの事由による銃使用後の対応と準備に関する保険と研修）
①会員は、どんな質問や状況にも対応する24時間年中無休の法律相談を受けられる。
②1000人以上の刑事事件弁護士を年中無休で電話で呼び出せる。
③年間最大200万ドルの損害賠償保険を使える。

組織の方針や方向性、コミットメントを明確にしたところで、ティムは大胆な行動に出た。

2003年に協会誌を創刊して以来、年間の会員費は47ドルのままだった。しかし、社内体制と顧客サービスを充実させ、さらに保険も追加したことで、ティムは会員費を4倍近くの年間約200ドルに引き上げたのだ。

直後に、半数の会員が去った。

たった1日のうちに、会員が5万人から2万5000人になった。

「すっきりしました」ティムは私にそう話した。顧客を半数に減らして、量ではなく質のフォーカスに舵を切ったのだ。

会員が半数になったあとも、会社は以前の倍以上の売上を出し、利益も増えた。

質を上げて、量を減らす。

ミッションと目的の焦点を絞り込んで、明快にする。

USCCAは、幅広い層に何でも提供するのではなく、絞られたニッチな層に鋭く焦点をあてた。ティムが私に言ったように、「ベル・カーブ（訳註：正規分布の分布曲線。平均値を中心に左右対称の釣りがね形を描く）の端っこを狙うのです。カルチャーやコミュニティー、ビジネスを広げるのに、中心を狙ったら死ぬだけです」。

保険をサービスに加え、会社のミッションや焦点を明確にして、量ではなく質にフォーカスした2011年以降、USCCAの年間売上は300～400万ドルから、現在の2億5000万ドル超に急増した。

ほかにも、この10～11年間、ティムはリーダーとしての自身の成長だけでなく、社員の成長にもフォーカスしてきた。引き続きコーチングを受けて学び、従業員の教育と訓練にも大きな時間を割いている。

ティムにとって、エンジニアリングの仕事で10万ドルの融資を受け、その全額を協会の創刊号3万部の発行に費やしたのは、恐ろしい決断だった。

会員をたくさん失うだろうと予想しながら会員費を一気に4倍に引き上げたのも、恐ろしい決断だった。

恐怖と何回も対峙しながら80％を手放し、10倍のビジョンと目的に向けて全力投球した。

すべての仕事を管理しなければいけないという意識も捨てた。

ティムは、たくさんの時間をコーチングや学びに使って思考を進化させ、USCCAを特異で革新的な組織にした。会話のコーチングも受けて、意見や主張がより伝わるような会話力を鍛えた。

リーダーとして成長したティムは、USCCAに関わる全員のビジョンやマインドセットも進化するよう注力している。現在の最大のフォーカスは、自らの進化を通じて、新しいマインドセットと成長を従業員だけでなく、いまや70万人超に膨らんだ会員にも経験してもらうことだ。

ティムは、2030年までに会員を400万人超まで増やそうとしている。マーケティング専門家のジョー・ポリッシュが主宰する起業家組織「ジーニアス・ネットワーク」の会合で最近講演をしたティムは、USCCAを成長させた7つの原則について話した。

この7つは、「変容のリーダーシップ理論[※3]」の技術の多くを反映しているので、ここで紹介したい。その上で、変容のリーダーシップとのつながりに注目する。

ティムは講演で、「なぜ人はUSCCAに入会するのか」との問いを立ててから、3つの柱（精神的、身体的、法的な備えと訓練）や特典について話した。その上で、こう続けた。

「はっきり言っておきますが、これらの特典のために会員はUSCCAに加入するわけではありません。もちろん、素晴らしい特典です。けれども、本当の深い理由はそこにはありません。実のところ、会員は特典をすぐ使う気はない。その気になればすぐ使える、というボタンが欲しいだけなのです。どんな組織も、人がそこに加入するのは、〝心理学的属性（訳註：価値観やライフスタイルなどによる属性）による連帯〟をもちたいからです。同じ価値観や文化をもつ人たちとつながりたい、帰属意識をもちたいという強い願望が人にはあるのです」

この考えが、ティムがこの20年間、USCCAで推し進めてきたすべての土台になってきた。雑誌の発行から大きなイベントの開催まで、すべては会員に連帯と帰属意識を感じてもらうためだった。当然、ティムが挙げた7つの点も同じ土台に立脚する。内容は、次のとおりだ。

1　物語　どんな組織もビジネスも、由来にまつわる印象的な物語が必要だ。「理想的には本当の話がいい」とティムは笑いながらつけ加えた。ティムが好きなのは、初めはやる気のない主人公が、おそるおそる使命に向かっていくという展開だ。途中、さまざまな壁や障害に阻まれ打ちのめされながらも、使命をまっとうするまで懸命に進む。これは、ジョーゼフ・キャンベルの著書『Hero's Journey（英雄の旅）』[※4]（訳註：古今東西の神話を研究し、そこに共通する話の展開があると説明した）に通じるものがある。そして優良な組織は、クライアントを物語の英雄に据えるのだ。

2　信条　「組織には、人が鳥肌を立つのを感じるほどの使命や目的がなければいけない」とティムは話した。時間を経ても色あせない信条は、政治ではなく、〝原理〟に基づく。原理とは、「ある信念や行動体系、または論理展開の基礎となる根本的な真理または命題」を意味する。政治とは、「権力をもっている、または望んでいる個人または政党のあいだの論争または対立」を意味する。USCCAは銃や銃の安全性に関する団体ながら、会員の40％が民主党員だ。この組織が、政治ではなく、あらゆる政治的背景をもつ人たちに関わる原理に基づいているからだ。

3

象徴　組織には、強い響きのあるわかりやすい名前と、組織を思い浮かべさせるシンボルやロゴが必要だ。たとえば、すばやい動きを表したナイキのロゴのようなものだ。ティムが、従業員もまだいない設立直後の組織の名を「United States Concealed Carry Association（USCCA）」としたのは、正式で重要そうな響きがすると思ったからだと言う。ロゴはプロに委託して、服などにもつけられるような、さまになるものを制作する。ハーレーダビッドソンやアップルなどよくできたロゴやブランドは、入れ墨にしてもいいと思う人がいるくらいだ。

4

共通のしきたり　独自で一貫していれば何でも「しきたり」になり、メンバーは意義や帰属意識を感じられる。しきたりがあると、組織やその信条に対するメンバーのコミットメントも強くなる。たとえば、USCCAの年次集会には全国から1万5000人から2万人が集まり、さまざまな出店や訓練の体験、イベントが催される。イベント参加時やイベント中も何回かにわたり会員証の提示が求められ、これに対して会員証を誇らしげに提示するのが、一つのしきたりになっている。しきたりを広めて定着させる一つの方法が、ブログやユーチューブ、雑誌などのコンテンツを定期的に発行して、組織のしきたりを実践して何らかの恩恵を得ているメンバーの話を取り上げることだ。

5

敵　「敵をもつべきだ」とティムは話した。面白いことに、人は好きなものより嫌いなものでつながるほうが簡単な場合が多い。これは内集団（訳註：愛着や忠誠を見せることで所属意識をもつ集団）と外集団（訳註：自分と対立していると感じる他者またはその集団）の関係に似ている。そこでは、自分たち以外の相手に対して、「私たちとは違う」と人がはっきりと線を引く。敵は信条に関わる存在であり、人の集団だったり、ある一連の行動だったりする。ストラテジック・コーチでは、隠居を「敵」の一つに挙げている。この本における敵は、〝2倍思考〟だ。現在（80%）を胸躍る未来に賭ける（20%の「唯一無二の能力」のために全力投球する）ことをあきらめている状態だ。

6　言葉　人を引きつけ続ける組織には、〝内輪の言葉〟がある。それらは、組織が使う教材や組織内の会話でよく出てくる特殊な言葉や略語、共通認識だ。たとえば、ストラテジック・コーチの集まりへ行けば、フー・ノット・ハウ、ギャップと収穫、といった言葉をよく耳にするだろう。そのような言葉を口にしたり、共通認識に関わる微妙な意味合いを理解したりする人は、組織の関係者だとわかる。

7　指導者　どんな組織や運動にも、指導者が存在する。指導者は魅力的な人物であり召使でもある。物語の主人公ではない。主人公は組織や運動の構成員だ。指導者は構成員に奉仕し、構成員を導き、支えるためにいる。指導者は顧客や従業員を変容と「英雄の旅」へと連れ出し、その旅路を支える。

ティムは、不器用な事業主から〝変容のリーダー〟へと移行した。変容のリーダーとして、自分に投資して進化させた。そして、自身のビジョンや目的意識、ＵＳＣＣＡの大義を発展させた。

以前のように組織を細かく管理、統制してプレッシャーをかけるのではなく、「変容のリーダーシップの原則」を用いて、従業員の力を高めようとしている。変容のリーダーシップの中心的な原則は、最も研究され、科学に基づいているリーダーシップの理論と応用だが、このうち4点を挙げる。

1　**理想と影響力**　変容のリーダーは、その行動と価値観をとおして自らが率いる人たちを鼓舞するロールモデルだ。リスクを取って自分の価値観にコミットし、信念を示すことで人々に自信を与える。

2　**モチベーションの向上**　変容のリーダーは、自らが率いる人たちに目的意識をもたせる。明確なビジョンを描き、コミュニケーションを通じて、人々に期待と自信を与える。信念をもって明瞭に話し、一見不利で難しい状況でも収穫と成長が見込める機会ととらえられるように、視点を変えてみせる。リーダーは「ギャップ」に陥るのでなく、「収穫」の意識をもつ人なのだ。

3　**知的な刺激**　変容のリーダーは、自らが率いる人たち一人ひとりの創造性と自主性を重んじる。意思決定のプロセスに関わらせて、創造的思考を働かせるようにする。人々の想定に疑問を投げかけ、健全な対立が生じるような環境をつくる。人々の思考、問題や障害のとらえ方や受け止め方を変えて、それぞれの決断や結果に責任をもつよう意識を変えていく。

4　個々に対する配慮

変容のリーダーは、自らが率いる人たち一人ひとりが、目標と「唯一無二の能力」をもったかけがえのない存在であると認める。そのために摩擦や不安を取り除き、各人が自由かつ自主的に最善の自分を発揮して、課題や願望、将来の抱負を隠さず正直に語れるような環境をつくる。※5・6・7・8

ティムは、変容のリーダーへと成長しただけでなく、会社を従業員が自主的に動く組織にした。つまり、上から監視されることなく、従業員一人ひとりが自身を導き、責任をもっていかに役割と義務を果たすかを考えるのだ。

また、ティムは自らの哲学とイデオロギーを発展させ、それを明確に打ち出した。そして、従業員に目指す方向やビジョンを示すと同時に、顧客やそのコミュニティーには心理学的属性を基に連帯する土台をつくった。

変容のリーダーとして、銃を責任をもって所持したい人々に対し、原則、訓練、言葉、しきたり、そして集える場所をつくった。人々がアイデンティティーの一部として感じられる文化を提供した。

また、会員が学び、進化し、ＵＳＣＣＡを自由に利用するようになるまでの段階を示した「成熟度モデル」をつくって共有した。

ティムは、不器用な事業主から変容のリーダーに変わる階段を、意識的に、謙虚に上った。「どうやるか」を管理するのをやめて有能な誰か《フー》に託し、自分は自身への投資に専念し始めた。誰か《フー》がやることにいちいち口を出すのではなく、誰か《フー》が自身を管理し、「唯一無二の能力」を発揮できるようにした。

自身やビジョン、哲学、会社、顧客にもたらす価値を進化させ、発展させて、ティムはリーダーになった。

進歩する階段を上がるたびに、それまでは役に立ったが、そこから10倍を目指すには足かせとなる80%を手放した。

ティムの話をここで終えて、フー・ノット・ハウの中核的な原則と応用についていくつか説明しようと思う。これらは、フー・ノット・ハウを取り入れる際に、人がつまずきやすく、そのために10倍の実践をやめて2倍にとどまる原因にもなっている。

「フー・ノット・ハウ」に関するよくある質問

Q 若い起業家が初めて誰《フー》かを採用する場合、どんな人を選べばよいか？

人間でもデジタルでもいいので、仕事の管理を任せられる助手をまず採用すべきだ。起業家トレーニングプログラムEOSのジーノ・ウィックマンの言葉を借りると、「統括者」だ。スーザン・キチュクは、この役割を非常に高いレベルで果たしている。しかし、スーザンのような大物をいきなり使うのではなく、まずはデジタルの力を借りるだけでもいい。それだけでも、メールのやり取りやロジスティックなど「80％」の仕事にかけている週20時間以上が自由になる。

誰《フー》かの役割は、起業家の〝身のまわりを整理〟することだ。日々の雑事を片づけて、起業家が毎日をもう少し楽にシンプルに過ごせるようにする。それにより起業家の頭と心が解放され、最も得意なものにフォーカスできるようになれれば、誰《フー》かを使ったかいがあるということだ。よく言われる言葉だが、「フランク・

シナトラは自分のピアノを舞台にセッティングする仕事はしない」。

同じくダンが起業家に伝えるのは、「顧客対応を、組織を使わず自分だけでやってはいけない」という点だ。メールやさまざまな問い合わせに本人が答え、事務仕事をすべて担っているように見えるのは、率直に言って、レベルが高くないように受け取られる。一人ですべてをやっているように見えるのは、サービスと質のレベルだけでなく、プロとしての手腕や結果にも疑義をもたれかねない。

相手の前に自分一人で現れてはいけない。

クライアント、もしくは将来のクライアントと対面する際には、お決まりのあいさつや進行はしかるべき誰《フー》かに任せ、舞台が整ったところで、初めて自分が出ていき、全力で仕事をすればよい。これによって、自分のベストにフォーカスできるだけでなく、相手に対しても良く見える。

このように、仕事の場面で誰《フー》かに舞台を整えてもらうだけでなく、生活のほかすべての面においても楽になるよう、お膳立てをしてもらうこともできるし、すべきだ。たとえば、その日や週のお膳立てをしてもらってもいい――エネルギーと労力をどこに集中すべきかサポートしてもらい、ほかの騒音を排除してもらう。そうすることで、「唯一無二の能力」を用いて、最大の効果を出す活動に没頭できる。

Q 人をあごで使うような嫌なやつにならないためには？

仕事に求める基準や、成功の基準を相手に最初に明確に伝えることが大事だ。その後も、基準を変えるたびに伝える。誰《フー》かと信頼関係ができていて、自分が常に学び成長し続けているのなら、基準は常にアップデートされ改善されるだろう。基準を改めては誰《フー》かと確認し合うのを〝継続的なプロセス〟にすべきだ。

たとえば、私の著書をポッドキャストで定期的に宣伝してくれる助手のチェルシーとは、私がポッドキャストに求める基準について常にコミュニケーションを取っている。これは1回で済むものではなく、より焦点を絞った内容になるよう続けていく作業で、チェルシーは、私が望む結果を出せるよう常に尽力してくれる。

フー・ノット・ハウを取り入れて誰《フー》かの自主性に任せ、自分は20％に打ち込む自由を享受するほど、嫌なやつになっているとは感じない。

自分はリーダーなのだ。

誰《フー》かは、喜んで手伝っている。それが〝彼らの仕事〟なのだ。その仕事をしたいという人、そして成功したいという人を見つけるべきだ。

ジム・コリンズも『ビジョナリー・カンパニー2――飛躍の法則』でこう書いている。

「適した人材をバスに乗せたら、いかに動機づけ管理するかという、あとの問題はほぼ気にしなくていい。適した人たちは、厳しく管理されたり活を入れられたりしなくても、最良の結果を出して、偉大なものを創造するのに貢献したいという自身の中からわき上がる気持ちに突き動かされて動く」[※9]

Q 誰《フー》かを雇う経済的な余裕がない場合は？

雇わないという余裕は、むしろないはずだ。誰《フー》かをコストと考えてはいけない。これは自分と結果に対する投資だ。誰《フー》かを雇い入れるのが遅くなるほど、20％の結果しか生まない80％の雑事に時間とエネルギーが取られる。それればかりか、広く浅くしか仕事ができないために、10倍質の高い結果を出すためのフローにも入れない。

誰《フー》かを雇うことで、何十時間もの自由時間ができて、それを10倍価値のある20％の活動に費やせるだけでなく、その20％によりフォーカスして、フローの状態に入れる。さらには、自分が以前だらだらとやっていた仕事を、新しく雇った誰《フー》かがより集中してこなし、着実に結果を出してくれる。すべてがいきなり好転するはずだ。特に、10倍を実践する基礎となる集中力や心理状態に関して効果が表れるだろう。

Q 誰《フー》かに適した人材はどうやって見つける？

フー・ノット・ハウは、ほかのスキルと同じで、実践し続けるうちに腕が上がるものだ。初めはそんなにうまくはできない。これという人材を見つけられるほどの眼力や、自分の中の明確な基準ももち合わせていないからだ。

また、非常に専門的で能力の高い誰《フー》かを雇うだけの資金も十分ないだろう。何でもそうだが、小さく始めることだ。始めるのが肝心だ。

まずは、これまでやってきた事務作業を週20時間頼める人を見つける。時給15ドル以下で、デジタルで働いてくれる助手を海外で見つけてもいいし、国内にいる人間でもいい。見つかる相手の能力の高さにきっと驚くと思う。

フー・ノット・ハウの効果を実感するようになれば、誰《フー》かを雇うことの違和感も薄れるだろう。山ほどの雑事を他人が担ってくれ、自分は20％の重要な仕事に専念して成果を出す余力が生まれる。独自の価値を市場にもたらし、それがエネルギーや喜び、さらなるフローを生む。

誰《フー》かを探す場所はたくさんある。ソーシャル・メディアもその一つだ。私が最初の二人の助手を見つけたのは、フェイスブックの友人に、アルバイトで働いてくれそうな人を尋ねたのがきっかけだ。実際何十件もの応募をもらって、最終的に決めた二人は当時の私のキャリアには十分な人材だった。

その後、私は自分で誰《フー》かを探すのをやめて、助手にやってもらうことにした。いままでは、私がどんな結果を求めているか（つまり、私のビジョンと基準について）明確な指示を助手に出したら、あとは助手が誰《フー》かを探して、良いと思った人材の面談もする。

仕事がより専門性を増すほど、特殊な誰《フー》かが必要になる。すると該当者は少なくなるので、適任者を見つけるのは実際は〝より簡単に〟なる。たとえば、この本を私が思い描くような一冊にするにあたり、ビジネス本を知り尽くしている編集者が必要だと思った。そして、ヘレンが頭に浮かぶまで1時間もかからなかった。この本のようなビジネス本に関してはトップレベルの編集者で、誰もが知っている筆者の著名な本をこれまでも多く手がけてきた人物だ。

Q 雇った誰《フー》かが適任者ではなく、相当な無駄金を使ってしまったら？

これはよくあることだ。ギャップではなく、収穫の意識をもとう。すべては〝自分に〟起こるのではなく、〝自分のために〟起こるのだ。適任者でなかったのは、求めるものに対して自分が明確な考えをもっていなかったのと、ダン・サリヴァンの言葉を借りれば「買い手」としてまだ未熟だったのが原因だ。「買い手」は「売り手」と違い、求める結果について明快なイメージをもち、何に対しても基準が高い。そして、実力がありコミットする気構えのある有能なプレーヤーとしか手を結ばない。

とはいえ、失敗は誰もが経験することで、素晴らしい従業員と協力者がそろったと思っても、適任者ではない誰《フー》かが出てくる場合はやはりある。大事なのは、適任者ではない人物を早めに見つけ、体制を早めに立て直せるようなシステムをつくっておくことだ。

見当違いの誰《フー》かのために「お金を失う」のはよくある。この本にしても、私は複数の編集者やコンサルタントに相談したが、仕上げたいような一冊にしてくれる人たちではなかった。しかし、私はこれをギャップではなく収穫と考えている。

この経験を成長と学びに変えて、今後誰《フー》かを探すときは、より明確な考えをもって、ずっとうまくできるはずだ。

フー・ノット・ハウは、ビジネススクールでも教えていないスキルだ。収穫の意識をもち、成長し続けることだ。そのうち抜群の力をもったフーに囲まれ、組織がますます自律的になる日がくる。

Q フー・ノット・ハウをやり過ぎる場合はあるか？

ほとんどないだろう。「唯一無二の能力」を発揮できる20%によりフォーカスして、10倍の質の結果を着実に生めるようになるほど、時間と結果は貴重なものになる。収入や所得も10倍を繰り返し、生活のあらゆる場面において、さらに多くの誰《フー》かを置けるようになる。

10倍は質と深みが求められる。頭の中にやるべきことがひしめき合い、認知能力をむしばんでいては、仕事を極められない。量ではなく、質を目指すべきだ。これは、私生活においても言える。家の掃除や洗濯、皿洗いなどさまざまな用事を済ませてくれる人がいたら、家族といる時間の質も深みも増すだろう。

私生活を変えるのは、人によっては大きな思いきりが必要になる。しかし、リーダーシップと深みのためには、大事なことだ。私自身、家事を手伝うヘルパーを週20時間雇うために妻を説得するまで、何年もかかった。しかし、コニーはいまや私たちには欠かせない家族の一人だ。幼い子どもたち――4歳の双子の女の子と2歳の男の子――の面倒を見てくれるので、妻のローレンは、家庭教育を受けている上の子どもたちに寄り添える。コニーは掃除や整理もして、家を常に清潔な状態にしてくれる。そして、我が家に落ち着きと平和なエネルギーをもたらしてくれるのだ。

レベル2からレベル3
――フー・ノット・ハウを使うリーダーから、自律的企業へ

「自分、そして従業員の一人ひとりが可能な限り迅速に動く自律的企業を築いてこそ、ビジネスを10倍にできる。」

――ダン・サリヴァン

19世紀の米国宗教指導者ジョセフ・スミスは、イリノイ州・ナヴーに約2万人が暮らす街とコミュニティーを建設していたとき、州政府高官の訪問を受けた。高官は、これだけの大きな集団をスミスがどうやって統治し、「完璧な規律」を維持できているのか知りたがった。そして、州のほかの地では、政府が人々を統治して規律を守らせるのは不可能だったと話した。

スミスは、とても簡単なことだと話した。

「なぜ簡単なのか？」高官は聞いた。「私たちには非常に難しかった」

スミスは答えた。

「正しい原則を教えるのです。そうすれば、人は自らを律します」※10

大規模で熱心な宗教コミュニティーの統治についてスミスが語ったことは、自律的な企業の育成にも通じる。

それは、さほど難しい仕事ではないのだ。

実際、集団を導き、統治するには最も簡単な方法とも言える。

つまり、〝自らを律する〟ようにするのだ。

ただしそのためには、明快なビジョンと基準、文化が必要だ。明快なビジョンと文化をもっている、つまり自分が何者であり、何をする者かをよく把握しているリーダーの下には、適切な誰か《フー》が興味をもって集まってくる。この「適切な誰か《フー》」は、リーダーに背中を押してもらったり管理されたりしなくてもいい人たちだ。

適切な誰か《フー》はむしろ、最善のスキル（やそのほかのもの）を自ら持ち寄る。実際、「組織市民行動」または「知覚された職務の幅」として知られる概念は、変容のリーダーシップとつながっている[※11・12・13]。

「組織市民行動」とは、会社や組織のために〝職務の範囲外〟で働く利他的な活動や行動だ。プロジェクトの完遂に必要な仕事をする、同僚をサポートする、組織を元気づけるなど、さまざまな行動が挙げられる。必要だからやるのではなく、やりたいからやる。特別な報酬のためではなく、無心で取る行動だ。

「知覚された職務の幅」とは、個人が職務として知覚する内容である。研究によると、変容のリーダーの下では、人は信頼とコミットメントを抱くようになり、その結果、知覚する職務の幅が広がって、組織市民行動をも含むようになるという。[※14・15・16]組織の一員という意識の中に組織市民行動が自然と組み込まれ、本来の役割外の行動もするようになるのだ。

私はかつて博士論文の研究で、変容のリーダーが、自らが率いるメンバーとのあいだに信頼とコミットメントを醸成することで、メンバーが本来の役割を超えて行動するようになる点を指摘した。[※17]

〝リーダーに対する信頼〟はよく研究された概念で、変容のリーダーシップにおいても重要な要素だ。[※18]信頼がなければ、変容のリーダーシップは存在し得ない。リーダーは信頼を媒介にして、メンバーが変容し新しい基準をもてるよう導くのだ。

最近のメタ分析（訳註：複数の研究結果をまとめてさらに分析する方法）による研究によれば、リーダーへの信頼だけでなく、〝感情的組織コミットメント〟も、変容のリーダーシップと、「職務の幅の拡張」及び「組織市民行動」との関係を促進するという。[※19]変容のリーダーシップは基本的に、メンバーの信頼を得ると同時に、メンバーが組織の目的とビジョンに感情的にコミットできるよう促す。リーダーへの信頼と、組織や任務に対する感情的なコミットメントを通じて、人は驚くような行動を取れる。本人も自分がするとは、またはできるとは思わなかったようなことをするのだ。

「なぜ（それをするのか）」が強固に定まっていれば、「どうやって（それをするのか）」は自ず

と見つかる。

この場合、組織のメンバーがリーダーを信頼し、組織の目的に対しても感情的にコミットしているという強い「なぜ（理由）」があるので、目的達成に向けてできないことはないのだ。

この方程式には、最後にもう一つ大事な要素がある。それは、ジョセフ・スミスがイリノイ州の高官に語った、リーダーがいかに人々の力を最大限に引き出し、最終的には人々が自分を律するようにするのかという点だ。

スティーブン・M・R・コヴィーは著書『スピード・オブ・トラスト』の中で、信頼は、稼ごうとしても得られないと説く。「相手に信頼を寄せて、初めて得られる」のだという。[※20] これは、良い関係を築くだけでなく、自律的な組織についても言えることだ。人を細かく管理するのではなく、行動するためのビジョンと明快な考え、文化、基準を整える。同時に、メンバーそれぞれの基準をリーダーが尊重し、大事にする。能力のある誰《フー》かを信頼して自己管理させる。その誰《フー》かがやがて自らの役割を広げ、求められている以上の仕事をするのを、信じて見守るのだ。

人を信頼すれば、その人は驚くような仕事をする。

信頼すべき人を信頼すれば、相手はその信頼をさらに広げてくれる。それだけではない。これはまさに、相手から最高のものを引き出す唯一の方法であり、人間のモチベーションの基本に関わる。最も科学的根拠のある動機づけの理論の一つ、「自己決定理論」によれば、高いレベルの内発的動機づけには、3つの重要な要素があるという。

1　自律性　欲することを、欲するときに、欲するように、欲する人とできる自由がある。

2　有能さ　「唯一無二の能力」のスキルを常に向上させ進化させる自由がある。

3　関係性　共同作業を通じてともに変容したいと思う10倍の仲間と関係を築く自由がある[※21・22]。

仕事に対して強いモチベーションをもつには、これらの要素が必須だ。仕事を自律的にできるほど、人はモチベーションが上がり、力がわく。私は著書『WHO NOT HOW「どうやるか」ではなく「誰とやるか」』の中でこう書いた。

「良いチームワークを築いて人生を送ろうとするなら、仕事の進め方について人に口出しをしてはいけない……誰《フー》かは、どうやるかについて全権をもつだけでなく、実行にあたり完全な許可を得ている状態にあらねばならない[※23]」

この本で紹介したほぼすべての起業家も、自律的な企業を築いている。

第1章では、カーソン・ホームクイストとリンダ・マキサックの話をした。ストリーム・ロジスティックスのカーソンCEOは、自分が会社の障害になっていて、10倍の実践を阻んでいることに気づいた。意思決定プロセスのほぼすべての面に関わっていたのだ。カーソンは業務に細かく立ち入るのをすっぱりとやめ、事業全体を研究し、優良な顧客について理解を深めることに時間と集中力を向けて、リーダーシップを発揮した。

その結果、最良のビジネスができる「勝負運送」の顧客は全体のわずか5%しかいないのに、利益の15%を出していることがわかった。自律的な企業をつくり、日々の業務から解放されたカーソンは、「唯一無二の能力」を発揮してビジョンを描き、リーダーシップをとって、最終的には会社全体の方向性を変えた。ストリーム・ロジスティックスは、従業員を増やさずに、過去数年間で利益を4倍にした。

リンダは、さまざまな試行錯誤を経て自律的企業を築いた。まず助手を一人雇って、管理や事務をすべて任せた。その後、また別の助手を雇い、さらには営業チームを雇って、仕事を任せた。ただ、この時点ではまだ、フー・ノット・ハウを主に実践しているだけだった。

その後、義理の兄弟ブラッドを雇って事業の経営をすべて任せたときに、リンダは自律的なチームを築いた。これにより、リンダは、オハイオ、インディアナ、ケンタッキー3州における ケラー・ウィリアムズの営業地域を成長させる仕事に集中できた。自律的チームが着実に機能しているあいだ、リンダは見事に3州で2つの営業地域を成長させ、いまでは28の事業所で計5000人の営業員が働いている。事業の年間売上はいまや140億ドルにも達する。

リンダが、不器用な事業主からフー・ノット・ハウを実践するリーダーへと移行し、さらに変容のリーダーとして自律的で自己成長する企業を育てなかったら、これまでの進化のステップはどれ一つ実現していなかっただろう。

本書の第2章では、ファイナンシャル・アドバイザーのチャド・ウィラーソンを紹介した。メリル・リンチの華やかな職場を去り、受託資産運用会社パシフィック・キャピタルを自ら立ち上げた。チャドもやはり同じような経緯をたどり、不器用な事業主として一人ですべての仕事をやるところから、フー・ノット・ハウを人生やビジネスのあらゆる面において駆使するまでになった。

最終的には、チャドも完全な自律的企業を築いた。いまもパシフィック・キャピタルの全体的なビジョンや戦略を構築して導いているが、日々の業務にはもはや関わらない。会社に来るのは年30日ほどで、従業員たちと顔を合わせ、彼らのビジョンやフォーカスを刷新させて、必要なサポートをあらゆるかたちで提供する。

チャドはあり余る自由時間を使って、家族と最高の時間を過ごし、世界を旅して、思考を常に深め進化させて、仲間や共同投資家、クライアントとのネットワークを広げている。

この章の最初では、ガーネット・モリスとターゲテッド・ストラテジーズグループの話をした。ガーネットは頭の切れるイノベーターであり戦略家で、フー・ノット・ハウを使って事業を数百万ドル規模の会社にまで育て上げた。しかし、スーザン・キチュクを雇って自律的企業にすると、事業は異次元のレベルで急成長し始めた。いまでは、ターゲテッド・ストラテジーズグループはカナダ中のどの競合よりも、10倍多く生命保険を販売している。

さて、あなたの場合はどうだろうか。

- あなたは不器用な事業主か、それともフー・ノット・ハウを駆使するリーダーか？
- 正直に考えて、あなたは真のリーダーか、それとも会社にとって障害になっていないか？
- 雇った誰《フー》かを信頼しているか、それとも自分しか信用できないか？
- 自律的な企業を育て、自分は自由な時間を使って探求し、考えを深め、創造し、学び、何かを築くことができたら、どんな気分だろうと想像できるか？

■ 〝変容のリーダー〟になる覚悟があなたにはあるか？

レベル3からレベル4
――自律的企業から「自己拡大する唯一無二の企業」へ

『唯一無二の能力』がある組織をもつとは、メンバーがそれぞれの『唯一無二の能力』の分野に自由にフォーカスできる環境をつくるということだ。それは、リーダーである自分にはないスキルを含めさまざまな才能をもった人材を雇い、事業のあらゆるタスクや責務が、それをやるのが好きで得意でもあるメンバーによってカバーされるということを指す。ただしそれは、リーダー自身が『唯一無二の能力』を駆使して働くという例を身をもって示して、初めて実現する。リーダーがそのように働いてこそ、メンバーも同じように働く全面的な許可を得たと思えるのだ。リーダーの実例なくして、メンバーが自分を解放して『唯一無二の能力』にフォーカスしようとは思えないのと同様に、メンバーが得意で好きな仕事に思う存分フォーカスしなければ組織全体は活気づかず、リーダーが『唯一無二の能力』にフォーカスして自律的企業をつくることはできない。組織にこのような自由をつくるには、リーダーの思考の大転換を必要とする。しかし、より多くのメンバーが『唯一無二の能力』に全フォーカスできるようになれば、リーダーは自身の『唯一無二の能力』において創造性をよりいっそう発揮できるようになるのだ。リーダーがいなくても、メンバーは最高の仕事ができる。そうして、一人ひとりが『唯一無二の能力』を発揮して組織が進化、拡大し続ければ、自律的企業は自ずとできる。」

——ダン・サリヴァン

自律的組織の自然な発展形として、〝自己拡大する組織〟がある。

リーダーは、組織やチームのすべてについて基調をつくる。「唯一無二の能力」と真剣に向かい合い、自分の20%に全力投球して80%を削り続ける10倍プロセスを実践することで、組織のメンバーも同じように行動しようと思う。

それぞれが、「唯一無二の能力」を真剣に考えるようになる。そして、刺激的で恐ろしくもある20%にもっと力をつぎ込み、それぞれの役割を最適化すべく洗練させるのだ。ジム・コリンズは『ビジョナリー・カンパニー2——飛躍の法則』で、適した人材をバスに乗せるだけでなく、適した人材を適した席に配置させることも大事だと説く[※24]。しかし、「適した席」は最終的には、適した誰《フー》かが自らの手でつくるものだという点までは、コリンズは言及しなかった。

従業員が「唯一無二の能力」を発揮する自律的企業では、それぞれが常に自分の役割を洗練させ、刺激的で力がわいてくる分野に絞って力を注ぐ。すると、当人にとっては80%に後退する仕事ができるので、それを喜んで引き受ける人を調達することになる。このようにして、組織は自動的に自己拡大を始める。

私の会社を例に取ろう。

プロの作家として仕事を始めたとき、私は編集をほとんど自分でやっていた。そのうち、20%の仕事に的を絞るようになると、ほかの仕事を支えてくれる誰《フー》かを次々と雇うようになった。戦略担当、マーケティング担当、広報担当、そして私より有能な編集者たちだ。

彼らのおかげで、私は20%によりコミットできるようになった。いま、書籍の仕事をするとき、仕事相手は、単に私と私の「唯一無二の能力」とだけでなく、編集者やマーケティング担当、出版担当、事務系助手、広報担当の卵が複数ずつそろった、私の自己拡大する会社とも仕事をすることになる。

私の助手の一人、チェルシーは最近、まさに自己拡大のプロセスを経験した。約2年前に仕事に就くと、私の日程や予定の調整を含む多くの任務を請け負った。私はチェルシーにどんどん仕事を投げるようになり、チェルシーも、家では3人の子どもを育てながら、仕事を見事にこなしてくれた。

しかし、私の目標が大きくなり、チェルシーに任せる仕事が多岐にわたり増えるにつれ、大きなミスも起こるようになった。チェルシーの仕事があまりに浅く広くなり過ぎたのは、明らかだった。

チェルシーの役割は拡大し過ぎていた。同時に本人も、どんな仕事であれば「唯一無二の能力」を生かしてやりがいを感じるか、はっきりとイメージできるようになっていた。チェルシーは、フォーカスしたい20%の仕事と、新しい誰《フー》かに引き継いでよい80%の仕事を明確にした。

チェルシーの80%は、組織開発や、大きなプロジェクトの推進と完了に関わる仕事だった。一方、得意な20%の仕事は、私の仕事まわりを整理して支えると同時に、大きなプロジェクトに関わるチーム全員をも同じように支えることだった。

そうして、チェルシーはケイトリンを見つけてきた。チェルシーの80%となった仕事を引き受けた、実に優れた人材だ。ケイトリンは、ものごとの体制や進め方をまとめるのがとても好きだ。大きな案件やプロジェクトの実行も非常に得意とする。問題を解決しながら結果を出す仕事を歓迎する。ケイトリンが加わって、チェルシーは仕事が10倍楽しくなり、好きな仕事によりフォーカスして、10倍良い仕事ができるようになった。

いずれはまたチェルシーもケイトリンもそれぞれの20%をはっきりさせて、新しい役割と人員を自律的に増やすだろう。

ここで注意すべき点がある。ダンは次のように指摘する。それぞれのメンバーが「唯一無二の能力」を発揮して自律的に働けるようにすると、メンバーは目を見張るような仕事をして価値のある存在になる。実際、価値を高めた結果、メンバーがいまの職場を去ってほかの組織で働くという選択肢もできる。ダンは著書『The Self-Managing Company（自律的企業）』の中で、こう述べている。

「大企業や官僚的な組織は、働く者は取り替え可能であり、人物ありきで仕事が成り立ってはならないと考える。しかし、類まれな組織というのは、メンバーの『唯一無二の能力』を引き出し、事実上取り替え不可能なレベルにまで成長させてこそ、実現できる。もし何かが起こってそのメンバーがいなくなれば、代替できる人材はいない。新しく体制をつくり直さなければならない。私の組織には、当人に何かあっていなくなれば、その穴は永遠に埋められないという人材が大勢いる。もちろん組織としては、いなくなった人の代わりに別の人をあて、別の意味で代替不可能な一員に育てていくしかない。しかし、これは取るべきリスクなのだ。当人しかできない素晴らしい仕事をする人材がいるというリスクを抱えてこそ、偉大な企業になれると私は考える。起業家による組織が偉大になれる、唯一の道なのだ[※25]」

これが、偉大になるために覚悟すべき「リスク」だ。**メンバーを変容させるほどの大きな自由と10倍のビジョンを与えれば、「唯一無二の能力」を発揮して並外れた仕事をする人材を生むリスクが生じる。**

しかし実際には、「唯一無二の能力」を重視する組織は非常に少ない。創業者やリーダーさえ、自分の「唯一無二の能力」に真剣に向かい合おうとせず、ましてや変容のリーダーになるどころか、細かく管理する上司となって会社の足を引っ張っている。

このような現状だからこそ、取るべき価値のあるリスクなのだ。最適な誰か《フー》が専門領域を築ける自由がある環境をつくるのだ。

これと隣り合わせにあるリスクとして、リーダーが10倍ビジョンをもたない場合がある。10倍ビジョンを掲げなくなったリーダーからは、最も優秀なメンバーは去っていく。彼らがともに働きたい相手は2倍を好む人ではなく、10倍だからだ。

自分が掲げるビジョンは、最も優秀なメンバーが10倍の未来を思い描けるだけの魅力があるか。

自分の事業に関われば、最も優秀なメンバーは刺激を受け、力がわき、変容できるか。

一方で、「働く場所」がただ欲しいだけの2倍のメンバーは、10倍ビジョンに向けて進むリーダーから去ってゆくだろう。10倍ビジョンが求めるレベルの変容をしたくない人たちだ。

10倍を真剣に考えるとき、それを実現するための言語とオペレーティング・システム（OS）は、「自由」だ。リーダー自身の自由、そしてリーダーの10倍の冒険に参加するすべてのメンバーの自由だ。

さて、あなたの場合はどうだろうか。

- 80％の仕事から解放されようと思うほど真剣に「唯一無二の能力」と向き合っているか？
- 従業員も「唯一無二の能力」と真剣に向き合えるような自由な文化を、リーダー自身が手本を示して築いているか？
- あなたの自律的企業では、従業員がそれぞれの役割を洗練させ、80％となった仕事を任せる新しいフーを調達しながら、「唯一無二の能力」に全力投球する自信をもっているか？

主要な実践事項

□いまやっている80％の仕事を引き受けてくれる誰か《フー》をすぐにでも確保することから始めよう。

□おそらく誰もが最初のフーにしたいのは、ビジネスの段取りや手続きなど管理的な仕事を担ってくれる助手だろう。それにより、自分は得意な分野に集中できる。〝身のまわりを整理し、体系化してくれる人〟を確保すれば、自分一人で常に整理しなくてもよくなる。自分の芸や技術、想像力に注力するほど、段取りや組織のことに思考や時間を使う余裕はなくなる。そうした裏方の仕事を上手に、しかも喜んで引き受けてくれるフーをつくるべきだ。フランク・シナトラがピアノのセッティングはしなかった話を思い出してほしい。あなたにとってのセッティングが何であれ、あなたもそれをする必要はない。

□人生の主要な領域にフーを置くようにしよう。それによって、人生のあらゆる面に深みと質、フローがもたらされる。雇い入れるフーの一人ひとりが、自分と自分の人生、そして結果に対する投資なのだ。

□組織を率いる仕事を引き継いでもらう者には、事前にリーダーシップの教育と訓練を施すべきだ。そうやって自律的企業を築き、自分が日々の業務に関わらなくても組織が機能して事業がまわるようにする。組織や従業員を率いる仕事が、１００％自分の「唯一無二の能力」でない限り、新たに雇う、または育成するリーダー（たち）は、自分より上手に仕事をするようになる。ただし、自分は人として、リーダーとして、絞り込んだ顧客層に向けてビジョンを広げ、「唯一無二の能力」の影響力を増大させ続けることで、会社に最大の貢献をする。

□自由がある文化を組織につくり、すべての従業員がそれぞれの「唯一無二の能力」を明確にして発揮できるようにする。各人は興味をもって取り組める仕事――それぞれの20％――を特定しつつ、新たなフーを引き入れて指導して、80％の仕事を引き継ぐようにする。

本章の重要ポイント

□10倍を繰り返し経験する起業家がたどる主なレベルは、少なくとも4つある。各レベルを速く上がるほど、その次の10倍飛躍も速くかつ容易に上がれる。

□レベル1の起業家は、従業員が自分一人だけの事業主か過剰管理をする経営者で、仕事を任せられる誰《フー》かがほとんどおらず、どうやるか《ハウ》に関して、すべて一人でやっている。もしくは、フーは複数いるが、その仕事を過剰に管理し、自分の自由と成長を妨げるばかりか、フーたちの自主性と成長も妨げている。全米銃器被覆携帯協会（USCCA）のティム・シュミットCEOは創業から10年以上、この不器用な事業主でいたが、やがてレベル2へ移行した。

□レベル2の起業家は、不器用な事業主から進化して、「どうやるか」ではなく「誰とやるか《フー・ノット・ハウ》」を実践するリーダーになる。それによって、10倍プロセスにおける20％、つまり「唯一無二の能力」に打ち込むようになる。フーを完全に信頼して、仕事のハウについても任せ、過剰な管理をしない。明確なビジョンと基準を示した上で、フーを信じてその自主性に任せる。

□レベル3の起業家は、フー・ノット・ハウを駆使するリーダーから、自律的企業を築くリーダーになる。もはや日々の業務で管理したり率いたりはしない。自分に代わって事業と従業員を率いるリーダーを育成するか、雇い入れる。とはいえ、会社から完全に離れるのではなく、事業全体のビジョンを描いて導くリーダーであり続ける。ただし、事業はリーダーがいなくてもまわるようになり、リーダーは「唯一無二の能力」の追求に没頭して、探求したり、技を磨いたり、創造をしたり、仲間と協力したりする。リーダーは10倍変容し、結果として、会社全体におけるビジョンや自由も10倍拡大し続ける。

□レベル4の起業家は、自律的企業で働くすべての従業員が、それぞれの「唯一無二の能力」を発揮して働く――10倍ビジョンに基づきそれぞれの20％の仕事をする――ようにする。従業員が「唯一無二の能力」を活用して働くと、仕事の腕も戦力としての価値も著しく上がる。それぞれの従業員が自己管理、自己統治するリーダーとなり、常に上を目指し、求められる以上の仕事をして、ただ忙しくしているのでなく〝結果〟にフォーカスするようになる。それぞれが責任をもち、自身にとっても会社にとっても価値のある存在となるように働く。それぞれが会社から信頼され、「唯一無二の能力」に全力で打ち込み、貴重で頼もしい存在になるよう目指す。その結果、80％となった仕事を誰かに引き継ぐので、自己拡大もする。このプロセスは繰り返されるので、自己拡大する唯一無二の組織ができる。

□唯一無二の組織をもつことの最大のリスクは、リーダーの10倍ビジョンに関わったメンバーが、それぞれの「唯一無二の能力」を著しく伸ばして、ほかの組織から求められる人材になる点だ。ただ、現在の職場のような10倍ビジョンを掲げていたり、現在のように自身や「唯一無二の能力」を変容させ続ける自由を与えたりする職場は、ほとんどないのが実情だ。それでも、ほかに代え難い戦力となったメンバーが職場を去るようなことがあれば、その穴を埋められないというリスクは現実としてある。これが、偉大になったときに覚悟しなければならないリスクだ。

□偉大になることのもう一つのリスクは、10倍の実践をやめたときに生じる。リーダーが10倍を目指さなければ、最も優秀な従業員はそのリーダーの下で働きたいと思わなくなる。最も優れた誰《フー》かにとって、2倍は刺激的でもないし、意欲もわかない。リーダーがもし2倍モードに入ってしまったら、会社は、働く場所が欲しいだけの従業員ばかりになるだろう。10倍の変容も成長もしたくない人々だ。自分の役割を拡大することはないだろう。リーダーに対する信頼や、組織に対する感情的なコミットメントももたない。求められている以上の仕事をして、10倍を実践することもない。仕事をできるだけ小さくしようとする人ばかりの組織になるだろう。

終わりに

10倍は2倍より簡単だ

「人にはそれぞれ、意識がまったく及ばないところで働く意思がある。その事実を認識し、受け入れたときのみにしか、結局私たちは変容することはできない。意思は、私たちそれぞれにとって何が正しいかを知っていて、身体や感情、夢をとおして私たちに繰り返し伝える。そして、私たちを絶えず癒し、満ち足りた本来の状態にしようとしてくれる。」

――ジェイムズ・ホリス[※1]

精神科医のデヴィッド・ホーキンズ博士は、著書『パワーか、フォースか』の中で、人の精神的、感情的な発展段階を示す「意識のマップ」を作成して紹介した。意識のレベルを最も低い20（恥）から1000（悟り）までのスケールで示している。[※2]

200（勇気）より下のレベルは、罪悪感（30）、無気力（50）、恐怖（100）、怒り（150）など、マイナスの感情から発せられるものだ。

一方、より高い感情エネルギーには、受容（350）、愛（500）、喜び（540）、平和（600）などがある。

このマップは、ホーキンズ博士が数十年かけて何百万人に試験を行い、開発したものだ。博士によれば、平均的な人は生涯を通じ、意識レベルを5ポイントしか上げられないという。

著書で博士は次のように述べている。

「世界の人々が一生のうちに発展させる意識レベルは、平均で5ポイントを少し上まわる程度だ。それぞれの人生における無数の経験から、人がほんのわずかな教訓しか引き出していないことは明らかだ。知識の習得は時間がかかり、困難も伴う。そして大半の人は、たとえそれが不正確であろうとも、なじみのある考え方を手放そうとはしない。変化または成長することに対する抵抗は、相当である。自らをより低い意識レベルにとどまらせる信念体系。それを変えるくらいなら死んだほうがましだと、人々は思っているようにも見える」

ホーキンズ博士の研究によれば、世界の人々の80％以上が意識と感情の発展において、１００（恐怖）から１５０（怒り）のレベルにいるという。

この意識レベルを人生で〝5ポイント〟しか上げられない人が大半なのなら、ほとんどの人が恐怖や怒りから永遠に逃れられないということになる。

一方で、比較的短期間でもレベルを〝１００ポイント単位で上げる〟人もいる。誰もができるはずなのだが、実行する人はほんのわずかしかいない。

人生を変容させるには、コミットメントと勇気（２００）が必要だ。

前進するには、まず真実を語らなければならない。

10倍の夢を目指すコミットメントと勇気をいったん奮い起こせたら、ホーキンズ博士のマップのより高いレベルへと進化できるし、するだろう。受容、愛、平和、そして悟りのレベルにさえ到達できるだろう。

そのためには、「ダビデ（真の自分）」を覆う殻をもっともっと、はがしていかなくてはならない。

自身の唯一無二の能力をはかり知れないほど高い次元に進化させ、自由のある人生を意識的に選び取れば、人生においてより強いパワー（訳注：人の内側からわき出る力）をもつようになる。強引なフォース（訳注：相手を動かそうと強いる力）による感情やエネルギーに基づいて行動しなくなる。

やりたくないものを無理にすることもなくなるだろう。心理学でいう〝プッシュ・モチベーション（訳註：「やらなければならない」と取り組む）〟より、〝プル・モチベーション（訳註：「やってみたい」と取り組む）〟[※3・4]を受け入れ、それに従って生きるようになる。欲するものや、面白いと感じるものに誘因《プル》されることは、自由であるし、本質的なモチベーションだ。

必要だからではなく、欲するから行動する。そのとき、その人は自由だ。

同時に、他人に対しても本人がしたくないことを無理やりやらせようとはしなくなり、自由と変容がある10倍の文化を築くようになるだろう。そのうち、唯一無二の能力を用いて同じように〝自由であることにコミットする人だけ〟と行動するようになる。10倍の変容をする人たちに囲まれるようになる。

ホーキンズ博士は、意識レベルが上がるほど、その人はより大きくて深い波及効果を世界に及ぼすと言う。博士は次のように説明する。

- 他者を無批判に受け入れ、楽天的なエネルギー（310）に共振して生きる1人のパワーは、それより低く弱いレベルにいる9万人の負のエネルギーとバランスを取る。

■ 純粋な愛とすべての命に対する崇敬のエネルギー（500）に共振して生きる1人のパワーは、それより低く弱いレベルにいる75万人の負のエネルギーとバランスを取る。
■ 啓蒙と至福、果てしない平和のエネルギー（600）に共振して生きる1人のパワーは、それより低く弱いレベルにいる1000万人の負のエネルギーとバランスを取る。
■ 非二元論（訳注：この世のものはすべて「一つ」ということ）または完全な唯一性の世界において思慮、肉体を超えた純粋な精神のエネルギー（750〜1000）に共振して生きる1人のパワーは、それより低く弱いレベルにいる7000万人の負のエネルギーとバランスを取る。[※5]

ここで重要なのは、ホーキンズ博士が述べる数字の正確さではなく、著書全体のメッセージはもちろん、博士がこの説明をとおして伝える中核的なメッセージだ。

10倍を実践して「ダビデ」の殻を取り除いていくと、人生の目標はどんどん明確になり、シンプルになっていく。唯一無二の能力もますます稀有になり価値を増す。作家カル・ニューポートの言葉を使えば、「貴重で類まれなスキル」によって生み出される仕事は「無視できないほど素晴らしい[※6]」。つまり、焦点が定まりシンプルな自分になるほど、すべての行動がより大きな波及効果をもたらすようになるのだ。

中国語に「四两拨千斤」という言葉がある。おおよその意味は「２００グラムで５００キロの相手を倒す」だ。

唯一無二の能力を極めていくと、力をかけることなく10倍、１００倍、１０００倍、さらにそれ以上の影響力を発するようになる。

２００グラムの力で、５００キロを制することができるのだ。

ある原子力発電所に関する作り話がある。何かの故障のために発電が滞り、全体の効率が悪くなった。この故障は大きな障害《ボトルネック》となった。[※7]

発電所の技師たちが何カ月もかけて調べたが、原因はわからなかった。このため、国内随一の原発技術のコンサルタントを呼んだ。コンサルタントは何時間もかけて発電所を細部にわたり点検し、何百もある文字盤や計器を調べてはメモを取り、計算した。

ほぼ丸1日仕事をしたところで、コンサルタントはポケットからペンを取り出し、はしごをよじ登ると、ある計器に大きな「Ｘ」を書いた。「これが問題の原因です」コンサルタントは、Ｘを指さしてそう言った。「これを取り替えれば、すべて元どおりに動き出すでしょう」

そして、この専門家は発電所を去り、さっさと帰宅した。

後日、コンサルタントの助手から原発管理者の元に5万ドルの請求書がメールで送られてきた。

確かにこの故障のために発電所は毎週何十万ドルもの損失を被っていたが、原発管理者は請求された額に衝撃を受けた。そこで、メールでこう訴えた。「1日もかからなかった仕事がどうして5万ドルもするのでしょうか。実際、マーカーでXを書いただけですよね」

アシスタントからの返事は、「Xを書くのに1ドル、Xをどこに書くべきか突き止めるのに4万9999ドルかかりました」。

この話を紹介した作家で演説家のブライアン・トレーシーは、「Xをどこに書くかを突き止める。それこそを自分の焦点《フォーカル・ポイント》とすべきだ」と言う。

「フォーカル・ポイント」とは、唯一無二の能力を集中させたエネルギーだ。

10倍を繰り返して唯一無二の力を進化させると、すべての行動においてフォーカル・ポイントの力とインパクトが増す。フォースではなく、パワーで行動するようになるからだ。

そうして、著しく大きな影響力とフローを手に入れる。

同時に、4つの自由もますます広がるだろう。

1 時間の自由
2 お金の自由
3 人間関係の自由

4　人生の目的の自由

４つの自由それぞれが個別で、定性的（訳注：数値化できないもの）だ。いずれも、量や「他との比較」より、質や「それ自体の価値」に基づいている。

10倍を実践すると、時間の質と価値、お金や報酬の質と価値が上がる。ともに仕事をする相手の質と価値、そして最終的には、人生の目的の質と価値も上がる。

この本をまとめるにあたり、２０２２年11月現在の私と年初めの自分を比べようとして、驚いた。私の人生は多くの面で根本的かつ質的に変わり、良くなった。

現在とかつてを比較して違いを探ろうと思えばもちろんできるし、〝収穫の視点〟で違いを評価するのは大事だ。

しかしながら、私という人間と私の生活は、わずか10～12カ月前のそれとはもはや比較できないほど異なるのだ。かつていた場所からいまいる場所まで、私は決してまっすぐでわかりやすい道を歩んでこなかった。私の関心、フォーカス、人生、人間関係を取り巻く状況や仕組みは、ことごとく以前より進化した。

世界はすっかり変わった。

私が歩む軌跡は非線形だが、より良くなっている。

より自由に生きて、唯一無二の能力を磨いている。

私のチームは自律的で、さらに優秀になろうと基準を常に上げ、それを体系化している。

これらの概念を、ある人たちに紹介して実践してみる機会に最近恵まれた。フロリダ州フォート・ローダーデールの教会の伝道部長から、布教活動に携わるリーダーたちを、私が提唱する概念に基づいてトレーニングしてくれないかと頼まれたのだ。

部長は、過去12カ月の布教活動に関する数値をスプレッドシートにまとめていた。それによると、宣教師200人が計約430人に対して洗礼を施していた。さらに、その430人を最初に「見つける」契機となった活動が3つに分類されていた。①教会のメンバーと協力する。②家を訪ねるなど自分なりの方法を用いる。③ソーシャルメディアを使う。

洗礼件数の40%が、教会メンバーの紹介によるものだった。

34%は、宣教師それぞれの努力によるもので、このうち大部分――洗礼件数全体の13%――が、布教した相手の紹介によるものだった。

最後に、26%はソーシャルメディアで相手を見つけて布教した結果だった。

私はこれらの数値についてトレーニングの場で検討し、1日にふだんどのくらいの時間を布教活動にあてているのかリーダーたちに聞いた。

「8時間です」

「そのうち、教会メンバーとの協力にどのくらい時間をかけていますか?」私は聞いた。

「1時間くらい」

「ソーシャルメディアにかけている時間は？」私は再び聞いた。

「15分から30分ほどです」

私は言った。「話を整理すると、洗礼数の66％に関わる活動に、1日1・5時間しかかけていないということですね」

8時間のうちの1・5時間は18・75％で、20％より少ない。

さらに、布教した相手に紹介してもらうという、数分しかかからない13％の活動も含めれば、〝1日のほぼ20％の時間を使って、結果の80％を生んでいる〟ことになる。

制約条件の理論によれば、どんな集団やシステムも中心的な目標または目的をもっている。その目的は、目標達成を阻む中心的な制約またはボトルネックをも指し示す。

ボトルネックを解決しない限り、どんなに労力とエネルギーを注いでも目標は達成できない。

ボトルネックこそが、集中すべき20％だ。

ほかすべては、目標達成のためのフィルターをとおれない80％だ。

ほとんどのビジネスは、エネルギーと資源の大部分をボトルネックではなく80％の活動に向けるため、劇的な成長ができない。大半のビジネスがよくて2倍で、10倍ではない。

10倍を実践するのなら、80％を手放し、エネルギーと注意力、資源を20％のボトルネックに注ぐべきだ。

宣教師は、接触して布教したすべての人を、デジタルの「地域ブック」に忠実に記録している。人と接触して簡単な教えを伝えるたびに、「地域ブック」のデジタル地図に、灰色など色つきの点で相手を記録する。相手がさらに教えを聞こうとしたり教会に来たりして次のステップへ進んだら、点の色は変わる。

私は宣教師たちに〝適応度関数〟の概念について説明し、一人の宣教師またはグループ全体として、自分（たち）自身に向けて最適化を図るべきだと伝えた。

「洗礼の数を2倍に増やしたいのなら、いま点で示している相手の半分を洗礼しなくてはいけません。それはできますか？」

本人たちは驚いていた。

本当の目標は〝個人とその家族を洗礼する〟ことなのに、宣教師たちは、個人としてもグループとしても、〝点に向けて最適化する〟――人に接触して教えを伝える――ことが目標だと思うようになっていた。

10倍は質を上げ、量を減らすことだ。

宣教師が記していた「点」のほとんどは洗礼を受けるつもりのない人たちで改宗率も低く（せいぜい1％）、一軒一軒をまわるなど効率の悪い活動によって見つけた相手だ。

すべての点は同じ意味をもたない。

すべての活動に同じ効果はない。

「点」や接触の数が1000あっても、ほんのひと握りの洗礼にしかつながらないこともある。

より多くの人を洗礼したいのなら、効果が最も見込める20%の活動をとおして「点」――布教する相手――を見つけるべきだ。つまり、教会メンバーと協力したり、布教する相手に紹介してもらったり、ソーシャルメディアを使ったりする。

「小さくてもすぐ確認できる成果が欲しいのなら、いまの80%の活動を続けて点を集めればいいでしょう」私は言った。「しかし、もっと大きい結果を目指して、自分の基準や最低ラインを上げたいのなら、80%はやめる。点を集めるだけのために最適化するのは、やめるべきです」

一人の女性宣教師が聞いた。「けれども私たちは、『すべての釣り糸』を水の中に垂らすようにと教えられました。その方法だと、8割もの釣り糸を水から引きあげることになります」

私は答えた。「でも、そこが魚のまったくいない池だったら、釣り糸をどれだけ多く垂らしても意味はないですよね」

別の女性が手を挙げて言った。「それを聞いて、思い出しました。ペテロとその兄弟が夜どおし漁をして1匹も獲れなかったとき、近づいてきたイエスに『舟の反対側に網を下ろしなさい』と言われ、そのとおりにしたら、たちまち大量の魚がかかって舟が沈みそうになったという聖書の話です」

それまでやってきたことを頑固に続けていては、10倍は基本的に無理だ。視野を広げて20％に集中したときに、変容をもたらす結果はすぐに出る。

伝道部長は、毎月の洗礼件数の最低基準を、最近達成している50件から2倍の100件にすることを神が望んでいると感じていた。宣教師たちは、現在の80％の活動を維持していては新しい基準は実現できないと、やっと理解した。

もし20％の活動に集中したら――そして、その20％において10倍良い活動をして、スキルも身につけたら――、短期間で新しい基準をクリアして、習得した方法を体系化するだろう。それどころか、新基準を大きく上まわる結果も出せるだろう。

20％に真剣に取り組み、厳選した重要なものにおいて10倍上達し、足かせになっている80％を手放せば、10倍の実践は可能なのだ。

さて、あなたの場合はどうだろうか。

▪ あなたの10倍ビジョンとは？

- あなたの20％とは？
- あなたの唯一無二の能力とは？
- 10倍を実践して自律的企業を築くのにコミットしているか、それとも有限のゲームにはまっているか？
- 無限のゲームをプレーしているか？
- 10倍の自由と目的のある人生を追い求める準備はできているか？
- 80％を繰り返し手放しながら、20％のうちのさらに20％、またその20％と絞り込んでそこに時間を注ぎ、パワフルで、唯一無二の最適化された自分になるつもりはあるか？

10倍は2倍より簡単だ。

2倍は同じことの継続で、それを単にもっとやるだけだ。労力ばかりかかる、賢明とは言い難い方法で、変容も思考の向上も伴わない。

10倍は、それとはまったく違う将来に向けて、まるで違うアプローチを取る。10倍を実践するには、ボトルネック、つまり20％の課題を避けてはとおれない。むしろ20％の課題としっかり向き合い、変容に取り組むのだ。そのときには、すでに自覚しているだろう。そのボトルネックとは、まさに〝自分自身〟なのだと。

ストラテジック・コーチからの
補足情報

10倍思考を次の次元へ
進化させるための
補足のツールや情報は、

www.10xeasierbook.com

で得られる。

謝辞

ダン・サリヴァンより

心からの感謝を、いつものようにバブス・スミスに捧げる。起業家育成の分野で生涯をかけて蓄積したその知識は、常に私を正しい道へと導いてくれる。彼女はあらゆる面で10倍であり、すべてを可能にする。

そして、ベン・ハーディの優れた思考と文章力のおかげでここに3冊目の共著が完成し、大変幸せに感じる。私たちの素晴らしい旅はこれからも発展を続けるだろう。

シャノン・ウォーラー、ジュリア・ウォーラー、キャシー・デイヴィス、エリオノーラ・マンチニ、セラフィナ・プッピーロ（5人合わせて125年以上ともに仕事をしてきた、欠かせないコーチたち）に感謝の意を表する。この本が最も正確でベストな内容になるよう、それぞれが唯一無二の才能を使って貢献してくれた。

ほかの仕事熱心なコーチたちにも感謝したい。私たちストラテジック・コーチのコミュニティーのために長年の知識と技、経験をもって、一つひとつの概念を血のかよったものにしてくれた。プログラムを常に深め、広げてくれるあなたたちのコミットメントは、私たちが起業家育成の最前線に立つ上で、非常に重要だ。私たちの協力関係をこれからも宝のように大事にしていきたい。

1974年に始まったストラテジック・コーチのプログラムには、これまで2万2000人以上の優れた起業家たちが参加してくれた。すべての10倍に関する概念と戦略は、彼らの驚くべき創造的成功に関する5万時間超の議論を基に編み出された。

ほかにはない貴重な学びの機会に恵まれていることに心からの感謝を申し上げる。この学びの場はいまもあらゆるかたちで発展しており、私に驚きと大きな喜びを与え続けている。

ベン・ハーディより

この本の執筆は、まるで絶叫マシンに乗っているような強烈な経験だった。私の人生はあらゆる面で変わった。現在の生活全体を眺めて、執筆を始めた2021年末と比べると、信じられない気持ちになる。自分の内側も外側も、当時からまっすぐ歩んできたとは思えないほど劇的に、質的に変化したように見えるし、感じる。

私は妻と話し合い、自分たちにとって大事なもの、ともにどう生きていきたいかについて考え直した。その結果、二人の関係はもちろん、家族の雰囲気や文化、そして6人の子どもたちとの接し方も、格段に良くなった。私たちは、「こうあらねば」ではなく、「こうしたい」という気持ちを前よりずっと大事にして生活するようになった。

オフィスも変えた。いまの私のビジョンと、求めるライフスタイルにより合致する場所だ。車も変えた。自分の偏見や弱さ、集中を妨げるもの、10倍ではなく2倍に私を引きとどめようとする友人たちとの関係も、やめたり切り捨てたりした。私のスケジュールは変わり、時間とのつき合い方も変わった。せわしく動きまわるのではなく、スローに、シンプルに時間を過ごしている。創造と集中のために長い時間を確保し、丸1日、ときには丸1週間をフローでのフォーカスや回復にあてている。私のアイデンティティーと基準も進化して、より明確になり目標にコミットしている。事業の構造やフォーカスも変わった。いま取り組んでいる10倍に向けて、よりシンプルになり焦点も絞られつつある。ほんの3～12カ月前にはしっかりと握っていた80％のうち、かなりを手放した。そこには、過去5年間で最も稼ぎの良かったものも含まれる。

これらをすべて書き出しているのは、この本で紹介した考えや物語によって、私が個人として謙虚になり、変容したことを伝えたいからだ。執筆によって人生が変わり、文章の書き方さえ変わった。10倍をこれまで何回も経験した人も含め、読者の皆さんにも質的かつ量的な10倍変容をぜひ体験してほしい。そのために、できる限りのことをしたつもりだ。

この本の概念を私が理解し、正しく伝える上で必要不可欠だった人たちが大勢いる。最初に、ダンとバブスに感謝を述べる。私を信頼して、ダンの概念とアイデアを託してくれた。また、素晴らしいコーチやストラテジック・コーチのメンバーを紹介してくれたおかげで、彼らからさまざまな物語や洞察を教えてもらい、ダンの考えを生き生きと伝えることができた。ダンやバブスと親しくつき合い、本をともに出すたびにZoomで何回も話し合えて、私はとてもラッキーで恵まれていると思う。私にとって大きな喜びであり、貴重な機会であり、まさに夢の実現でもある。

ストラテジック・コーチのキャシー・デイヴィス、シャノン・ウォーラー、ジュリア・ウォーラーにとりわけ感謝したい。家族のように私に接してくれて、支えてくれた。ありがとう！

ハワード・ゲトソンに特別な感謝を。この本にまつわるさまざまな話題について、何年にもわたりどれだけ話し合っただろう。ハワード、あなたは最高の10倍思考のもち主だ。その思慮深い言葉や励まし、洞察がなかったら、この本はこれほど明快でパワフルにはならなかっただろう。

ストラテジック・コーチのコーチたちに深く感謝する。貴重な時間を割いて、さまざまな洞察や物語、そして精神的なサポートをくれた。中でも、チャド・ジョンソン、エイドリエン・ダフィー、キム・バトラー、リー・ブラワー、コリーン・ボウラーに感謝する。

ほかのコーチたちも、フィードバックをくれるなど時間を惜しまず支えてくれた。あなたたちが体現する知識や考えを私が理解し表現するのに、どれだけ頼りにさせてもらったことか。どうもありがとう。

さらに、この本を書くためにインタビューしたストラテジック・コーチのメンバーと起業家の方たちに深く感謝したい。この本で紹介した、しなかったにかかわらず、話を聞かせてもらって大いに参考になった。各章で伝えたさまざまなアイデアを受け入れ、鮮やかに実践してくれてありがとう。あなたたちの話を聞いて、「10倍」や「唯一無二の能力」「自由な日」「自律的な企業」の意味をさらに深く理解することができた。寛容さと情熱、愛情をもって接してくれたことに、お礼を言いたい。

出版社のヘイ・ハウスにも感謝する。私を信じて、再び本を書く機会を与えてくれた。2020年以来、著書を出すたびともに仕事をしてきて、これが4冊目になる。今後もたくさん一緒に仕事ができますように。リード・トレイシー、パティ・ギフト、メロディー・ガイに特別に感謝したい。作家として、プロとして成長痛に悩む私を辛抱強く支えてくれた。特に、ダンとバブスとの共著3冊を含めた過去4冊の編集者であるメロディーに感謝する。メロディー、独特でときとして難しい書き方をする私を支えてくれて、どうもありがとう。あなたの忍耐強さ、サポート、洞察は素晴らしい。本当にありがとう。皆さんに感謝している。

執筆の力になってくれた方たちに感謝する。タッカー・マックス、友情と精神的なサポート、賢明なアドバイス、そして私の本をより良くするために大事な視点を与えてくれて、ありがとう。タッカー、私が人として、作家として進化し続けられるよう力を貸してくれたことに感謝している。ペギースー・ウェルズには、この本を私とともに何回か読みとおしてもらい、編集上の貴重な意見とアドバイスをもらった。ありがとう。ヘレン・ヒーリーには最後の段階で参加してもらい、この本を「良好」から「偉大」近くまで（あなたの言葉では、「5」から「9」）にするために力をもらった。母親のスーザン・ナイトへ、私にいつも寄り添い、私や私の人生、書くこと、書いている本について電話で話し相手になってくれてありがとう。そして、まだめちゃくちゃな草稿をZoomで私と一緒に読み、私の考えを整理してくれたことにお礼を言いたい。母さん、愛しているよ！

仕事を支えてくれる私の会社の全員、クライアント、そして読者の皆さんに、ありがとう！　とりわけ、チェルシー・ジェンキンズ、ナターシャ・シフマン、ジェネッサ・キャタソン、アレクシス・スワンソン、ケイトリン・チャドウィック、キャラ・アヴェイ、クリステン・ジョーンズ、ケイトリン・モーテンセン、あなたたちの仕事に感謝する。私が執筆と創造の世界に入り込んでいるあいだ、会社の仕事を滞りなく進めてくれた。主体性をもって「自律的」に動き、情熱と目的意識をもって仕事に取り組んでくれて、ありがとう。

私を常に支えてくれる美しい妻ローレンと、6人の子どもたちへ。心から愛している！私の人生に、最も胸が躍る意味深い部分を与えてくれてありがとう。皆のおかげで、私は毎日10倍になれる。ともに過ごす人生、たくさんの思い出に感謝している。夫として、父親として、プロとして、一家の大黒柱として、私が成長して進化し続けるのを忍耐強く見守ってくれて、どうもありがとう。

そして、父親のフィリップ・ハーディと兄弟のトレヴァー・ハーディ、ジェイコブ・ハーディに、大事な心の支えでいてくれることに感謝する。ダニエル・アマト、チャド・ウィラードソン、ネイト・ランバート、リチー・ノートン、ドレイ・レッドファーン、ウェイン・ベック、ジョー・ポリッシュに、人として、プロとして、親しくつき合い精神的に支えてくれることにお礼を言いたい。

最後に、天の神へ、私にこの人生を授けてくれてどうもありがとう。素晴らしい変容の体験を与えてくれる。そして、いつも私のそばにいて、ビジョンと能力を高めるのを助けてくれる。私が主体的に生きられること、生き方を自ら選び、人生を歩めることに感謝します。

注記

エピグラフ

※1：Ferriss, T. (2018). *Astro Teller, CEO of X—How to Think 10x Bigger (#309)*. The Tim Ferriss Show.

はじめに

※1：Stone, I. (2015). *The Agony and the Ecstasy*. Random House.『ミケランジェロの生涯—苦悩と歓喜』アーヴィング・ストーン著、新庄哲夫訳、二見書房、1966年

※2：Stone, I. (2015). *The Agony and the Ecstasy*. Random House.『ミケランジェロの生涯—苦悩と歓喜』

※3：Holroyd, C. Michael Angelo Buonarroti, with Translations of the Life of the Master by His Scholar, Ascanio Condivi, and Three Dialogues from the Portuguese by Francisco d'Ollanda. London, Duckworth and Company. P.16. X111. 1903. http://www.gutenberg.org/files/19332/19332-h/19332-h.html#note_20

※4：Condivi, A. *The Life of Michelangelo*. Translation: Baton Rouge, Louisiana State University Press, F1976. 引用文は、この本とほかのミケランジェロ関連の資料を基に意訳した。『ミケランジェロ伝』アスカニオ・コンディヴィ著、高田博厚訳、岩崎美術社、1978年

※5：ヘラクレス像を描いた絵。Michelangelo.net. https://www.michelangelo.net/hercules/ 2022年8月17日閲覧。

※6：Doorley, J. D., Goodman, F. R., Kelso, K. C., & Kashdan, T. B. (2020). Psychological flexibility: What we know, what we do not know, and what we think we know. *Social and Personality Psychology Compass, 14*(12), 1-11.

※7：Kashdan, T. B., & Rottenberg, J. (2010). Psychological flexibility as a fundamental aspect of health. *Clinical Psychology Review, 30*(7), 865-878.

※8：Bond, F. W., Hayes, S. C., & Barnes-Holmes, D. (2006). Psychological flexibility, ACT, and organizational behavior. *Journal of Organizational Behavior Management, 26*(1.2), 25-54.

※9：Kashdan, T. B., Disabato, D. J., Goodman, F. R., Doorley, J. D., & McKnight, P. E. (2020). Understanding psychological flexibility: A multimethod exploration of pursuing valued goals despite the presence of distress. *Psychological Assessment, 32*(9), 829.

※10：Godbee, M., & Kangas, M. (2020). The relationship between flexible perspective taking and emotional well-being: A systematic review of the "self-as-context" component of acceptance and commitment therapy. *Behavior Therapy, 51*(6), 917-932.

※**11**：Yu, L., Norton, S., & McCracken, L. M. (2017). Change in "self-as-context" ("perspective-taking") occurs in acceptance and commitment therapy for people with chronic pain and is associated with improved functioning. *The Journal of Pain, 18*(6), 664-672.

※**12**：Zettle, R. D., Gird, S. R., Webster, B. K., Carrasquillo-Richardson, N., Swails, J. A., & Burdsal, C. A. (2018). The Self-as-Context Scale: Development and preliminary psychometric properties. *Journal of Contextual Behavioral Science, 10*, 64-74.

※**13**:De Tolnay, C. (1950). *The Youth of Michelangelo*. Princeton University Press; 2nd ed. pp. 26-28.

※**14**：Coughlan, Robert (1966). *The World of Michelangelo*: 1475-1564. et al. Time-Life Books. p. 85.『ミケランジェロ：1475—1564』タイムライフブックス編集部編、タイムライフインターナショナル、1968年

※**15**: Stone, I. (2015). *The Agony and the Ecstasy*. Random House.『ミケランジェロの生涯—苦悩と歓喜』

※**16**：Fromm, E. (1994). *Escape from Freedom*. Macmillan.『自由からの逃走』エーリッヒ・フロム著、日高六郎訳、東京創元社、1951年

※**17**：Sullivan, D., & Hardy, B. (2020). *Who Not How: The formula to achieve bigger goals through accelerating teamwork*. Hay House Business.『WHO NOT HOW「どうやるか」ではなく「誰とやるか」』ダン・サリヴァン、ベンジャミン・ハーディ著、森由美子訳、ディスカヴァー・トゥエンティワン、2022年

※**18**：Carse, J. (2011). *Finite and Infinite Games*. Simon & Schuster.

※**19**:Hardy, B. (2016). Does it take courage to start a business? (Masters' thesis, Clemson University).

※**20**：Hardy, B. P. (2019). Transformational leadership and perceived role breadth: Multi-level mediation of trust in leader and affective organizational commitment (Doctoral dissertation, Clemson University).

※**21**：Hardy, B. (2018). *Willpower Doesn't Work: Discover the hidden keys to success*. Hachette.『FULL POWER 科学が証明した自分を変える最強戦略』ベンジャミン・ハーディ著、松丸さとみ訳、サンマーク出版、2020年

※**22**: Sullivan, D. & Hardy, B. (2020). *Who Not How: The Formula to Achieve Bigger Goals through Accelerating Teamwork*. Hay House Business.『WHO NOT HOW「どうやるか」ではなく「誰とやるか」』

※**23**：Sullivan, D. & Hardy, B. (2021). *The Gap and The Gain: The high achievers' guide to happiness, confidence, and success*. Hay House Business.

※**24**：Greene, R. (2013). *Mastery*. Penguin.『マスタリー　仕事と人生を成功に導く不思議な力』ロバート・グリーン著、上野元美訳、新潮社、2015年

※**25**：Eliot, T. S. (1971). *Four Quartets*. Harvest.『四つの四重奏』T.S.エリオット著、岩波書店、岩崎宗治訳、2011年

第1章

※**1**：Koch, R. (2011). *The 80/20 Principle: The secret of achieving more with less: Updated 20th anniversary edition of the productivity and business classic*. Hachette UK.『人生を変える80対20の法則』リチャード・コッチ著、仁平和夫、高遠裕子訳、CCCメディアハウス、2018年

※**2**：Wided, R. Y. (2012). For a better openness towards new ideas and practices. *Journal of Business Studies Quarterly, 3*(4), 132.

※**3**：Snyder, C. R., LaPointe, A. B., Jeffrey Crowson, J., & Early, S. (1998). Preferences of high- and low-hope people for self-referential input. *Cognition & Emotion, 12*(6), 807-823.

※**4**：Chang, E. C. (1998). Hope, problem - solving ability, and coping in a college student population: Some implications for theory and practice. *Journal of Clinical Psychology, 54*(7), 953-962.

※**5**：Charlotte Law, M. S. O. D., & Lacey, M. Y. (2019). How Entrepreneurs Create High-Hope Environments. *2019 Volume 22 Issue 1*(1).

※**6**：Vroom, V., Porter, L., & Lawler, E. (2005). Expectancy theories. *Organizational Behavior, 1*, 94-113.

※**7**：Snyder, C. R. (2002). Hope theory: Rainbows in the mind. *Psychological Inquiry, 13*(4), 249-275.

※**8**：Landau, R. (1995). Locus of control and socioeconomic status: Does internal locus of control reflect real resources and opportunities or personal coping abilities? *Social Science & Medicine, 41*(11), 1499-1505.

※**9**：Kim, N. R., & Lee, K. H. (2018). The effect of internal locus of control on career adaptability: The mediating role of career decision - making self - efficacy and occupational engagement. *Journal of Employment Counseling, 55*(1), 2-15.

※**10**：Holiday, R. (2022). *Discipline Is Destiny: The power of self-control (The Stoic Virtues Series)*. Penguin.

※**11**：Sullivan, D. (2019). *Who Do You Want to Be a Hero To?: Answer just one question and clarify who you can always be*. Strategic Coach, Inc.

※**12**：Csikszentmihalyi, M., Abuhamdeh, S., & Nakamura, J. (2014). *Flow*. In Flow and the foundations of positive psychology (pp. 227-238). Springer, Dordrecht.『フロー体験 喜びの現象学』M.チクセントミハイ著、今村浩明訳、世界思想社、1996年

※**13**：Heutte, J., Fenouillet, F., Martin-Krumm, C., Gute, G., Raes, A., Gute, D., ... & Csikszentmihalyi, M.（2021）. Optimal experience in adult learning: conception and validation of the flow in education scale（EduFlow-2）. *Frontiers in Psychology, 12*, 828027.

※**14**：Csikszentmihalyi, M., Montijo, M. N., & Mouton, A. R.（2018）. Flow theory: Optimizing elite performance in the creative realm.

※**15**：Kotler, S.（2014）. *The Rise of Superman: Decoding the science of ultimate human performance*. Houghton Mifflin Harcourt.『超人の秘密：エクストリームスポーツとフロー体験』スティーヴン・コトラー著、熊谷玲美訳、早川書房、2015年

※**16**：Collins, J.（2001）. *Good to Great: Why some companies make the leap and others don't*. HarperBusiness.『ビジョナリー・カンパニー 2 飛躍の法則』ジェームズ・C・コリンズ著、山岡洋一訳、日経BP、2001年

※**17**：Sullivan, D.（2015）. *The 10x Mind Expander: Moving your thinking, performance, and results from linear plodding to exponential breakthroughs*. Strategic Coach Inc.

※**18**：Hardy, B.（2016）. Does it take courage to start a business?（Masters' thesis, Clemson University）.

※**19**：Snyder, C. R.（2002）. Hope theory: Rainbows in the mind. *Psychological Inquiry, 13*（4）, 249-275.

※**20**：Feldman, D. B., Rand, K. L., & Kahle-Wrobleski, K.（2009）. Hope and goal attainment: Testing a basic prediction of hope theory. *Journal of Social and Clinical Psychology, 28*（4）, 479.

※**21**：Baykal, E.（2020）. A model on authentic leadership in the light of hope theory. *Sosyal Bilimler Arastirmalari Dergisi, 10*（3）.

※**22**：Bernardo, A. B.（2010）. Extending hope theory: Internal and external locus of trait hope. *Personality and Individual Differences, 49*（8）, 944-949.

※**23**：Tong, E. M., Fredrickson, B. L., Chang, W., & Lim, Z. X.（2010）. Re-examining hope: The roles of agency thinking and pathways thinking. *Cognition and Emotion, 24*（7）, 1207-1215.

※**24**：Chang, E. C., Chang, O. D., Martos, T., Sallay, V., Zettler, I., Steca, P., ... & Cardeñoso, O.（2019）. The positive role of hope on the relationship between loneliness and unhappy conditions in Hungarian young adults: How pathways thinking matters!. *The Journal of Positive Psychology, 14*（6）, 724-733.

※**25**：Pignatiello, G. A., Martin, R. J., & Hickman Jr, R. L.（2020）. Decision fatigue: A conceptual analysis. *Journal of Health Psychology, 25*（1）, 123-135.

※**26**：Vohs, K. D., Baumeister, R. F., Twenge, J. M., Schmeichel, B. J., Tice, D. M., & Crocker, J.（2005）. Decision fatigue exhausts self-regulatory resources—But so does accommodating to unchosen alternatives. Manuscript submitted for publication.

※**27**：Allan, J. L., Johnston, D. W., Powell, D. J., Farquharson, B., Jones, M. C., Leckie, G., & Johnston, M. (2019). Clinical decisions and time since rest break: An analysis of decision fatigue in nurses. *Health Psychology, 38*(4), 318.

※**28**：Sullivan, D. & Hardy, B. (2020). *Who Not How: The formula to achieve bigger goals through accelerating teamwork*. Hay House Business.『WHO NOT HOW「どうやるか」ではなく「誰とやるか」』

※**29**：Dalton, M. (1948). The Industrial "Rate Buster": A Characterization. *Human Organization, 7*(1), 5-18.

※**30**：Drew, R. (2006). Lethargy begins at home: The academic rate-buster and the academic sloth. *Text and Performance Quarterly, 26*(1), 65-78.

第2章

※**1**：Koomey, J. (2008). *Turning Numbers into Knowledge: Mastering the art of problem solving*. Analytics Press.

※**2**：McKeown, G. (2020). *Essentialism: The disciplined pursuit of less*. Currency.『エッセンシャル思考：最少の時間で成果を最大にする』グレッグ・マキューン著、高橋璃子訳、かんき出版、2014年

※**3**：McAdams, D. P. (2011). *Narrative identity.* In *Handbook of identity theory and research* (pp. 99-115). Springer: New York, NY.

※**4**：Berk, L. E. (2010). *Exploring Lifespan Development (2nd ed.)*. Pg. 314. Pearson Education Inc.

※**5**：Sitzmann, T., & Yeo, G. (2013). A meta - analytic investigation of the within - person self - efficacy domain: Is self - efficacy a product of past performance or a driver of future performance?. *Personnel Psychology, 66*(3), 531-568.

※**6**：Edwards, K. D. (1996). Prospect theory: A literature review. *International Review of Financial Analysis, 5*(1), 19-38.

※**7**：Haita-Falah, C. (2017). Sunk-cost fallacy and cognitive ability in individual decision-making. *Journal of Economic Psychology, 58*, 44-59.

※**8**：Strough, J., Mehta, C. M., McFall, J. P., & Schuller, K. L. (2008). Are older adults less subject to the sunk-cost fallacy than younger adults?. *Psychological Science, 19*(7), 650-652.

※**9**：Knetsch, J. L., & Sinden, J. A. (1984). Willingness to pay and compensation demanded: Experimental evidence of an unexpected disparity in measures of value. *The Quarterly Journal of Economics, 99*(3), 507-521.

※**10**：Kahneman, D., Knetsch, J. L., & Thaler, R. H. (1990). Experimental tests of the endowment effect and the Coase theorem. *Journal of political Economy, 98*(6), 1325-1348.

※**11**：Morewedge, C. K., & Giblin, C. E. (2015). Explanations of the endowment effect: an integrative review. *Trends in Cognitive Sciences, 19*(6), 339-348.

※**12**：Festinger, L. (1957). *A Theory of Cognitive Dissonance*. Stanford University Press.『認知的不協和の理論：社会心理学序説』フェスティンガー著、末永俊郎監訳、誠信書房、1965年

※**13**：Heider, F. (1946). Attitudes and cognitive organization. *Journal of Psychology, 21*, 107-112.

※**14**：Heider, F. (1958). *The Psychology of Interpersonal Relations*. New York: John Wiley.『対人関係の心理学』フリッツ・ハイダー著、大橋正夫訳、誠信書房、1978年

※**15**：Doorley, J. D., Goodman, F. R., Kelso, K. C., & Kashdan, T. B. (2020). Psychological flexibility: What we know, what we do not know, and what we think we know. *Social and Personality Psychology Compass, 14*(12), 1-11.

※**16**：Kashdan, T. B., Disabato, D. J., Goodman, F. R., Doorley, J. D., & McKnight, P. E. (2020). Understanding psychological flexibility: A multimethod exploration of pursuing valued goals despite the presence of distress. *Psychological Assessment, 32*(9), 829.

※**17**：Harris, R. (2006). Embracing your demons: An overview of acceptance and commitment therapy. *Psychotherapy in Australia, 12*(4).

※**18**：Blackledge, J. T., & Hayes, S. C. (2001). Emotion regulation in acceptance and commitment therapy. *Journal of Clinical Psychology, 57*(2), 243-255.

※**19**：Hayes, S. C., Strosahl, K. D., & Wilson, K. G. (2011). *Acceptance and Commitment Therapy: The process and practice of mindful change*. Guilford Press.『アクセプタンス＆コミットメント・セラピー（ACT）第2版：マインドフルネスな変化のためのプロセスと実践』スティーブン・C・ヘイズ、カーク・D・ストローサル、ケリー・G・ウィルソン著、武藤崇、三田村仰、大月友訳、星和書店、2014年

※**20**：Gloster, A. T., Walder, N., Levin, M. E., Twohig, M. P., & Karekla, M. (2020). The empirical status of acceptance and commitment therapy: A review of meta-analyses. *Journal of Contextual Behavioral Science, 18*, 181-192.

※**21**：Hawkins, D. R. (2013). *Letting Go: The pathway of surrender*. Hay House, Inc.

※**22**：Ferriss, T. (2009). *The 4-Hour Workweek: Escape 9-5, live anywhere, and join the new rich*. Harmony.『「週4時間」だけ働く。9時─5時労働からおさらばして、世界中の好きな場所に住み、ニューリッチになろう。』ティモシー・フェリス著、田中じゅん訳、青志社、2011年

※**23**：MrBeast. (2016). *Dear Future Me (Scheduled Uploaded 6 Months Ago)*. MrBeast YouTube Channel. https://www.youtube.com/watch?v=fG1N5kzeAhM 2022年8月22日視聴。

※**24**：MrBeast. (2020). *Hi Me in 5 Years*. MrBeast YouTube Channel. https://www.youtube.com/watch?v=AKJfakEsgy0 2022年8月22日視聴。

※**25**：Rogan, J. (2022). *The Joe Rogan Experience: Episode #1788 -Mr. Beast*. Spotify. https://open.spotify.com/episode/5lokpznqvSrJO3gButgQvs 2022年3月15日閲覧。

※**26**：Gladwell, M. (2008). *Outliers: The story of success*. Little, Brown.『天才！：成功する人々の法則』マルコム・グラッドウェル著、勝間和代訳、講談社、2014年

※**27**：Jorgenson, E. (2020). *The Almanack of Naval Ravikant*. Magrathea Publishing.『シリコンバレー最重要思想家ナヴァル・ラヴィカント』エリック・ジョーゲンソン著、櫻井祐子訳、サンマーク出版、2022年

※**28**：Charlton, W., & Hussey, E. (1999). *Aristotle Physics Book VIII (Vol. 3)*. Oxford University Press.

※**29**：Rosenblueth, A., Wiener, N., & Bigelow, J. (1943). Behavior, purpose and teleology. *Philosophy of Science, 10*(1), 18-24.

※**30**：Woodfield, A. (1976). *Teleology*. Cambridge University Press.

※**31**：Baumeister, R. F., Vohs, K. D., & Oettingen, G. (2016). Pragmatic prospection: How and why people think about the future. *Review of General Psychology, 20*(1), 3-16.

※**32**：Suddendorf, T., Bulley, A., & Miloyan, B. (2018). Prospection and natural selection. *Current Opinion in Behavioral Sciences, 24*, 26-31.

※**33**：Seligman, M. E., Railton, P., Baumeister, R. F., & Sripada, C. (2013). Navigating into the future or driven by the past. *Perspectives on Psychological Science, 8*(2), 119-141.

※**34**：Schwartz, D. (2015). *The Magic of Thinking Big*. Simon & Schuster.『完訳版　大きく考える魔法─人生を成功に導く実践ガイド』デイヴィッド・J・シュワルツ著、井上大剛訳、パンローリング、2023年

※**35**：Godin, S. (2010). *Linchpin: Are you indispensable? How to drive your career and create a remarkable future*. Penguin.『「新しい働き方」ができる人の時代』セス・ゴーディン著、神田昌典監訳、三笠書房、2011年

※**36**：Clear, J. (2018). *Atomic Habits: An easy & proven way to build good habits & break bad ones*. Penguin.『ジェームズ・クリアー式複利で伸びる1つの習慣』ジェームズ・クリアー著、牛原眞弓訳、パンローリング、2019年

※**37**：Hoehn, C. (2018). *How to Sell a Million Copies of Your Non-Fiction Book*. https://charliehoehn.com/2018/01/10/sell-million-copies-book/ 2022年10月5日閲覧。

※**38**：Berrett-Koehler Publishers. (2020). *The 10 Awful Truths about Book Publishing*. Steven Piersanti, Senior Editor. https://ideas.bkconnection.com/10-awful-truths-about-publishing 2022年10月5日閲覧。

※**39**：Clear, J. (2021). 3-2-1: *The difference between good and great, how to love yourself, and how to get better at writing*. https://jamesclear.com/3-2-1/december-16-2021 2022年11月2日閲覧。

※**40**：Clear, J. (2014). *My 2014 Annual Review*. https://jamesclear.com/2014-annual-review 2022年10月5日閲覧。

※**41**：Clear, J.（2015）. *My 2015 Annual Review*. https://jamesclear.com/2015-annual-review 2022年10月5日閲覧。

※**42**：Clear, J.（2016）. *My 2016 Annual Review*. https://jamesclear.com/2016-annual-review 2022年10月5日閲覧。

※**43**：Clear, J.（2017）. *My 2017 Annual Review*. https://jamesclear.com/2017-annual-review 2022年10月5日閲覧。

※**44**：Ryan, R. M., & Deci, E. L.（2017）. *Self-Determination Theory: Basic psychological needs in motivation, development, and wellness*.

※**45**：Deci, E. L., Olafsen, A. H., & Ryan, R. M.（2017）. Self-determination theory in work organizations: The state of a science. *Annual Review of Organizational Psychology and Organizational Behavior, 4*, 19-43.

※**46**：Clear, J.（2018）. *My 2018 Annual Review*. https://jamesclear.com/2018-annual-review 2022年10月5日閲覧。

※**47**：Clear, J.（2019）. *My 2019 Annual Review*. https://jamesclear.com/2019-annual-review 2022年10月5日閲覧。

※**48**：Godin, S.（2007）. *The Dip: A little book that teaches you when to quit* (and when to stick). Penguin.『ダメなら、さっさとやめなさい！：No.1になるための成功法則』セス・ゴーディン著、有賀裕子訳、マガジンハウス、2007年

※**49**：Collins, J.（2001）. *Good to Great: Why some companies make the leap and others don't*. HarperBusiness.『ビジョナリー・カンパニー２ 飛躍の法則』

※**50**：David Bowman, N., Keene, J., & Najera, C. J.（2021, May）. *Flow encourages task focus, but frustration drives task switching: How reward and effort combine to influence player engagement in a simple video game*. In Proceedings of the 2021 CHI Conference on Human Factors in Computing Systems (pp. 1-8).

※**51**：Xu, S., & David, P.（2018）. Distortions in time perceptions during task switching. *Computers in Human Behavior, 80*, 362-369.

第3章

※**1**：Sullivan, D.（2015）. *Wanting What You Want: why getting what you want is incomparably better than getting what you need*. Strategic Coach Inc.

※**2**：Sullivan, D.（2015）. *Wanting What You Want: why getting what you want is incomparably better than getting what you need*. Strategic Coach Inc.

※**3**：Graham, P.（2004）. *How to make wealth*. http://www.paulgraham.com/wealth.html 2022年10月11日閲覧。

※**4**：Ferriss, T.（2022）. Brian Armstrong, CEO of Coinbase — *The Art of Relentless Focus, Preparing for Full-Contact Entrepreneurship, Critical Forks in the Path, Handling Haters, The Wisdom of Paul Graham, Epigenetic Reprogramming, and Much More（#627）*. The Tim Ferriss Show.

※**5**：Armstrong, B.（2020）. *Coinbase is a mission focused company*. Coinbase.com. https://www.coinbase.com/blog/coinbase-is-a-mission-focused-company 2022年10月10日閲覧。

※**6**：Covey, S. R., & Covey, S.（2020）. *The 7 Habits of Highly Effective People*. Simon & Schuster.『完訳7つの習慣』スティーブン・R・コヴィー著、フランクリン・コヴィー・ジャパン訳、キングベアー出版、2020年

※**7**：Carter, I.（2004）. Choice, freedom, and freedom of choice. *Social Choice and Welfare, 22*（1）, 61-81.

※**8**：Fromm, E.（1994）. *Escape from Freedom*. Macmillan.『自由からの逃走』

※**9**：Frankl, V. E.（1985）. *Man's Search for Meaning*. Simon & Schuster.『夜と霧』ヴィクトール・E・フランクル著、池田香代子訳、みすず書房、2002年

※**10**：Canfield, J., Switzer, J., Padnick, S., Harris, R., & Canfield, J.（2005）. *The Success Principles*（pp. 146-152）. Harper Audio.『絶対に成功を呼ぶ25の法則：あなたは必ず望む人生を手に入れる』ジャック・キャンフィールド著、植山周一郎訳、小学館、2006年

※**11**：Sullivan, D.（2017）. *The Self-Managing Company: Freeing yourself up from everything that prevents you from creating a 10x bigger future*. Strategic Coach Inc.

※**12**：Rodriguez, P.（2022）. *Paul Rodriguez | 20 and Forever*. Paul Rodriguez YouTube Channel. https://www.youtube.com/watch?v=xUEw6fSlcsM 2022年10月10日閲覧。

※**13**：Stephen Cox（April 11, 2013）. *"Paul Rodriguez Interrogated."* The Berrics. 2013年4月13日にオリジナル記事を保存、2013年4月13日閲覧。

※**14**："City Stars Skateboards." Skately LLC. 2018年3月26日にオリジナル記事を保存、2018年4月8日閲覧。

※**15**：Sigurd Tvete（July 31, 2009）. *"Paul Rodriguez Interview."* Tackyworld. Tacky Products AS. 2014年4月9日にオリジナル記事を保存、2022年9月27日閲覧。

※**16**：Transworld Skateboarding,（2002）. *In Bloom*. Transworld Skateboard Video.

※**17**：Greene, R.（2013）. *Mastery*. Penguin.『マスタリー　仕事と人生を成功に導く不思議な力』

※**18**：Rodriguez, P.（2022）. *Paul Rodriguez | 20 and Forever*. Paul Rodriguez YouTube Channel. https://www.youtube.com/watch?v=xUEw6fSlcsM 2022年10月10日閲覧。

※**19**：Quoted in Howard Gardner, *"Creators: Multiple Intelligences,"* in The Origins of Creativity, ed. Karl H. Pfenninger and Valerie R. Shubik（Oxford: Oxford University Press, 2001）, 132.

※**20**：Hall, D. T., & Chandler, D. E. (2005). Psychological success: When the career is a calling. Journal of Organizational Behavior: *The International Journal of Industrial, Occupational and Organizational Psychology and Behavior, 26*(2), 155-176.

※**21**：Duffy, R. D., & Dik, B. J. (2013). Research on calling: What have we learned and where are we going?. *Journal of Vocational Behavior, 83*(3), 428-436.

※**22**：Dobrow, S. R., & Tosti-Kharas, J. (2012). Listen to your heart? Calling and receptivity to career advice. *Journal of Career Assessment, 20*(3), 264-280.

※**23**：Duke, A. (2022). *Quit: The power of knowing when to walk away*. Penguin.

※**24**：Sullivan, D. (2019). *Always Be the Buyer: Attracting other people's highest commitment to your biggest and best standards*. Strategic Coach Inc.

※**25**：Sullivan, D. (2019). *Always Be the Buyer: Attracting other people's highest commitment to your biggest and best standards*. Strategic Coach Inc.

※**26**：Carse, J. (2011). *Finite and Infinite Games*. Simon & Schuster.

※**27**：Jorgenson, E. (2020). *The Almanack of Naval Ravikant*. Magrathea Publishing.『シリコンバレー最重要思想家ナヴァル・ラヴィカント』エリック・ジョーゲンソン著、櫻井祐子訳、サンマーク出版、2022年

第4章

※**1**：Jobs, S. (2005). *Steve Jobs' 2005 Stanford Commencement Address*. Stanford University YouTube Channel. https://www.youtube.com/watch?v=UF8uR6Z6KLc 2022年8月26日閲覧。

※**2**：Sullivan, D., & Hardy, B. (2021). *The Gap and The Gain: The high achievers' guide to happiness, confidence, and success*. Hay House Business.

※**3**：Perry, M. (2022). *Friends, Lovers, and the Big Terrible Thing: A Memoir*. Flatiron Books.

※**4**：Sullivan, D., & Hardy, B. (2021). *The Gap and The Gain: The high achievers' guide to happiness, confidence, and success*. Hay House Business.

※**5**：Fredrickson, B. L. (2004). The broaden.and.build theory of positive emotions. Philosophical transactions of the royal society of London. *Series B: Biological Sciences, 359*(1449), 1367-1377.

※**6**：Garland, E. L., Fredrickson, B., Kring, A. M., Johnson, D. P., Meyer, P. S., & Penn, D. L. (2010). Upward spirals of positive emotions counter downward spirals of negativity: Insights from the broaden-and-build theory and affective neuroscience on the treatment of emotion dysfunctions and deficits in psychopathology. *Clinical Psychology Review, 30*(7), 849-864.

※**7** : Vacharkulksemsuk, T., & Fredrickson, B. L. (2013). Looking back and glimpsing forward: The broaden-and-build theory of positive emotions as applied to organizations. In *Advances in positive organizational psychology* (Vol. 1, pp. 45-60). Emerald Group Publishing Limited.

※**8** : Thompson, M. A., Nicholls, A. R., Toner, J., Perry, J. L., & Burke, R. (2021). Pleasant Emotions Widen Thought-Action Repertoires, Develop Long-Term Resources, and Improve Reaction Time Performance: A Multistudy Examination of the Broaden-and-Build Theory Among Athletes. *Journal of Sport and Exercise Psychology, 43*(2), 155-170.

※**9** : Lin, C. C., Kao, Y. T., Chen, Y. L., & Lu, S. C. (2016). Fostering change-oriented behaviors: A broaden-and-build model. *Journal of Business and Psychology, 31*(3), 399-414.

※**10**:Stanley, P. J., & Schutte, N. S. (2023). Merging the Self-Determination Theory and the Broaden and Build Theory through the nexus of positive affect: A macro theory of positive functioning. *New Ideas in Psychology, 68*, 100979.

※**11** : Chhajer, R., & Dutta, T. (2021). Gratitude as a mechanism to form high-quality connections at work: impact on job performance. *International Journal of Indian Culture and Business Management, 22*(1), 1-18.

※**12** : Park, G., VanOyen-Witvliet, C., Barraza, J. A., & Marsh, B. U. (2021). The benefit of gratitude: trait gratitude is associated with effective economic decision-making in the ultimatum game. *Frontiers in Psychology, 12*, 590132.

※**13** : Sitzmann, T., & Yeo, G. (2013). A meta - analytic investigation of the within - person self - efficacy domain: Is self - efficacy a product of past performance or a driver of future performance?. *Personnel Psychology, 66*(3), 531-568.

※**14** : Tong, E. M., Fredrickson, B. L., Chang, W., & Lim, Z. X. (2010). Re-examining hope: The roles of agency thinking and pathways thinking. *Cognition and Emotion, 24*(7), 1207-1215.

※**15** : Peterson, S. J., & Byron, K. (2008). Exploring the role of hope in job performance: Results from four studies. *Journal of Organizational Behavior: The International Journal of Industrial, Occupational and Organizational Psychology and Behavior, 29*(6), 785-803.

※**16** : Sullivan, D. (2016). *The 10x Mind Expander: Moving your thinking, performance, and results from linear plodding to exponential breakthroughs*. Strategic Coach Inc.

※**17**:Utchdorf, D. (2008). *A Matter of a Few Degrees*. April 2008, General Conference. The Church of Jesus Christ of Latter-day Saints.

※**18** : Johnston, W. A., & Dark, V. J. (1986). Selective attention. *Annual Review of Psychology, 37*(1), 43-75.

※**19** : Treisman, A. M. (1964). Selective attention in man. *British Medical Bulletin, 20*(1), 12-16.

※**20**：Kiyosaki, R. T., & Lechter, S. L. (2001). *Rich Dad Poor Dad: What the rich teach their kids about money that the poor and the middle class do not!* . Business Plus.『金持ち父さん貧乏父さん：アメリカの金持ちが教えてくれるお金の哲学』ロバート・キヨサキ著、白根美保子訳、筑摩書房、2013年

※**21**：Lorenz, E. (2000). The Butterfly Effect. *World Scientific Series on Nonlinear Science Series A, 39*, 91-94.

※**22**：Shen, B. W., Pielke Sr, R. A., Zeng, X., Cui, J., Faghih-Naini, S., Paxson, W., & Atlas, R. (2022). Three kinds of butterfly effects within Lorenz Models. *Encyclopedia*, 2(3), 1250-1259.

※**23**：Shen, B. W., Pielke Sr, R. A., Zeng, X., Faghih-Naini, S., Shie, C. L., Atlas, R., ... & Reyes, T. A. L. (2018, June). Butterfly effects of the first and second kinds: new insights revealed by high-dimensional lorenz models. In *11th Int. Conf. on Chaotic Modeling*, Simulation and Applications.

※**24**：Hilborn, R. C. (2004). Sea gulls, butterflies, and grasshoppers: A brief history of the butterfly effect in nonlinear dynamics. *American Journal of Physics*, 72(4), 425-427.

※**25**：Waitzkin, J. (2008). *The Art of Learning: An inner journey to optimal performance*. Simon & Schuster.『習得への情熱―チェスから武術へ―：上達するための、僕の意識的学習法』ジョッシュ・ウェイツキン著、吉田俊太郎訳、みすず書房、2015年

※**26**：Moors, A., & De Houwer, J. (2006). Automaticity: a theoretical and conceptual analysis. *Psychological Bulletin, 132*(2), 297.

※**27**：Logan, G. D. (1985). Skill and automaticity: Relations, implications, and future directions. *Canadian Journal of Psychology/Revue Canadienne De Psychologie, 39*(2), 367.

※**28**：Graham, P. (2004). *How to make wealth*. http://www.paulgraham.com/wealth.html 2022年10月11日閲覧。

※**29**：Adabi, M. (2017). *The Obamas are getting a record-setting book deal worth at least $60 million*. Business Insider. https://www.businessinsider.com/obama-book-deal-2017-2 2022年10月11日閲覧。

第5章

※**1**：Brown, B. (2010). *The Gifts of Imperfection: Let go of who you think you're supposed to be and embrace who you are*. Simon & Schuster.『「ネガティブな感情（こころ）」の魔法』ブレネー・ブラウン著、本田健訳・解説、三笠書房、2013年

※**2**：Godin, S. (2014). *The wasteful fraud of sorting for youth meritocracy: Stop Stealing Dreams*. https://seths.blog/2014/09/the-shameful-fraud-of-sorting-for-youth-meritocracy/ 2022年9月29日閲覧。

※**3**:Slife, B. D.(1995). Newtonian time and psychological explanation. *The Journal of Mind and Behavior*, 45-62.

※**4**:Slife, B. D.(1993). *Time and Psychological Explanation*. SUNY press.

※**5**:Murchadha, F. Ó.(2013). *The Time of Revolution: Kairos and chronos in Heidegger (Vol. 269)*. A&C Black.

※**6**:Smith, J. E.(2002). *Time and qualitative time. Rhetoric and kairos. Essays in History, Theory, and Praxis*, 46-57.

※**7**:Slife, B. D.(1993). *Time and Psychological Explanation*. SUNY press.

※**8**:Einstein, A.(2013). *Relativity*. Routledge.『相対性理論』アインシュタイン著、内山龍雄訳・解説、岩波書店、1988年

※**9**:Tompkins, P. K.(2002). Thoughts on time: Give of yourself now. *Vital Speeches of the Day, 68*(6), 183.

※**10**:Malhotra, R. K.(2017). Sleep, recovery, and performance in sports. *Neurologic Clinics, 35*(3), 547-557.

※**11**:Neagu, N.(2017). Importance of recovery in sports performance. *Marathon, 9*(1), 53-9.

※**12**:Kellmann, M., Pelka, M., & Beckmann, J.(2017). Psychological relaxation techniques to enhance recovery in sports. In *Sport, Recovery, and Performance*(pp. 247-259). Routledge.

※**13**:Taylor, K., Chapman, D., Cronin, J., Newton, M. J., & Gill, N.(2012). Fatigue monitoring in high performance sport: a survey of current trends. *J Aust Strength Cond, 20*(1), 12-23.

※**14**:Sonnentag, S.(2012). Psychological detachment from work during leisure time: The benefits of mentally disengaging from work. *Current Directions in Psychological Science, 21*(2), 114-118.

※**15**:Karabinski, T., Haun, V. C., N.bold, A., Wendsche, J., & Wegge, J.(2021). Interventions for improving psychological detachment from work: A meta-analysis. *Journal of Occupational Health Psychology, 26*(3), 224.

※**16**:Ferriss, T.(2018). *The Tim Ferriss Show Transcripts: LeBron James and Mike Mancias (#349)*. The Tim Ferriss Show. https://tim.blog/2018/11/30/the-tim-ferriss-show-transcripts-lebron-james-and-mike-mancias/ 2022年9月30日閲覧。

※**17**:Karabinski, T., Haun, V. C., Nübold, A., Wendsche, J., & Wegge, J.(2021). Interventions for improving psychological detachment from work: A meta-analysis. *Journal of Occupational Health Psychology, 26*(3), 224.

※**18**：Sonnentag, S.（2012）. Psychological detachment from work during leisure time: The benefits of mentally disengaging from work. *Current Directions in Psychological Science, 21*（2）, 114-118.

※**19**：Sonnentag, S., Binnewies, C., & Mojza, E. J.（2010）. Staying well and engaged when demands are high: the role of psychological detachment. *Journal of Applied Psychology, 95*（5）, 965.

※**20**：Fritz, C., Yankelevich, M., Zarubin, A., & Barger, P.（2010）. Happy, healthy, and productive: the role of detachment from work during nonwork time. *Journal of Applied Psychology, 95*（5）, 977.

※**21**：DeArmond, S., Matthews, R. A., & Bunk, J.（2014）. Workload and procrastination: The roles of psychological detachment and fatigue. *International Journal of Stress Management, 21*（2）, 137.

※**22**：Sonnentag, S., Binnewies, C., & Mojza, E. J.（2010）. Staying well and engaged when demands are high: the role of psychological detachment. *Journal of Applied Psychology, 95*（5）, 965.

※**23**：Germeys, L., & De Gieter, S.（2017）. Psychological detachment mediating the daily relationship between workload and marital satisfaction. *Frontiers in Psychology*, 2036.

※**24**：Greenhaus, J. H., Collins, K. M., & Shaw, J. D.（2003）. The relation between work-family balance and quality of life. *Journal of Vocational Behavior, 63*（3）, 510-531.

※**25**：Shimazu, A., Matsudaira, K., De Jonge, J., Tosaka, N., Watanabe, K., & Takahashi, M.（2016）. Psychological detachment from work during nonwork time: Linear or curvilinear relations with mental health and work engagement?. *Industrial Health*, 2015-0097.

※**26**：Kotler, S.（2021）. *The Art of Impossible: a peak performance primer*. HarperCollins.

※**27**：Culley, S. et al.,（2011）. Proceedings Volume DS68-7 IMPACTING SOCIETY THROUGH ENGINEERING DESIGN VOLUME 7: *HUMAN BEHAVIOUR IN DESIGN*. Human Behaviour in Design, Lyngby/Copenhagen, Denmark. https://www.designsociety.org/multimedia/publication/1480c22e7a4a2eb70160bfd90471ac2d.pdf/ 2022年9月30日閲覧。

※**28**：Lynch, D.（2016）. *Catching the big fish: Meditation, consciousness, and creativity*. Penguin.『大きな魚をつかまえよう：リンチ流アート・ライフ∞瞑想レッスン』デイヴィッド・リンチ著、草坂虹恵訳、四月社、2012年

※**29**：Reservations. *How to do a Think Week Like Bill Gates*. https://www.reservations.com/blog/resources/think-weeks/ 2022年9月30日閲覧。

※**30**：Sullivan, D.（2017）. *The Self-Managing Company: Freeing yourself up from everything that prevents you from creating a 10x bigger future*. Strategic Coach Inc.

※**31**：Sullivan, D., & Hardy, B.（2020）. *Who Not How: The formula to achieve bigger goals through accelerating teamwork*. Hay House Business.『WHO NOT HOW「どうやるか」ではなく「誰とやるか」』

※**32**：Cowherd, C.（2022）. *The Herd | Colin "crazy on" Jalen Hurts led Philadelphia Eagles beat Commanders to prove 3-0. YouTube*. https://www.youtube.com/watch?v=ETu6-P-KRMg 2022年9月30日閲覧。

※**33**：Graham, P.（2009）. Maker's Schedule, Manager's Schedule.

※**34**：Kotler, S.（2021）. *The Art of Impossible: a peak performance primer*. HarperCollins.

※**35**：Csikszentmihalyi, M., Abuhamdeh, S., & Nakamura, J.（2014）. Flow. In *Flow and The Foundations of Positive Psychology*（pp. 227-238）. Springer, Dordrecht.

※**36**：Godin, S.（2010）. *Linchpin: Are you indispensable?* Penguin.『「新しい働き方」ができる人の時代』セス・ゴーディン著、神田昌典監訳、三笠書房、2011年

※**37**：Sullivan, D. & Hardy, B.（2021）. *The Gap and The Gain: The high achievers' guide to happiness, confidence, and success*. Hay House Business.

※**38**：Albaugh, N., & Borzekowski, D.（2016）. Sleeping with One's cellphone: The relationship between cellphone night placement and sleep quality, relationships, perceived health, and academic performance. *Journal of Adolescent Health, 58*（2）, S31.

第6章

※**1**：Ferriss, T.（2009）. *The 4-Hour Workweek: Escape 9-5, live anywhere, and join the new rich*. Harmony.『「週4時間」だけ働く。9時—5時労働からおさらばして、世界中の好きな場所に住み、ニューリッチになろう。』

※**2**：Sullivan, D.（2017）. *The Self-Managing Company: Freeing yourself up from everything that prevents you from creating a 10x bigger future*. Strategic Coach Inc.

※**3**：Bass, B. M., & Riggio, R. E.（2006）. *Transformational Leadership*. Psychology Press.

※**4**：Campbell, J.（2003）. *The Hero's Journey: Joseph Campbell on his life and work（Vol. 7）*. New World Library.

※**5**：Bass, B. M.（1999）. Two decades of research and development in transformational leadership. *European Journal of Work and Organizational Psychology, 8*（1）, 9-32.

※**6**：Siangchokyoo, N., Klinger, R. L., & Campion, E. D.（2020）. Follower transformation as the linchpin of transformational leadership theory: A systematic review and future research agenda. *The Leadership Quarterly, 31*（1）, 101341.

※**7**：Turnnidge, J., & Côté, J.（2018）. Applying transformational leadership theory to coaching research in youth sport: A systematic literature review. *International Journal of Sport and Exercise Psychology, 16*（3）, 327-342.

※**8**：Islam, M. N., Furuoka, F., & Idris, A. (2021). Mapping the relationship between transformational leadership, trust in leadership and employee championing behavior during organizational change. *Asia Pacific Management Review, 26*(2), 95-102.

※**9**：Collins, J. (2001). *Good to Great: Why some companies make the leap and others don't*. HarperBusiness.『ビジョナリー・カンパニー２ 飛躍の法則』

※**10**：Taylor, J. (1851). "The Organization of the Church," *Millennial Star, Nov. 15, 1851*, p. 339.

※**11**：Organ, D. W. (1988). A restatement of the satisfaction-performance hypothesis. *Journal of Management, 14*(4), 547-557.

※**12**：Lam, S. S. K., Hui, C. & Law, K. S. (1999). Organizational citizenship behavior: comparing perspectives of supervisors and subordinates across four international samples. *Journal of Applied Psychology, 84*(4), 594-601.

※**13**：Morrison, E. W. (1994). Role definitions and organizational citizenship behavior: the importance of the employee's perspective. *Academy of Management Journal, 37*(6), 1543-1567.

※**14**：Vipraprastha, T., Sudja, I. N., & Yuesti, A. (2018). The Effect of Transformational Leadership and Organizational Commitment to Employee Performance with Citizenship Organization (OCB) Behavior as Intervening Variables (At PT Sarana Arga Gemeh Amerta in Denpasar City). *International Journal of Contemporary Research and Review, 9*(02), 20503-20518.

※**15**：Engelbrecht, A. S., & Schlechter, A. F. (2006). The relationship between transformational leadership, meaning and organisational citizenship behaviour. *Management Dynamics: Journal of the Southern African Institute for Management Scientists, 15*(4), 2-16.

※**16**：Lin, R. S. J., & Hsiao, J. K. (2014). The relationships between transformational leadership, knowledge sharing, trust and organizational citizenship behavior. *International Journal of Innovation, Management and Technology, 5*(3), 171.

※**17**：Hardy, B. P. (2019). Transformational leadership and perceived role breadth: Multi-level mediation of trust in leader and affective organizational commitment (Doctoral dissertation, Clemson University).

※**18**：Schaubroeck, J., Lam, S. S., & Peng, A. C. (2011). Cognition-based and affect-based trust as mediators of leader behavior influences on team performance. *Journal of Applied Psychology, 96*(4), 863-871.

※**19**：Nohe, C., & Hertel, G. (2017). Transformational leadership and organizational citizenship behavior: a meta-analytic test of underlying mechanisms. *Frontiers in Psychology, 8*, 1364.

※**20**：Covey, S. R., & Merrill, R. R.（2006）. *The Speed of Trust: The one thing that changes everything*. Simon & Schuster.『スピード・オブ・トラスト：「信頼」がスピードを上げ、コストを下げ、組織の影響力を最大化する』スティーブン・M・R・コヴィー、レベッカ・R・メリル著、キングベアー出版、2008年

※**21**：Deci, E. L., & Ryan, R. M.（2012）. *Self-Determination Theory*.

※**22**：Ryan, R. M., & Deci, E. L.（2019）. Brick by brick: The origins, development, and future of self-determination theory. In *Advances in Motivation Science*（Vol. 6, pp. 111-156）. Elsevier.

※**23**：Sullivan, D., & Hardy, B.（2020）. *Who Not How: The formula to achieve bigger goals through accelerating teamwork*. Hay House Business.『WHO NOT HOW「どうやるか」ではなく「誰とやるか」』

※**24**：Collins, J.（2001）. *Good to Great: Why some companies make the leap and others don't*. HarperBusiness.『ビジョナリー・カンパニー 2 飛躍の法則』

※**25**：Sullivan, D.（2017）. *The Self-Managing Company: Freeing yourself up from everything that prevents you from creating a 10x bigger future*. Strategic Coach Inc.

終わりに

※**1**：Hollis, J.（2005）. *Finding Meaning in the Second Half of Life: How to finally, really grow up*. Penguin.

※**2**：Hawkins, D. R.（1994）. *Power Versus Force: An anatomy of consciousness*. Hay House, Inc.『パワーか、フォースか 人間の行動様式の隠された決定要因』デヴィッド・R・ホーキンズ著、エハン・デラヴィ、愛知ソニア訳、ナチュラルスピリット、2018年

※**3**：Gódány, Z., Machov., R., Mura, L., & Zsigmond, T.（2021）. Entrepreneurship motivation in the 21st century in terms of pull and push factors. *TEM J, 10*, 334-342.

※**4**：Uysal, M., Li, X., & Sirakaya-Turk, E.（2008）. Push-pull dynamics in travel decisions. *Handbook of Hospitality Marketing Management*, 412, 439.

※**5**：Hawkins, D. R.（2013）. *Letting go: The pathway of surrender*. Hay House, Inc.

※**6**：Newport, C.（2012）. *So Good They Can't Ignore You: Why skills trump passion in the quest for work You love*. Grand Central Publishing.『今いる場所で突き抜けろ！ 強みに気づいて自由に働く4つのルール』カル・ニューポート著、廣津留真理訳、ダイヤモンド社、2017年

※**7**：Tracy, B.（2001）. *Focal Point: A proven system to simplify your life, double your productivity, and achieve all your goals*. Amacom.『大切なことだけやりなさい』ブライアン・トレーシー著、片山奈緒美訳、本田直之監訳、ディスカヴァー・トゥエンティワン、2016年

10倍成長
2倍より10倍が簡単だ

発行日　2024年6月21日　第1刷

Author　ダン・サリヴァン　ベンジャミン・ハーディ
Translator　深町あおい　翻訳協力：株式会社トランネット
Book Designer　tobufune 小口翔平+畑中茜（装丁）
小林祐司（本文、図版）
Publication　株式会社ディスカヴァー・トゥエンティワン
〒102-0093　東京都千代田区平河町2-16-1 平河町森タワー11F
TEL　03-3237-8321（代表）03-3237-8345（営業）／FAX　03-3237-8323
https://d21.co.jp/

Publisher　谷口奈緒美
Editor　原典宏

Sales & Marketing Company
飯田智樹　庄司知世　蛯原昇　杉田彰子　古矢薫　佐藤昌幸　青木翔平　阿知波淳平　磯部隆　井筒浩
大崎双葉　近江花渚　小田木もも　佐藤淳基　仙田彩歌　副島杏南　滝口景太郎　田山礼真　廣内悠理
松ノ下直輝　三輪真也　八木眸　山田諭志　古川菜津子　鈴木雄大　高原未来子　藤井多穂子
厚見アレックス太郎　伊藤香　伊藤由美　金野美穂　鈴木洋子　松浦麻恵

Product Management Company
大山聡子　大竹朝子　藤田浩芳　三谷祐一　千葉正幸　伊東佑真　榎本明日香　大田原恵美　小石亜季
野村美空　橋本莉奈　星野悠果　牧野類　村尾純司　安永姫菜　浅野目七重　神日登美　波塚みなみ　林佳菜

Digital Solution & Production Company
大星多聞　小野航平　中島俊平　馮東平　森谷真一　青木涼馬　宇賀神実　舘瑞恵　津野主揮　西川なつか
野﨑竜海　野中保奈美　林秀樹　林秀規　元木優子　斎藤悠人　福田章平　小山怜那　千葉潤子
藤井かおり　町田加奈子

Headquarters
川島理　小関勝則　田中亜紀　山中麻吏　井上竜之介　奥田千晶　北野風生　徳間凜太郎
中西花　福永友紀　俵敬子　宮下祥子　池田望　石橋佐知子　丸山香織

Proofreader　文字工房燦光
DTP　株式会社RUHIA
Printing　日経印刷株式会社

ISBN978-4-7993-3050-0　10bai seityou:2bai yori 10baiga kantanda by Dan Sullivan with Dr. Benjamin Hardy